앨리스 박사의
공연으로 보는 세상 풍경

Vol. 1

앨리스 박사의 공연으로 보는 세상 풍경 Vol.1

발행일	2020년 2월 17일		
지은이	주하영		
펴낸이	손형국		
펴낸곳	(주)북랩		
편집인	선일영	편집	강대건, 최예은, 최승헌, 김경무, 이예지
디자인	이현수, 한수희, 김민하, 김윤주, 허지혜	제작	박기성, 황동현, 구성우, 장홍석
마케팅	김회란, 박진관, 조하라, 장은별		
출판등록	2004. 12. 1(제2012-000051호)		
주소	서울특별시 금천구 가산디지털 1로 168, 우림라이온스밸리 B동 B113~114호, C동 B101호		
홈페이지	www.book.co.kr		
전화번호	(02)2026-5777	팩스	(02)2026-5747

ISBN   979-11-6539-087-7 04680 (종이책)   979-11-6539-088-4 05680 (전자책)
        979-11-6539-086-0 04680 (세트)

이 도서의 국립중앙도서관 출판예정도서목록(CIP)은 서지정보유통지원시스템 홈페이지(http://seoji.nl.go.kr)와
국가자료공동목록시스템(http://www.nl.go.kr/kolisnet)에서 이용하실 수 있습니다.
(CIP제어번호: CIP2020006238)

(주)북랩 성공출판의 파트너

북랩 홈페이지와 패밀리 사이트에서 다양한 출판 솔루션을 만나 보세요!

홈페이지 book.co.kr   •   **블로그** blog.naver.com/essaybook   •   **출판문의** book@book.co.kr

Vol. 1

앨리스 박사의
공연으로 보는 세상 풍경

주하영 지음

북랩 book Lab

치음 시자은 공연을 사랑하는 마음이었다. 누구보다 공연이 선사하는 치유의 힘을 믿는 한 사람으로서 공연이 관객들에게 제공하는 공감, 사유, 위로, 그리고 소통을 함께 하고픈 마음이었다. 어느 날 우연히 찾아온 기회를 감사로 여기며 매번 칼럼을 게재할 때마다 내가 소망했던 것은 누군가에게 내 글이 또 다른 위로와 안도를, 연민과 공감을 선사하는 것이었다. 그래서 이 글들은 일반적인 공연 비평이나 리뷰들과 다르다. 인문학적 사유와 공감을 위한 노력 그 사이 어딘가에서 내 글들은 나름의 자리를 찾으려 노력하고 있다.

공연을 보고 난 후 남겨지는 많은 리뷰들과 짧은 코멘트들을 돌아보면서 어쩌면 내가 가진 지식이 다른 누군가에게 사유의 폭을 넓힐 수 있는 기회를 제공할 수 있을지 모른다는 생각을 했다. 더불어 나 또한 그들과 함께 더 많은 문제와 관점에 대해 사유할 수 있을 것이라 생각했다. 하지만 한 가지 주제에 맞춰 작성되어야 하는 칼럼의 속성상 공연 속에서 다루어진 훨씬 더 많은 부분들을 다루지 못한 아쉬움이 존재한다. 언젠가 오프라인을 통해 그런 지점들에 대한 강의와 토론이 이루어지고 또 한 번 다른 방식의 소통이 이루어지기를 바라며 작가의 말을 마치고자 한다.

본 책은 게재된 칼럼들 중 일부만을 발췌하여 각 주제에 맞게 분류

하여 구성하였다. 저작권과 출처 문제로 인해 공연과 관련된 사진들은 게재하지 못하였으나 칼럼이 게재되고 있는 <앨리스 박사의 공연으로 보는 세상 풍경> 사이트를 통해 여전히 칼럼에 접근이 가능하므로 참고하기 바란다. 무엇보다 이 글들이 세상에 빛을 볼 수 있도록 《인터뷰 365》에 자리를 마련해주신 김두호 대표님과 편집에 많은 공을 들여 준 김리선 편집장님께 무한한 감사를 드린다.

본 책이 반드시 공연을 관람한 관객들에게만 의미가 있을 것이라 생각하지 않는다. 우리 주변에는 보통 사람들의 흔한 세상 풍경이 있는가 하면 미처 모습을 드러내지 못한 숨겨진 것들, 눈앞에서 손을 흔들어대고 있음에도 외면당하는 것들, 감추려고 하지만 훤히 보이는 것들과 같이 다양한 풍경들이 존재한다. 독자들에게 삶의 다양한 풍경을 들여다 볼 수 있는 조금 다른 기회를 제공할 수 있기를, 무엇보다 한 편의 글을 읽고 잠시 멈춰 서서 무언가에 관해 깊이 생각할 수 있는 여유를 선물할 수 있기를 바란다.

2020년 1월 어느 겨울날
주하영

CONTENTS

#3. 감정에 대해 말하다

#4. 환상에 대해 말하다

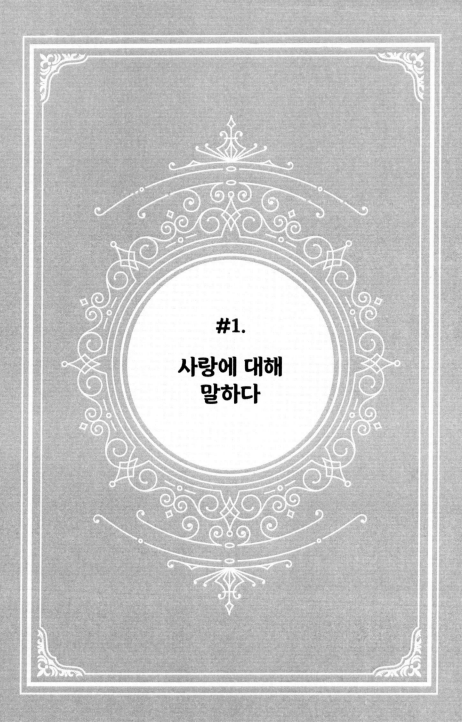

#1.

사랑에 대해
말하다

흐르는 사랑, 혼자 품은 사랑의 고통

연극 <라빠르트망>

사랑에는 여러 모습이 있다. 사랑을 위해 자신의 모든 것을 희생하기도 하고, 집착과 소유욕을 불태우기도 하며, 평생을 말 한 번 못한 채 마음속에 품는 사랑이 있는가 하면, 매번 다른 상대와 사랑에 빠지며 움직이는 사랑도 있다. 인간은 본질적으로 누군가의 사랑을 갈구하고 누군가를 사랑한다. 하지만 사랑에 대한 정의를 내리는 일은 쉽지 않다.

독일의 작곡가 리하르트 바그너(Richard Wagner)는 오페라 <트리스탄과 이졸데>를 통해 '사랑'이라는 폭발적 감정의 고통과 아픔을 노래한다. "사랑이 무엇인지 모르는 자 고통이 무엇인지 알 수 없으리니." 하루를 못 만나면 병이 나고 사흘을 못 만나면 숨을 거둔다는 '사랑의 묘약'을 마신 트리스탄과 이졸데의 불타오르는 사랑의 감정은 본질적으로 욕망이다. 그것은 약에 취한 듯, 환상 속에 잠긴 듯, 시간이 멈춘 듯 모든 것이 정지한 곳에 상대와 나만이 존재하는 것처럼 느껴지는 비현실적인 세상의 감정이다. "나 없이 그대 없고, 그대 없이 나 또한 있을 수 없는" 그들의 절절한 사랑은 주변의 모든 것을 휩쓸고 나마저 휩쓸어 어디론가 전혀 알 수 없는 곳으로 데려다 놓을 수 있는 엄청난 강도의 소용돌이이다. 『책: 사람이 읽어야 할 모든 것』의 저자 크리스티아네 취른트(Christiane Zschirnt)는 트리스탄과 이졸데의 사랑이 아름다운 것은 그것이 "고통이고 포기이기 때문"이라고 말한다. 정말 사랑에는 격정으로 인한 고통이 수반될 수밖에 없는 것인가?

2017년 초연된 연극 <라빠르트망(L'Appartement)>[1] 에는 아무리 애를 써도 멀리할 수 없는 상대를 향해 끝없이 질주하는 한 여인과 그로 인해 황폐해진 다섯 사람의 사랑이 있다. 연극 <라빠르트망>은 연출가 고선웅이 질 미무니 감독의 영화 <라빠르망(L'Appartement, 1996)>에 새로운 해석을 더해 각색한 작품이다. 1997년 국내에 개봉된 영화는 뱅상 카셀, 모니카 벨루치의 출연과 예상치 못한 결말로 큰 화제를 불러일으켰다. 이후 조쉬 하트넷 주연의 <당신이 사랑하는 동안에(Wicker Park, 2004)>로 리메이크된 영화는 2016년 재개봉되어 관객들에게 또 한 번의 사랑을 받았다. 2017년 영화 <라빠르망>은 한국 연출가에 의해 '연극'이라는 장르를 통해 또 다른 사유와 소통, 새로운 표현을 이룰 수 있는 기회를 찾았다.

연극 <라빠르트망>에는 세 남녀가 있다. 그들은 서로 다른 사람을 향해 서 있다. 한 사람은 다른 사람을, 다른 사람은 또 다른 사람을

---

[1] 프로그램북에 따르면, 'L'Appartement'은 '아파트'라는 뜻으로 원어 발음은 '라빠르트망'이다. 따라서 1996년 영화의 표기는 <라빠르망>, 2017년 연극의 표기는 <라빠르트망>임을 밝힌다.

바라본다. 그 한가운데 '알리스(Alice)'와 '막스(Max)'가 있다. 알리스는 첫눈에 반한 사랑인 막스를 오랫동안 마음에 품어왔다. 말 한마디 건네지 못한 채 멀리서 지켜보기만 하던 어느 날, 막스는 알리스의 유일한 친구 '리자(Lisa)'에게 한 눈에 반한다. 리자 역시 막스와 곧 사랑에 빠진다. 막스와 리자의 사랑 앞에서 알리스는 침묵을 지킨 채 고통 속에 지켜보는 일만을 계속한다. 혼자 품은 사랑은 점점 자라나 더 이상 감당할 수 없는 것이 되어 버리고, 질투심은 알리스의 모든 이성을 마비시킨 채 막스와 리자를 갈라놓는다. 알리스는 리자 대신 자신이 그 자리를 차지하기 위해 온갖 수단을 동원하며 '간절한 시도'들을 계속해 나간다.

연극 <라빠르트망>이 다루는 세 남녀의 얽히고설킨 이야기는 흔하고 진부하게 느껴진다. 하지만 흔하기 때문에 누구의 삶에나 한 번쯤은 있을 법하고, 진부하기 때문에 알리스를 향해 무조건 돌을 던질 수만은 없는 자신을 깨닫는다. 질투심에 눈 먼 인간이 저지를 수 있는 수많은 어리석은 일탈에 우리가 익숙하기 때문이다. 주변은 물론 신문이나 문학작품, 역사 속에서도 사랑에 눈멀고 귀먹은 사람들이 저지른 비이성적이고 어리석은 행위가 넘쳐난다. 선사시대 이래 인간은 언제나 사랑 앞에서 한없이 작은 존재였고, 그럼에도 사랑을 위해 모든 것을 내던질 수 있는 존재이기에 위대하다 여겨져 왔다. 이 때문에 사랑의 열병으로 인한 고통과 환희, 두려움과 상처는 예술의 가장 흔한 소재가 되어왔다.

프랑스의 사상가 롤랑 바르트(Roland Barthes)는 『사랑의 단상』에서 "나는 나를 이해하고 싶고, 나를 이해시키고 싶고, 나를 알리고 싶고,

포옹 받게 하고 싶고, 누군가가 와서 나를 데려가기를 바란다"고 말했다. 연극 <라빠르트망>의 알리스가 그러했다. 불같은 질투와 열정에 시달리는 자신을 이해하고 싶었고, 자신을 돌아봐주지 않는 막스에게 이해받고 싶었고, 그의 품에 따뜻하게 안기고 싶었고, 무엇보다 그가 자신에게 다가와주기를 바랐다. "사랑한다는 것은 오로지 그 사람만을 꿈꾸며 욕망하며 자신을 송두리째 바치는 것"을 의미하기에 알리스는 이렇게 말한다. "사랑에 너무 빠지면 상처를 준다는 생각을 못해요. 할 수 없어요."

결국 알리스는 자신을 둘러싼 주변 모든 사람들에게 씻을 수 없는 '상처'를 남긴다. 그녀는 '혼자 품은 사랑' 그 자체의 무게에 짓눌려 자신을 잃어버리고, 맹목적이 되며, 끊임없이 거짓된 주체를 만들어 나간다. 그녀 자신이 리자가 되어서라도, 구박받고 매질당하는 '개'가 되어서라도 자신이 원하는 '사랑'을 놓칠 수 없기에.

각색에는 위험이 따른다. 원작을 사랑했던 사람이라면 실망을, 원작을 보지 않은 사람이라면 몰이해를, 원작을 싫어했던 사람이라면 아예 극장을 찾지 않을 것이기 때문이다. 한번 각인된 인지구조를 바꾸는 일은 쉽지 않다. 연극 <라빠르트망> 역시 1996년 영화의 여운이 진한 사람에게는 실망으로, 영화를 전혀 보지 않은 사람에게는 이해의 어려움으로 다가올 위험이 있다. 하지만 어떤 상황을 단 하나의 관점으로만 해석할 수 없듯 누군가의 작품 역시 다른 관점과 해석을 더할 수 있다. 영화 <라빠르트망>이 사랑의 욕망과 사건의 전후사정을 꿰는 재미가 있다면, 연극 <라빠르트망>은 자신을 상실한 사랑의 고통과 상처에 좀더 주목한다.

프랑스 소설가 앙투안 드 생텍쥐페리(Antoine de Saint-Exupéry)는 말한다. "사랑을 받으려고만 하면 그 사랑은 오히려 더 가난해진다. 반대로 사랑은 주면 줄수록 더 크게 성장할 수 있다. 그러나 나의 모든 것을 받아들일 수 있는 누군가가 존재해야 한다. 다만, 나의 모든 것을 주고도 언제나 잃기만 한다면, 그것은 사랑을 주는 것이 아니라 나 자신을 상실하고 있는 것이다."

연극의 매력은 사유에 있다. 무대 위 삶의 상황이 던지는 질문에 함께 고민하고 해석하며 판단해 나가는 관객이 있어야 비로소 완전해진다. 영화가 지닌 흥미진진함은 덜할지 모르지만 연극 〈라빠르트망〉은 분명 "시간과 강물처럼 흐르는" 사랑의 고통과 그럼에도 이어갈 수밖에 없는 사랑의 '본질'에 관해 질문을 던지고 있다. 내 사랑의 본질이 무엇인지, 내가 하는 사랑이 이해받고 있는지, 나를 사랑한다 말하는 사람을 과연 이해하고 있는 것인지 궁금하다면, 스스로에게 질문해보는 건 어떨까? 과연 나의 사랑은 안녕한지, 당신의 사랑은 안녕하다고 말할 수 있는지….

* 본 글은 2017.10.18-11.05까지 LG아트센터에서 공연된 '극공작소 마방진'의 연극 〈라빠르트망〉을 관람한 후 작성된 칼럼입니다.

사랑의 기억, 그 노스탤지어에 대해

연극 <발렌타인 데이>

"갑자기 아름답고 멋진 어느 날, 사랑이 생겼습니다. 아무도 원한 사람은 없었습니다. 그냥 그렇게 된 것입니다. 그리고 전쟁이 시작되었습니다. 사랑 때문에 서로가 서로를 죽이게 되었습니다. (…) 모든 것의 시작은 오직 사랑입니다. (…) 나 스스로 원했던 건 아닙니다. 그냥 그렇게 사랑이 생긴 겁니다."

"21세기 러시아 연극의 가장 뛰어나고 흥미로운 극작가"라고 일컬어지는 이반 브리파예프(Ivan Vyrypaev)의 연극 <발렌타인 데이(Valentine's Day)>의 대사 중 일부분이다. 2004년 러시아 최고의 공연예술상이라 불리는 황금 마스크상 '혁신' 부문을 수상한 극작가 브리파예프는 배우, 영화감독, 프로듀서로도 활동해 오고 있으며, 비평가들에 의해 "쿠엔틴 타란티노와 안드레이 타르코프스키의 조합"이란 평가를 받고 있다. 2002년에 초연된 연극 <발렌타인 데이>는 관객들에게 가장 사랑을 받은 작품으로 폴란드에서만 거의 20여 차례 무대에 올랐다고 한다. 폴란드 언론매체 《가제타 비보르차(Gazeta Wyborcza)》의 평론가인 도로타 비진스카는 "브리파예프는 안톤 체호프처럼 인간의 슬픔을 이해하고 있다. 그는 성취되지 못한, 미완성의 것에 매달리는 사람들을 다룬다. 그의 작품은 존재론적 고통의 수용을 담고 있으면서도 대단히 재미있고, 체호프의 경우처럼 놀라운 방식으로 잘 융합되어 있다"라고 말했다.

60세를 맞이하는 '발렌티나(Valentina)'의 생일날, 옆방에 살고 있는 '까쨔(Katya)'는 그녀의 생일을 축하하기 위해 서내한 생일케이크를 들고 발렌티나의 방에 들이닥친다. 60개의 초가 꽃혀있는 커다란 생일 케이크는 죽은 자의 영혼을 기리기 위한 러시아식 팬케이크 '블리니(blini)'로 만들어져 있다. 오늘은 발렌티나의 생일이기도 하지만 20년 전 마흔 살의 나이로 세상을 떠난 까쨔 남편의 추모일이기도 하다. 사실상 까쨔는 발렌티나의 생일날 죽음을 맞이한 자신의 남편 '발렌틴(Valentin)'을 추모하기 위해 케이크를 들고 나타난 셈이다. 사실 발렌틴은 40년 전 발렌티나와 열렬히 사랑했던 첫사랑이다. 두 사람의 사랑을 인정하지 않던 '발렌티나의 엄마'와 발렌틴을 남몰래 짝사랑했던 까쨔의 거짓말이 두 사람을 갈라놓았고, 자신을 떠난 발렌티나를 원망하며 복수심에 불타던 발렌틴은 마음에도 없는 까쨔와의 결혼을 선택했다. 15년이라는 세월이 흐른 뒤 두 사람은 진실을 알게 되었고, 다시 만나 잃어버렸던 사랑을 이어가려 하지만 현실의 벽을 뛰어넘지 못한다. 5년 뒤 발렌티나의 생일날, 발렌틴은 자살한다. 한편, 남편이 죽은 뒤부터 까쨔는 술을 마시기 시작한다. 까쨔는 남편이 지녔던 모든 물건들과 공간을 하나씩 발렌티나에게 팔기 시작한다. 발렌틴의 물건과 공간을 모두 사들인 발렌티나는 까쨔를 그대로 옆방에 살도록 내버려둔다. 애증으로 얽힌 까쨔 역시 자신이 사랑했던 발렌틴의 일부였기에 발렌티나는 그와 연결된 어떤 기억 하나도 그냥 떠나보낼 수 없다.

　인생에는 평생에 딱 한 번, 지나가면 다시 돌아오지 않는 사랑이 있다. 사랑이 딱 하나여서가 아니라 그만큼 순수하고 원초적인 사랑은 단 한 번만 가능하기 때문에, 아직은 세상을 모르고, 사랑을 모르고, 상처를 모르기 때문에 가능한 그런 사랑이 있다. 그때 그 순간이 아니면 가질 수 없었던 사랑! 발렌티나와 발렌틴은 열여덟이라는 나이에 그런 사랑을 했다. 어느 날 명확한 이유도 모른 채 자신의 사랑을 잃어버린 발렌티나의 시간은 과거에 멈춰져 있다. 40년 전 열정 가득했던 사랑의 기억, 15년 후 다시 만난 사랑의 고통스러운 기억, 그리고 20년 전 갑작스러운 죽음으로 상실된 사랑의 기억, 그녀의 시간은 오로지 '사랑' 속에 멈춰있다.

　기억에는 여러 개의 방이 있다. 방마다 품고 있는 추억의 빛깔은 슬픔 혹은 기쁨으로 변모하며 그 공간을 메운다. 연극 <발렌타인 데이>의 무대는 시종일관 발렌티나의 '의식의 공간'을 조명하며 그녀의 기억 속에 자리한 사랑, 고통 그리고 죽음의 이야기를 펼쳐 보인다. 관객들은 기억의 파편을 따라 전개되는 '의식의 흐름' 기법의 소설을 읽고 있기라도 한 듯 발렌티나의 '머릿속'을 들여다보고 있는 자신을 발견한다. 사랑하는 이의 추억과 흔적이 가득한 발렌티나의 방에 들이닥치는 까쨔의 모습은 괴이하기 짝이 없다. 헝클어진 머리는 얼굴을 가려 형체를 알아볼 수 없고 발렌틴의 것으로 보이는 남자 옷과 가운을 덧입은 채 술에 취해 비틀거리는 까쨔는 커다란 남자 신발을 신고 불편하게 걸어 다닌다. 관객들은 과거의 기억 속에 존재하는 젊은 까쨔의 얼굴만을 볼 수 있을 뿐 현재 나이가 든 까쨔의 얼굴은 제대로 볼 수 없다. 한편, 발렌티나는 현재의 모습에서 벗어나지 않는다. 관객들이 바라보는 발렌티나는 60세의 나이에 머물러 있으며 오로지 그녀의 기억 속 장면에 등장하는 젊은 발렌틴에 의해서만 젊은 그녀가 존재한다. 무대가 '발렌티나의 의식'을 구현하고 있기 때문이다. 그래서일까? 옆방에 살면서 늘 말다툼을 하면서도 까쨔를 내보내지 않는 발렌티나가 크게 외친다. "난 지금 지난 세기의 말을 하고 있는 거야!" 까쨔가 대답한다. "난 미래에 있어!"

영국의 물리학자 줄리안 바버(Julian Barbour)의 말처럼, 시간이 '환상'이고, 한곳에 수많은 것들이 동시에 공존하는 것이며, 단지 공간 속의 변화를 시간으로 인식하는 것뿐이라면, 발렌티나의 의식 속 시간은 흐르지 않는다. 그저 수많은 사랑과 고통의 순간들이 '지금'으로 존재하며 교차하고 공존할 뿐 발렌틴을 사랑하는 마음에 변화가 없는 그녀에게 시간은 '환상'일 뿐이다. 프랑스의 철학자 알랭 바디우(Alain Badiou)는 사랑의 절차에 대해 "난폭한 물음, 견디기 힘든 고통, 우리가 극복하거나 극복하지 못하는 이별 따위를 동반한다"고 말했다. 발렌티나는 극복할 수 없는 '죽음'이라는 이별 앞에 멈춰선 채 언제까지나 돌아오지 않을 환상 속 과거에 집착한다. 결국 기다림은 고통이 되고, 슬픔이 되고, 절망이 된다.

사랑의 환희가 '설렘'이라면, 사랑의 고통은 '기다림'이다. 모든 기다림은 설렘을 동반한다. 사랑하는 이를 기다리는 설렘이 고통으로 변하는 것은 사랑하는 이를 향한 상상이 실현되지 않기 때문이다. 사랑을 향한 기대가 충족되지 않는 절망감은 고통이 된다. 기다림은 실현되지 않을 미래에 속하게 되고, 무너지고 부서진다. 기다림은 사람을 좀먹는다. 무라카미 하루키는 『상실의 시대』에서 '기다림'을 이렇게 표현한다. "조금씩 썩어 들어가는 것만 같은 기분이 들어. 점점 썩고 녹아서 마지막엔 초록빛의 걸쭉한 액체만 남아 땅 밑으로 빨려 들어가는 거야. 그래서 나중엔 옷만 남는 거야. 그런 기분이 들어, 하루 종일 기다리고 있자면."

상상 속 발렌틴과의 대화에서 발렌티나는 외친다. "유감이야. 40년 전 그때 우리가 이것에 대해 얘기하지 않은 거. 그 때 네가 나를 기다리지 않은 거. 유감이야. 우리가 그때 끝까지 얘기하지 못 했다는 것과, 기다리지 못 했다는 것과, 기다림이 무엇인지 몰랐다는 거."

프랑스 소설가 시몬 드 보부아르(Simone de Beauvoir)는 노스탤지어를 "대상 없는 슬픔, 갈망을 만들어내는 슬픔"이라고 말했다. 아무리 애를 써도 실현될 수 없는 '상상'을 갈망하는 슬픔, 죽은 사랑과 미처 작별인사를 나누지 못한 안타까움과 고통은 발렌티나로 하여금 20년이라는 세월을 정지시킨 채 추억도 없이 혼자 사랑을 계속하도록 만든다. 무대에는 사랑의 슬픔과 고통, 혼란스러움과 아픔이 가득하다. 우리에게 발렌티나는 인생에 딱 한 번 찾아오는 순수한 사랑의 '노스탤지어'이다. 까쨔는 그 단 한 번의 사랑을 누릴 수 없었던, 허락되지 않았던 사랑의 '슬픔'이다. 발렌틴은 과거에 자신을 지배했던 사랑과 현실 속에 안주한 사랑 사이에 갇혀 오도 가도 못하는 사랑의 '혼란스러움'이다. 그리고 발렌티나의 모든 사랑의 기억이 한데 엉켜 뒤죽박죽 묻혀버린 공간, 즉 '죽은 발렌틴의 방'은 두 사람의 추억의 무덤이자 사랑의 무덤이다. 발렌티나의 '기억 속 시간'과 '현실 속 시간'이 합쳐질 수 없고, 물리적으로 흐르는 '육체의 시간'과 머릿속에서 흐르는 '의식의 시간'이 서로 화해할 수 없기에 꿈속에서의 발렌티나와 까쨔의 화해는 현실로 이어지지 못한다. 인간이란 존재가 육체로만 설명되지 않듯 삶의 시간은 두 공간에 따로 존재하며 끊임없이 서로 갈등하고 상충된다.

어느 아름다운 날 시작된 사랑과 그로 인한 고통, 그 마음의 전쟁이 끝나는 날, 그 날은 발렌티나가 태어난 날이사 발렌틴이 죽음을 맞이한 날이 된다. 두 사람이 시작한 사랑이기에 남은 한 사람이 죽게 되는 날, 사랑의 기억이 사라지는 날, 기억할 누군가가 더 이상 존재하지 않게 되는 날, 비로소 그 사랑은 '끝'에 이른다. 태초에 사랑이 시작되었듯 사랑은 세상의 끝에서야 비로소 그 '끝'을 맺는다.

문득 하루가 저물고 또 다른 하루가 다가오는 길목에 서서 우리의 삶에 자리했던 과거의 순간들이 저마다의 이유로 그리워진다면, 지나가는 세월을 잡고 싶으면서도 동시에 다가오는 세월에 더 빨리 몸을 맡기고픈 마음이 든다면, 잠시 멈춰 서서 순수했던 사랑의 기억, 내 기억 속 어딘가에 잠들어 있을지 모를 그 '노스탤지어'에 흠뻑 빠져보는 건 어떨까?

* 본 글은 2017.12.23-2018.01.14까지 예술의전당 자유소극장에서 공연된 '러시아 극작가 이반 브리파예프'의 연극 <발렌타인 데이>를 관람한 후 작성된 칼럼입니다.

정치 스릴러와 멜로드라마의 '오묘한 조화'

"평생을 노래에 살고 사랑에 살며 누구에게도 해를 끼치지 않았네. 남몰래 불쌍한 사람들을 도우며, 항상 믿음 속에 살았네. 성인 앞에 기도드리고, 언제나 고운 꽃을 바쳤네. 그런데 어찌하여 저를 이 고통 속에 내버려두시는 겁니까?"

오페라 <토스카(Tosca)>의 비련의 여주인공 '플로라 토스카(Floria Tosca)'는 사랑하는 연인 '카바라도시(Cavaradossi)'의 목숨을 살려주는 대가로 자신에게 몸을 바칠 것을 종용하는 권력자 '스카르피아(Scarpia)'의 요구에 빠져나갈 길을 찾지 못하고, 공포와 절망으로 탄식하며 이렇게 노래한다. 옆방에서 들려오는 사랑하는 연인의 고통에 찬 비명소리, 정치범 '안젤로티(Angelotti)'가 숨어있는 곳을 말하라며 다그치는 스카르피아, 고문을 당하면서도 절대 비밀을 발설하지 말라고 당부하는 카바라도시···. 하지만 토스카는 결국 사랑하는 연인을 잃을까 두려워 안젤로티의 은신처를 알리고 만다.

카바라도시는 그녀의 배신에 괴로워하며 원망 섞인 탄식을 하지만 스카르피아는 여전히 처형명령을 거두지 않는다. 사색이 되어 하얗게 질려버린 토스카! 냉담하고 음탕한 눈빛으로 "나의 것"이 되어줄 것을 요구하는 스카르피아는 남은 시간은 "오직 한 시간"임을 강조한다. 절망에 빠진 토스카는 무대 한 가운데 무너져 내리며 하늘을 향해 원망의 아리아를 부른다. 선율은 너무나 아름답다. 그렇기에 더더욱 오케스트라의 선율에 얹히는 소프라노의 탄식과 절규는 처절하다. 그녀의 마음속에 소용돌이치는 갈등과 공포, 고통과 원망은 청준의 가슴에 그대로 전달되며, 아리아가 끝나는 순간 '브라바(Brava)'를 외치도록 만든다.

오페라 <토스카>는 이탈리아의 대표적인 작곡가 자코모 푸치니(Giacomo Puccini)의 3대 오페라 중 하나로 연극적 요소가 강조된 격렬한 사실주의 작품이다. '오묘한 조화', '노래에 살고 사랑에 살고', '별은 빛나건만'과 같은 아름다운 아리아들이 유명하지만, 프랑스 대혁명 이후 나폴레옹 전쟁시대를 배경으로 하고 있기 때문에 자유주의와 보수주의, 공화정과 군주제로 대립되는 정치적 갈등과 질투와 욕망, 살인과 고문, 자살과 같은 폭력적인 소재들이 많이 등장한다. 한마디로 오페라 <토스카>는 '정치 스릴러'를 품고 있는 '열정적 사랑의 멜로드라마'라 할 수 있다.

음악 칼럼니스트 송준규는 <토스카>에 대해 관객들의 "기대를 끊임없이 배신하는 오페라"라고 말한다. 공화정을 지지하는 정치범이자 모든 비극의 출발점인 안젤로티는 발각되자마자 스스로 목숨을 끊고, 권력의 총체이자 악의 화신인 스카르피아는 정의의 심판을 받는 대신 욕정을 탐하려는 찰나 토스카가 찌른 칼에 의해 살해된다. 또

한, 거짓 사형 집행으로 목숨을 구명하기로 되어 있던 카바라도시는 계획과 달리 스카르피아의 음모로 실제로 사형에 처해진다. 인물들은 각기 비밀을 지키리라 믿었던 친구 혹은 연인에게, 거래를 약속했던 적에게 배신을 당해 죽음을 맞이한다. 관객들의 예상은 끊임없이 빗나가며 결국 '토스카의 자결'이라는 비극적 결말에 도달하게 된다. 송준규는 이처럼 기대에 어긋나는 전개와 비극적 운명이 도리어 아름다운 선율로 전달된다는 점이 관객들로 하여금 "감정적으로 더 처절하다는 인상"을 품도록 만든다고 말한다.

오페라는 '인간이 누릴 수 있는 최고의 엔터레인먼트'라는 말이 있다. 성악과 기악, 작곡을 포함하는 음악적 요소 뿐 아니라 원작 작품의 문학적 요소, 연극적 요소, 무대장치 및 의상의 미술적 요소와 무용에 이르기까지 모든 것을 아우르는 대단히 복잡한 종합예술이기 때문이다. 사실상 '노래로 하는 연극'이라 할 수 있는 오페라는 이렇듯 많은 요소의 통일된 조화를 추구하면서도 어떤 요소를 부각시키는가에 따라 다른 해석과 다른 예술적 성취를 얻어낼 수 있다는 점에서, 많은 연출가들에게 도전하고픈 영역이 되어왔다. 역사 속 한 지점에서 탄생한 오페라를 현대에 옮기는 일은 어떤 시대적, 공간적 배경을 무대로 삼아 어떤 측면을 강조하느냐에 따라 전혀 다른 해석을 낳을 수 있기 때문에 '듣는 예술'로서의 오페라보다 '보는 예술'로서의 오페라가 중요해진다.

2017년 독일의 아름다운 도시 바덴바덴에서 열린 부활절 페스티벌에서 연출가 필립 힘멜만(Philip Himmelmann)은 '열정적 사랑의 질투로 인한 비극적 멜로'보다는 '스릴러적 요소'를 남겨둔 채 '강력한 통제 사회'를 부각시킨 오페라 <토스카>를 소개하였다. 이미 2007년과 2008년 브레겐츠 페스티벌에서 보덴 호수 위에 '떠 있는 무대'를 통해 펼쳐 보인 넓이 50m, 높이 25m의 거대한 푸른 '눈'은 10년이 지나 다시 힘멜만이 연출을 맡게 된 오페라에서 무대 전면을 채우는 판옵티콘(Panopticon) 감시 시스템과 카메라, 스크린 화면들로 대체되었다.

분명 오페라 <토스카>는 질투심 가득한 오페라 가수 토스카와 자유를 추구하는 화가 카바라도시의 비극적 사랑이 중심인 서정적인 작품이지만, 힘멜만은 통제 권력의 거대한 힘에 맞서 자유를 옹호하는 두 예술가가 겪는 고난과 죽음을 통해 '정치적 메시지'를 더욱 강조했다. 그가 브레겐츠 페스티벌에서 선보였던 거대한 '눈'은 경찰청장 스카르피아로 대변되는 통제 권력자의 '눈'이면서, 동시에 그 권력의 부조리와 폭력을 지켜보는 대중의 '눈'이기도 했다. 하지만 바덴바덴 페스티벌에서 강조된 것은 무대 전면을 채우는 감시영상 화면들로 표현된 '감시 사회의 위험성'과 스카르피아와 똑같은 외모를 가진 복제인간들로 표현된 '연속체로서의 권력'이었다.

1막의 배경인 성 안드레아 성당은 카메라와 컴퓨터, 모니터와 대형 스크린이 갖추어진 현대 예술가의 '작업 스튜디오'로, 2막의 배경인 파르네제 궁은 인터넷과 위성을 통해 전세계인을 감시하는 스카르피아의 '판옵티콘 감시실'로, 3막의 성 안젤로 성채는 무대 전체에 드리워진 '철창 감옥'으로, 무대는 전혀 다른 세상을 구현한다. 1막의 하이라이트라 할 수 있는 '테 데움(Te deum)' 합창은 정갈하게 뒤로 묶은 금발머리와 차가운 철테 안경, 검은 제복과 검은 손톱의 스카르피아 복제인간 군단으로 대체되고, 3막의 카바라도시의 사형장면은 두건을 씌우고 총으로 사살하는 공개처형의 인터넷 유포영상을 떠올리도록 만든다. 또한, 토스카가 자신을 잡으러 오는 스카르피아의 부하들을 피해 "스카르피아, 하느님 앞에서 보자!"라는 말을 남기고 성벽에서 뛰어내리는 장면은 카바라도시가 처형당한 총을 집어 들어 자신의 머리에 겨눈 채 방아쇠를 당기는 충격적인 장면으로 대체된다. 무엇보다 잔인하고 씁쓸하게 느껴지는 장면은 아무 일도 없었다는 듯 스카르피아의 빈자리를 차지하고 기쁨에 취해 술잔을 들어 보이는 스카르피아와 똑같이 생긴 그의 부하 '스폴레타(Spoletta)'의 모습이다. 스폴레타는 또 다른 스카르피아로, 스폴레타의 부하는 또 다른 스폴레타로 똑같이 복제된다.

프랑스의 철학자 미셸 푸코(Michel Foucault)는 『감시와 처벌』에서 감시자는 중앙에서 모든 것을 볼 수 있지만 감시당하는 사람들은 감시자를 전혀 볼 수 없는 제레미 벤담(Jeremy Bentham)의 원형감옥 판옵티콘을 언급하면서, "권력은 외부에 존재하는 강제력이 아니라 내부에서 인간을 물리적, 기계적으로 점령하여 연장된 도구로 인간을 제조하고 조립하는 힘"이라고 말했다. 항상 감시당하고 있음을 느끼기에 스스로 자신을 검열하고 교정하는 규율의 '내면화'가 이루어져 더 이상 '주체적 인간'이 아닌 '객체적 로봇'이 되도록 만드는 힘, 그것이 권력이라는 것이다. 심지어 21세기를 살아가는 현재의 사람들은 매일의 일상이 데이터로 기록되고 곳곳에 카메라가 넘쳐나는 세상에 너무나 익숙해진 나머지 자신이 감시당하고 있다는 사실조차 인식하지 못하고 있다.

힘멜만은 감시의 눈을 피하고 자유로운 표현과 예술을 추구하며,

통제하려는 권력에 맞서는 이상주의자 카바라도시와 오직 예술과 사랑만을 추구하며, 정치와 무관하게 살아온 열정적인 여인 토스카와의 비극이 스카르피아라는 개인의 잘못된 욕망에서 비롯된 것이 아님을 강조한다. 주체성을 상실한 채 스스로 복제된 권력이 되고 있음에도 그 사실을 전혀 인식하지 못 하고 있는 우리 자신이 바로 비극의 원인이라는 것이다.

힘멜만의 <토스카>는 관객들이 섬뜩하고 공포스러운 세상이 현재와 닮아있음에 놀라 '나'라는 주체의 삶을 돌아볼 만큼 강하게 자신의 메시지를 전달한다. 비극적 사랑의 멜로와 정치적 스릴러라는 "서로 같지 않은" 두 장르는 필립 힘멜만이란 연출가의 손에서 색다른 해석을 통해 "오묘한 조화"를 이루며, 그 나름의 예술적 성취를 이룩한다. 정치 스릴러와 멜로, 그 '오묘한 조화'가 궁금하다면 푸치니의 오페라 <토스카>를 감상해 봄이 어떨까?

* 본 글은 '2017 유니텔 클래시카 오페라 기획전'으로 메가박스에서 상영된 2017 독일 바덴-바덴 부활절 페스티벌(Festspielhaus Baden-Baden) 실황 오페라 <토스카>를 보고 작성된 칼럼입니다.

차가운 사막 속 '그들만의 공간'

🎭 연극 <거미여인의 키스>

　공간은 함께 공유한 사람과의 '관계'라는 그물망을 통해 그 의미를 구축한다. 공간은 그 안을 채웠던 경험으로 인해 누군가에게는 잊지 못할 아름다움으로, 다른 누군가에게는 지워내야만 할 고통으로 기억된다. 공간 속에서 인간은 타인과 관계를 맺기 마련이고, 관계는 공간을 따스함과 차가움이라는 감각으로 느끼도록 만든다. 프랑스의 소설가 앙투안 드 생텍쥐페리(Antoine de Saint-Exupéry)는 "어떤 우연한 일로 사랑이 싹트게 되면, 그 사람에게는 모든 것이 사랑에 의해 질서가 잡히고, 사랑은 그에게 공간의 넓이에 대한 새로운 감각을 가져다준다"고 말했다. 암흑 속에 불빛하나 없이 끝없이 이어지는 사막 속에서도 등을 맞대고 앉을 다른 누군가가 있어 두 사람이 "서로 이어진 존재"라는 깨달음에 도달하게 된다면, 그 삭막한 사막에서도 어느덧 '그들만의 공간'이 생겨 두 사람은 서로의 따스함에 기대어 잠을 청할 수 있게 될 테니 말이다.

　"고급문화와 대중문화의 경계를 허문 라틴 아메리카 소설"로 유명한 작가 마누엘 푸익(Manuel Puig)은 동명소설을 각색한 연극 <거미여

인의 키스(Kiss of the Spider Woman)>를 통해 차갑고 외로운 감옥의 공간을 그들만의 '따스한 공간'으로 변화시키는 두 사람의 슬픈 '사랑'을 그려냈다. 동성애자와 정치범이라는 전혀 다른 두 인물이 고립된 공간에서 보여주는 대립과 화해, 소통의 과정은 인간의 가장 내면적인 곳을 엿봄으로써 나를 발견하고, 너를 발견하고, 우리 둘을 발견하고, 인간 대 인간의 합일을 이루는 현장으로 관객들을 초대한다. 『사랑의 기술』의 저자 에리히 프롬(Erich Fromm)은 이렇게 말한다. "인간은 '대인간적 결합', 즉 다른 사람과의 융합의 달성을 추구하며, 이는 인간이 지닌 가장 강력한 갈망인 '사랑'을 통해 가능해진다. (…) 사랑이 없다면, 인간성은 단 하루도 존재하지 못한다."

부에노스아이레스에 위치한 빌라 데보토(Villa Devoto)의 좁고 어두운 '감방'에는 정치적 철학이라는 '신념'을 추구하는 혁명가 '발렌틴(Valentín)'과 낭만적인 '환상'을 추구하는 쇼윈도 디자이너 '몰리나(Molina)'가 각자에게 주어진 가혹한 현실을 견디고 있다. 발렌틴은 감각적 즐거움이나 사랑과 같은 개인적인 욕구는 착취당하는 나약한 개인을 만들 위험이 있으므로 '사회적 혁명'이라는 더 큰 대의명분을 위해 억제되어야 할 부차적인 것이라고 주장한다. 한편, 성문란죄로 수감된 동성애자 몰리나는 세상 어디에서도 자신을 있는 그대로 받아주지 않는 실존적 외로움에 지친 나머지 '영화'라는 환상 속으로 끊임없이 도피한다. 그는 영화 속 여주인공에게 감정을 몰입하고 동일시하는 낭만적 '환상'을 통해 현실의 고통을 잊으려 한다. 두 사람에게 상대방은 각자 자신을 지탱하는 가치를 폄하하고 방해하는 상당히 불편하고 혐오스러운 존재이다.

발렌틴은 영화 <표범여인의 이야기(Cat People)>의 장면들을 자세히 묘사하며 환상으로 빠져드는 몰리나를 '도피주의자'라 비난한다. 하지만 몰리나에게는 '정치적 이상'을 실현하기 위해 육체적 고통쯤은 얼마든지 이겨낼 수 있다고 말하는 발렌틴이 오히려 환상에 사로잡힌 어리석은 이로 보일 뿐이다. 몰리나는 끔찍한 현실에서 잠시나마 벗어나기 위해 환상으로 도피하는 것이 왜 문제인지 이해하지 못한다. 발렌틴은 말한다. "나약한 사고방식으로 세상을 바꿀 수 있다고 생각해? 나의 이상은 마르크스주의야!" 아이러니한 점은 발렌틴이 자신을 희생하며 투쟁하고 있는 가치들이 사실상 몰리나와 같이 착취당하고 소외당하는 계급의 자유와 평등을 위한 것임에도 몰리나는 발렌틴의 '정치적 이상'을 '환상'으로 느끼고 있다는 것이다. 게다가 발렌틴 역시 신념과 일치된 삶을 추구한다고 말하지만, 성소수자인 몰리나를 멸시하고 무시하며 상처가 될 말들을 함부로 내뱉는 모순을 보인다.

두 사람은 모두 고립되어 있다. 발렌틴은 정치적 이상이라는 신념 속에, 몰리나는 환상이라는 거짓 속에 갇혀있다. 두 사람은 상대방이 다가와 키스를 하는 순간 표범으로 돌변해 모두를 파괴해버리는 영화 속 이야기가 실제이기라도 한 것처럼, 상대의 세상으로 들어가길 두려워한다. 자신의 의지로 선택한 정치적 활동이 주변 사람들을 다치게 할까 봐 두려워 '감정적 친밀감'을 거부하고 고립 속에서 투쟁을 이어나가는 발렌틴이 몰리나가 쏟아내는 '표범여인의 이야기'에 매료되는 것은 어쩌면 당연한 일인지도 모른다. 표범일 수도 없고 인간일 수도 없는 표범 여인 '이리나(Irina)'는 남성임에도 여성으로 인정받고 싶은 몰리나의 자아가 투영된 '환상 속 인물'이다. 하지만 자신이 키스하는 순간 사랑하는 사람을 죽이게 될까 봐 두려워 마음껏 감정을 표현할 수 없다는 점에서 '발렌틴'과도 닮아 있다. 또한, 자신이 표범 여인이라는 사실을 숨기고 있다는 점에서 감옥 소장과 내통하고 있는 '몰리나'의 상황과도 닮아 있다.

가석방을 조건으로 정보를 넘기기로 한 거래 때문에 발렌틴에게 의도적으로 접근했던 몰리나는 굶주림과 고통에 시달리면서도 "세상을 좋게 바꾸기 위해" 자신을 희생하는 발렌틴의 모습에 점차 인간적인 존경과 연민을 느끼기 시작한다. 복통을 일으키는 약을 넣은 음식을 먹고 괴로움에 몸부림치는 발렌틴은 의무실로 가라는 몰리나를 저지하며 이렇게 말한다. "정치범은 절대 의무실에 가면 안 돼! 의지력이 약해져서 다 불어버린다고!" 발렌틴은 심지어 아픈 걸 들킬까 봐 화장실에 갈 수 있게 감방 문을 열어달라는 말도 하지 못한다. 의지를 꺾어 비밀을 발설케 하려는 계략에 무너지지 않기 위해 안간힘을 쓰며 통증에 몸부림치던 발렌틴은 결국 생리적 현상을 참지 못해 자신의 옷을 엉망으로 만들어버린다. 그는 인간으로서의 최소한의 위엄조차 지킬 수 없는 자신의 상황에 절망하며 울부짖는다.

"난 화가 나! 내 인생이란 것이 고작 이 이상은 아무것도 아니었다는 게…. 난 그 누구도 이용한 적 없는데, 내가 세상을 이해하게 된 후부터 난 착취에 대항해 투쟁해 왔는데, 내 손 끝에서는 죽음의 싸늘한 공포만 느껴져. 희망을 잃는다는 건 얼마나 끔찍한 일인지. 그런데 그게 바로 지금 나한테 일어나는 일이야!"

생텍쥐페리는 『아라스로의 비행』에서 "육체가 쓰러지면 그전에는 깨닫지 못했던 것을 다시금 깨닫게 된다. 인간은 관계의 덩어리라는 것을, 오직 관계만이 인간을 살게 한다는 것을"이라고 말했다. 인간이란 육체를 넘어설 수 없는 연약한 존재이며, 마음의 치유를 위해 사랑을 갈구하는 외로운 존재임을 받아들인 발렌틴은 치욕스러운 순간에 자신을 있는 그대로 받아주고 따뜻한 배려와 도움의 손길을 건네준 몰리나를 향해 자신의 내면을 열기 시작한다. 몰리나는 몸도 마음도 모두 황폐해진 발렌틴을 구하기 위해 '위험한 줄타기'를 시작한다.

　자신이 쳐 놓은 거미줄에 걸려 사랑을 지키기 위해 위험한 줄타기를 계속하는 몰리나, 염치없이 받기만 할 뿐 아무것도 해줄 수 없는 미안함에 도리어 화를 내는 발렌틴…. 몰리나는 자신의 목과 가슴에 고여 "매듭처럼 내리누르는 슬픔"을 더이상 참지 못한 채 눈물을 터뜨린다. 그를 위로하며 따스하게 안아주는 발렌틴은 어둡고 차가운 공간을 따스함으로 채우며 '참을 수 없는 상대'를 '참을 수 있는 상대'로 받아들이고 연민하며 포용하는 사랑을 완성한다. 몰리나는 말한다. "아주 잠시 동안, 난 여기 없었던 것 같아. (…) 너만 있었어. (…) 나는… 너였던 것 같아."

　소장은 몰리나를 가석방하고 그 뒤를 쫓아 아지트를 덮치려는 계획을 세우지만 그 사실을 모르는 몰리나는 발렌틴을 위해 조직에 메시지를 전달하기로 약속한다. 몰리나를 떠나보내며 처음이자 마지막으로 키스를 하는 발렌틴이 말한다. "넌 거미여인이야. 남자를 거미줄로 얽어매는! 이제 네가 나한테 약속해. 사람들이 너를 존중하게 하겠다고. 약속해! 너 자신을 더이상 폄하하지 않겠다고." 몰리나가 처음 자신과 동일시했던 표범여인은 이제 발렌틴에 의해 '거미여인'으로 다시 태어난다. 남아메리카 원주민들의 신화 속 '거미여인'은 상대를 옭아매는 무서운 여인이 아니다. 홍수에 떠밀려가는 인간들을 탄탄한 거미줄로 얽어매 구원하는 모성이자 지혜의 수호신이다. 그들의 키스는 고독했던 두 개인의 고립된 영혼을 보듬는 포용이며, '서로 이어진 존재'임을 확인하는 마음의 약속이다.

몰리나와 발렌틴의 사랑은 결국 '죽음'이라는 비극적 결말에 이르고, 두 사람이 바라던 꿈은 그 어느 것도 이루어지지 않지만 암흑 속 사막 같았던 빌라 데보토의 '감방'에서 그들이 서로를 발견하고, 연민하며, 보듬었던 기억은 "짧지만 감미로운 꿈"이 되어 발렌틴의 환상 속에 '거미여인'을 남긴다. 배고픈 발렌틴에게 음식을 건넸던 외로운 정글 속 거미여인은 투쟁을 위해 떠나는 발렌틴을 붙잡지 않는다. 발렌틴은 섬을 떠나 동지들과 합류한다. 그가 그토록 비판했던 바로 그 '환상' 속에서 말이다.

어둡고 차갑기만 한 '감옥'을 따스한 공간으로 변모시키는 사랑, 상대를 위해 나를 버릴 수 있는 용기와 희생을 갖춘 사랑이 궁금하다면, 마누엘 푸익의 소설『거미여인의 키스』를 통해 연극 속 '그들만의 공간'을 상상해 봄이 어떨까?

* 본 글은 2017.12.05-2018.02.25까지 대학로 아트원씨어터 2관에서 공연된 '마누엘 푸익 원작'의 연극 <거미여인의 키스>를 관람한 후 작성된 칼럼입니다.

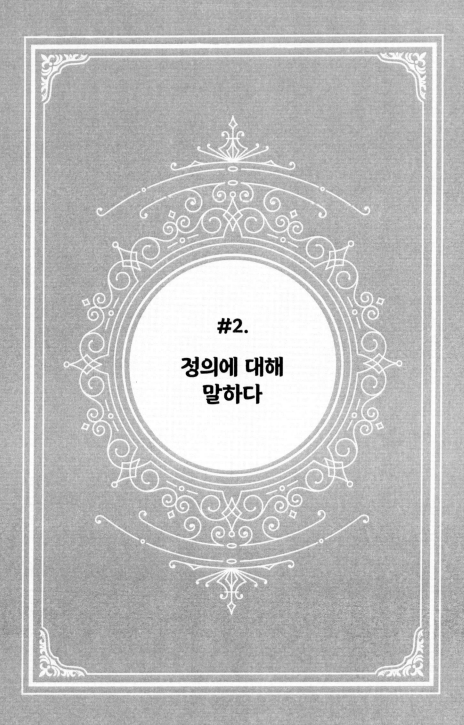

#2.

정의에 대해
말하다

'정의'를 위한 잣대는
권력에서 자유로울 수 있는가?

그리스 신화 속 정의의 여신 '디케(Dike)'는 한 손에는 저울을 다른 손에는 칼을 쥔 채 천으로 두 눈을 가리고 있다. '율법'의 여신 테미스와 제우스 사이에서 태어난 디케는 '질서'의 여신 에우노미아, '평화'의 여신 에이레네와 함께 인간의 삶을 관장하며 '옳고 그름'을 판단한다. 한 손에 든 저울은 다툼의 무게를 공정하게 판단함을 의미하고, 다른 손에 든 칼은 질서를 어지럽힌 자에게 처벌을 내림을 의미한다. 무엇보다 디케는 정의를 실현함에 있어 어디에도 치우치지 않는 '공정성'을 유지하기 위해 두 눈을 가리고 있다.

윌리엄 셰익스피어(William Shakespeare)의 나라 영국 런던의 중심부에는 '올드 베일리(Old Bailey)'라 불리는 재판소 건물이 위치해 있다. 그 꼭대기에는 금빛으로 빛나는 '정의의 여신상'이 거리를 내려다보고 있다. 하지만 2016년 런던 도서전에서 주목을 받았던 작가 다니엘 콜(Daniel Cole)은 자신의 소설에서 정의의 여신을 "사법 현실에 환멸을 느낀 나머지 지붕 꼭대기에서 건물 아래로 몸을 던지려는 찰나에 있는 절망한 여인"으로 묘사함으로써, 정의가 제대로 구현되지 않는 법체계의 '허상'을 지적한다.

2017년 국립극단은 "셰익스피어가 남긴 최고의 문제작"이라 불리는 희곡 《준대로 받은대로(Measure for Measure)》를 새롭게 윤색한 연극을 선보였다. 오경택 연출은 셰익스피어 원작의 제목 'Measure for Measure'를 "준대로 받은대로"로 번역한 것과 관련해 "작품의 의미에서 벗어나지는 않되, 관객에게 다가가기 쉬운 제목"으로 결정한 것이라고 밝혔다. 극 전체의 주제를 포함하고 있다고 볼 수 있는 작품 제목 'Measure for Measure'는 우리말로 그 의미를 정확하게 담아내기 어려운 탓에 〈자에는 자로〉, 〈잣대엔 잣대로〉 등 여러 버전으로 번역되어 온 것이 사실이다. 작품 속에서 '빈센티오(Vincentio)' 공작이 자신의 권한을 대행하며 저지른 '앤젤로(Angelo)'의 부정행위를 벌하며, "죽음에는 죽음으로, (…) 비슷한 행위는 비슷한 행위로, 지은 죄는 지은 대로 갚게 하라"고 말하는 장면에서 따온 것으로 보이는 극 제목은 원래 성경에서 유래하였다. 마태복음 7장 2절의 "너희가 비판하는 그 비판으로 너희가 비판을 받을 것이요, 너희가 헤아리는 그 헤아림으로 너희가 헤아림을 받을 것이다"라는 구절은 함부로 기준을 세우고 자신은 돌아보지 않은 채 '다른 사람의 티는 보면서 자신의 들보는 보지 못하는' 인간의 어리석음과 위선, 섣부른 판단의 위험성을 경고한다.

공작은 14년 동안이나 법령을 제대로 적용하지 않아서 방탕해진 도시를 개혁한다는 명목으로 원칙주의자인 앤젤로에게 권한을 이행하고 수도사로 변장한 채 암행을 떠난다. "법률을 곡식이나 쪼아먹는 새들을 겁주는 허수아비로 만들어서는 안 된다"고 여기는 앤젤로는 성매매와 혼전관계의 뿌리를 뽑기 위해 '줄리엣(Juliet)'을 임신시킨 '클로디오(Claudio)'를 사형에 처할 것을 명한다. 이 소식을 전해들은 견습 수녀 '이사벨라(Isabella)'는 오빠의 목숨을 구명하기 위해 앤젤로를 찾아가지만 오히려 순결하고 정숙한 이사벨라의 모습에 유혹을 느낀 그는 '성상납'을 요구한다. 모든 것을 폭로하겠다고 외치는 이사벨라를 비웃으며 앤젤로는 말한다. "아직 한 번도 더럽혀진 일이 없는 내 이름과 엄격한 내 생활로 보아 그 말을 누가 믿겠소? 게다가 공작 대행으로서의 권한도 있으니 당신의 비난쯤은 얼마든지 막을 수 있겠지! 도리어 당신이 중상모략을 한다고 비난을 받게 될 것이오!"

권력은 보통 "타인을 강제할 수 있는 제도화된 힘"을 의미한다. 권력을 쥔 자가 타자의 의지를 고려하지 않고 자신의 결정을 관철하는 능력을 발휘하는 것이 '권력의 기능'이란 것이다. 토마스 홉스(Thomas Hobbes)는 『리바이어던(Leviathan)』에서 '권력욕'을 인간이 지닌 보편적 취향으로 정의하면서, "죽기 전에는 그칠 줄 모르는 영구적으로 쉴 새 없이 발동하는 욕망"이라 말했다. 과연 자신의 이익과 욕망, 모든 것을 분리시킨 '공정한 권력'이 가능한 것일까?

사건의 전말을 알게 된 공작은 "위장에는 위장으로, 허위에는 허위로" 맞서기 위한 계략을 준비한다. 그는 지참금을 잃었다는 이유로 앤젤로에게 파혼당한 '마리아나(Mariana)'를 이사벨라로 변장시켜 동침하게 하지만, 앤젤로는 이사벨라와의 약속을 저버린 채 클로디오의 사형을 앞당긴다. 결국 공작은 클로디오 대신 열병에 걸려 죽은 죄수의 목을 보낼 것을 지시하고, 자신의 귀국을 환영하기 위해 도시 사람들 모두가 모인 광장에서 앤젤로의 허위와 위선을 밝히기 위한 재판을 시작한다.

셰익스피어의 작품을 무대화할 때의 어려움은 무엇보다 수많은 갈래로 읽히는 셰익스피어의 텍스트에 있을 것이다. 영국박물관장이자 미술사학자인 닐 맥그리거(Neil MacGregor)는 2012년 《가디언(The Guardian)》을 통해 셰익스피어의 작품 속에서 정치적, 종교적, 사회적 견해가 어떤 것인지 명확하게 집어낼 수 없는 모호함이 어려움으로 느껴질지 모르지만, 전 세계에 미친 영향과 그 효과를 생각해 본다면 현재의 우리가 "좀더 대범해질 필요가 있다"고 강조했다. 셰익스피어 탄생 450주년을 앞두고 보다 과감하고 현대적인 감각의 새로운 시도들이 요구됨을 피력하기 위함이었다. 오경택 연출은 연극 <준대로 받은대로>가 강조하고자 하는 '각자의 기준에 따라 달라지는 정의와 진실'이라는 주제를 좌우의 균형을 맞출 수 없음을 의미하는 '기울어진 운동장'의 이중으로 회전하는 무대를 통해 상징화한다. 공작은 "남의 죄를 벌할 때는 자신이 범한 죄의 무게보다 무겁지도 가볍지도 않은 대가를 치르게 해야 한다"고 말하지만, 그 무게를 잴 수 있는 저울의 추가 한쪽으로 기울어져 있을 경우 '정의'는 이미 결정되어 있는 셈이 된다. 무대는 극이 전달하고자 하는 '잣대의 문제점'을 효과적으로 가시화한다.

정의와 법, 권력과 위선, 용서와 자비와 같은 주제들을 논하고 있는 연극 <준대로 받은대로>가 유독 까다로운 '문제극'으로 여겨졌던 이유는 해피엔딩으로 보이는 '결혼'으로 마무리 되고 질서를 회복한 듯 보이는 결말이 사실상 관객들의 동의를 충분히 끌어내지 못했기 때문이었다. 순결의 가치를 목숨보다 더 소중히 여기는 이사벨라를 향한 공작의 일방적인 청혼이나 그의 갑작스러운 청혼에 '침묵'으로 일관하는 이사벨라의 모습이 현대의 관객들에게는 납득하기 어려운 지점으로 인식되는 것은 당연하다. 앤젤로에게 이양되었던 권력이 다시 공작에게로 넘어오면서 새롭게 '정의'를 구현한 것이 아니라 기존의 강제와 억압 역시 그대로 작용하게 되면서 또 다른 '위선'이 자리하게 되기 때문이다.

오경택 연출은 대항할 수 없는 권력의 요구에 직면한 이사벨라의 내면에서 벌어지는 갈등을 표현하려는 듯 다른 모든 인물들이 자신들이 입은 옷을 벗어들고 퇴장하는 가운데 오롯이 혼자 수녀복을 입은 채 하늘을 향해 손을 뻗고 서 있는 이사벨라의 뒷모습을 남겨둔다. 그녀의 뒷모습은 '침묵'으로 일관하던 텍스트가 과감하게 드러내지 못한 권력을 가진 자의 위선과 비행, 비열함과 무책임, 반복되는 억압과 강요와 같은 주제들을 노출시킨다. 이사벨라의 선택은 관객들에게 '열린 결말'로 남겨지지만 그녀의 황당한 표정 속엔 실망감과 절망감, 허탈감 같은 복잡한 심경이 얽히며, 관객들에게 그 숨겨진 메시지를 전달한다.

영국 극작가 에드워드 본드(Edward Bond)는 "정의를 권력에 종속시키는 일은 너무나 쉬운 일이다. 하지만 이러한 사태가 발생하게 되면, 권력은 역동적인 자세를 취하며 공격의 변증법을 따르기 때문에 사실상 그 어떤 것도 바뀌지 않은 상태가 되어 버린다"고 말했다. 이사벨라를 향한 공작의 갑작스러운 청혼은 사실상 상대방의 의지를 꺾는 것이 아니라 의지 자체를 무력화시킨다는 점에서 더 강력한 권력으로 작용한다. 공작은 "내 것은 그대의 것이 되고, 그대의 것이 나의 것이 되는 것이요"라는 말로 그의 청혼이 공정한 것인 양 포장하지만 사실상 복종해야 할 대상인 이사벨라가 자신의 의지 혹은 의견을 형성하는 것 자체를 의미 없는 것으로 만들고, 상대가 원하든 원치 않든 영향력을 발휘할 수 있는 '사슬'을 만들어 내기 때문이다.

타인에게 '나'의 의지를 투영하고자 하는 권력의 문제는 모두 타인을 인간으로 대하지 않는 태도에서 나오는 것 아닐까? 내 앞에 서 있는 사람을 나와 똑같은 의지를 가진 '인간'으로 대했다면, 과연 그 사람의 '성'(性)이나 '의지'를 물건처럼 요구하며 거래하고 소비하고자 할 수 있었을까? 결국 권력으로 인한 모든 문제는 타인을 의견과 생각이 있는 하나의 인격으로 존중하지 않는 데서 비롯되는 것이 아닌가? 나를 위해 다른 사람을 무시하고 평가 절하하는 것은 나 또한 타인에 의해 평가 절하될 수 있음을 의미한다. 우리는 왜 행동하기에 앞서 이러한 점을 깊이 생각하지 않는 것일까? 인간은 그토록 이기적이기만 한 동물인가?

본드가 지적하듯 "정의를 위한 투쟁이 정의가 무엇인지를 밝히는 일의 투쟁"이라고 한다면, 우리는 무엇이 옳은 것인가의 잣대를 어떻게 세울 것인지에 대한 물음을 끊임없이 이어가야 할 것이다. 이미 모든 가치는 상대적으로 작용하고 있고, 절대적 가치란 존재하기 힘든 세상이다. 이해의 눈으로 보면 이해가, 평가의 눈으로 보면 평가가 이루어진다. 하지만 그 가운데 끝내 변하지 않는 가치가 있다면, 우리가 인간으로서 '인간답게' 살아가야 할 필요가 아닐까? 본드는 주장한다. '우리가 인간답게 살아가는 것의 기준과 잣대를 제대로 세우지 못한다면 결국 영원히 불공정 속에서 살게 될 것'이라고! 현재 우리가 세운 잣대가 인간다운 가치를 반영하고 있는지, 정의를 향해 나아가고 있는 것인지, 우리는 스스로에게 묻기를 멈추지 말아야 할 것이다.

* 본 글은 2017.12.08-2017.12.28까지 명동예술극장에서 공연된 '국립극단'의 연극 <준대로 받은 대로>를 관람한 후 작성된 칼럼입니다.

지워버리고픈 '검은 얼룩진 이름, 카라마조프'

뮤지컬 〈카라마조프〉

"산산이 부서진 이름이여! 허공중에 헤어진 이름이여! 불러도 주인 없는 이름이여!" 김소월 시인의 「초혼(招魂)」은 이미 육체를 떠난 혼을 불러들여 죽은 이를 다시 살려내고픈 간절한 소망을 담아 죽은 이의 이름을 외쳐 부른다. 아직 남아 있는 마지막 말을 전하고픈 이는 부르는 소리가 하늘과 땅 사이로 계속 비껴감에도 죽은 이의 이름을 목 놓아 부른다. "선 채로 이 자리에 돌이 되어도 부르다가 내가 죽을 이름이여!"

하지만 모든 이의 죽음에 우리가 같은 슬픔을 느끼는 것은 아니다. 2017년 공연예술창작산실 '올해의 신작'으로 선정된 창작 뮤지컬 〈카라마조프(Karamazov)〉에서는 "모두가 죽이고 싶어 했고, 모두가 죽기를 바랬고, 모두가 그렇게 해도 된다고 했던" 악덕 지주 '표도르 카라마조프(Fyodor Karamazov)'의 살해범을 밝히는 재판이 관객들 앞에 펼쳐졌다. 러시아의 대문호 도스토옙스키(Fyodor Dostoevskii)의 마지막 소설인 『카라마조프가의 형제들』을 원작으로 하는 뮤지컬 〈카라마조프〉는 '친부 살해'라는 소재를 중심으로 죄와 벌, 선과 악, 신의 존재와 인간의 자유와 같은 심오한 고뇌가 담겨 있는 1,700페이지에 달하는 원작의 많은 부분을 덜어내고, 존속 살해 재판이 이루어지는 부분만을 옮겨 '법정 추리극'을 완성했다. 무엇보다 흥미로운 점은 원작의 주인공이 셋째 아들 '알렉세이(Alexei)'로 설정되어 있고, 사건은 첫째 아들 '드미트리(Dmitri)'를 중심으로 발생하고 있음에도, 탐욕과 부도덕의 총세라 할 수 있는 아버지 표도르의 '죽은 영혼'을 무대 위에 등장시켜 죽음 속 진실을 밝히려는 과정을 통해 삶 속에 사리린 거짓과 진실, 관계와 책임, 빛과 어둠과 같은 주제들을 효과적으로 노출시키고 있다는 것이다.

프로듀서 심재훈은 관객들이 '누가 표도르 카라마조프를 죽였는가'에 대해 추리하는 과정에서 인물간의 관계와 갈등을 파악할 수 있게 되며, 재판 과정을 지켜보는 망자 표도르는 소설과는 "또 다른 시각과 관점"을 제시하기 때문에 뮤지컬 <카라마조프>에는 "새로움이 가득하다"고 말했다. 연출을 맡은 허연정 역시 원작이 주는 중압감을 언급하며, "모든 것이 우리 모두의 책임"이라는 메시지를 전달하기 위해 창작진들에게 많은 고민이 있었음을 피력했다.

실제로 뮤지컬 <카라마조프>는 원작의 큰 틀을 이루는 줄거리는 그대로 차용하면서도 상당 부분 인물간의 관계설정이나 세부적 이야기들을 자신들의 목적에 맞게 각색하여 활용하고 있기 때문에 원작에 익숙한 관객들에게는 고개를 갸우뚱하게 만드는 부분이 있는 것도 사실이다. 하지만 "만인은 만인 앞에 죄인"이라는 도스토옙스키의 공동체 정신과 관계 속에서 바라보는 인간 존재, 소외와 같은 주제들은 그대로 노출되며, "모든 도덕의 폐허 위에 지상의 천국을 건설한다면 그것이 종말이다"라는 도스토옙스키의 생각과 현재 우리들의 삶에 대해 돌아보도록 만든다.

　무대는 시체매매업, 고리대금업과 같은 부정한 수법으로 막대한 부를 축적한 지주 표도르가 누군가의 총에 맞아 숨지고, 자신의 육체로부터 빠져나와 유력한 용의자로 지목된 아들 드미트리의 재판이 이루어지는 현장에 '유령'으로 등장하면서 시작된다. 재판장에는 표도르의 죽음과 관련된 모든 인물들이 증인으로 출석해있고, 둘째 아들 '이반(Ivan)'은 형 드미트리를 변호하고 있다. 푸른 조명이 비추어져 이승의 존재가 아님이 표현되는 표도르는 잔뜩 흥분하여 "도대체 누가 나를 죽인거야?"라고 외쳐대지만 무대 위 인물 중 누구도 그를 보지 못한다. 육체를 떠나 '혼'으로 존재하는 표도르와 뒤쪽으로 앉아있는 증인들과 배심원들, 양 옆에 자리한 검사와 변호사로 구성된 무대는 관객들을 '재판관'이자 '참관자'의 위치에 놓이도록 만든다. 또한, 각기 불려나온 증인들을 통해 전달되는 이야기들은 범인이 누구인지를 좁혀나가는 과정 속에서 표도르를 둘러싼 인물들의 숨겨진 관계와 진실, 갈등과 상처를 노출시키며 표도르의 삶 뿐 아니라 그를 둘러싼 모든 인물들의 삶을 드러낸다.

　특정 사건을 바라보는 구조라 할 수 있는 '틀'은 매우 중요하다. '틀'은 관점을 설정하고, 관점은 같은 상황도 다르게 볼 수 있도록 만든다. 표도르로 하여금 사후 자신이 '왜 죽었는가'에 대한 질문을 던지도록 만든 뮤지컬 <카라마조프>는 '누가 범인인가'에서 '그들은 왜 그가 죽기를 바랐는가'로 옮겨가도록 만든다. 아버지로서 어떠한 책임도 지지 않은 사람, 돈만이 세상의 전부이며 심지어 신보다도 위대하다고 생각하는 사람, 욕망을 채우는 일만이 살아있음을 증명하는 길이라고 생각하는 사람, 자신 이외의 인간에게 그 어떤 관심도 없는 사람! 표도르는 그 자체로 패륜과 악, 탐욕을 상징한다. 아버지의 그림자로부터 벗어나고 싶어 발버둥치지만 돈 3천 루블에 자신의 영혼을 팔 만큼 아버지를 가장 닮은 드미트리, 신조차 정의를 저버린 잔인한 세상에서 악의 화신이나 다름없는 아버지를 응징하기 위해 복수의 칼날을 갈고 있는 이반, 내 안에 있는 카라마조프의 피를 모두 갈아치우고픈 욕망 속에 어둠을 두려워하며 '조시마 신부(Father Zosima)' 곁에서 성직자의 길을 걷고자 애쓰는 알렉세이, 벙어리 백치인 어머니에게서 태어날 때부터 "아무리 씻어내도 얼룩진 아이"였기에 세상이 자신을 버렸듯 자신 역시 세상을 버렸다고 공언하는 '스메르(Smerdyakov)'…. 각기 다른 세 어머니에게서 태어났지만 같은 '카라마조프의 피'를 품고 있는 네 아들들은 자신들의 이름을 저주하고, 아버지라는 족쇄로부터 벗어나길 바라지만 서로를 완전히 끊어내지 못한다.

　도스토옙스키가 바라보는 인간은 '선과 악이 공존하는 모순된 존재'이다. 인간의 내면에 암세포처럼 자리하고 있는 욕망은 끝임없이 자신만의 쾌락을 향해 나아가도록 만들고, 타인을 배려하고 자신을 희생하려는 선한 마음을 "검은 얼룩"으로 물들인다. 자신의 욕구를 채우기 위해 남을 희생시키는 이기심은 소외를 낳고, 소외는 증오와 분노를 낳는다. 도스토옙스키는 소외를 "모든 사람과 모든 것으로부터 자신을 도려낸 것만 같은 느낌"으로 정의한다. 세상 그 어떤 것과도 연결되어 있지 않다는 자각이 불러오는 억울함과 분노는 타인을 향해 표출되며 범죄를 낳는다. 결국 모든 비극의 출발점은 나 아닌 다른 사람을 배려하지 않고 자신의 욕구만을 생각하는 '이기심'에 놓여 있다. 진실을 외면하고 방관하는 무책임과 나와는 상관없다는 태도로 일관하는 무신경과 무관심, 모두가 연결된 세상 속에서 자신만의 안위를 추구하는 것이 당연하다 여기는 무정함은 세상을 지옥으로 만든다.

아버지의 정부인 '그루샤(Grushenka)'를 되찾기 위해 동생이 거룩하게 여기는 조시마 신부의 사체를 탈취하는 일을 선뜻 받아들이는 드미트리, 아버지에게서 모든 것을 빼앗고 고통 속에 허덕이도록 만드는 복수의 완성을 위해 드미트리를 이용하는 이반, 어둠의 소굴인 아버지에게서 멀리 떨어져 빛 속에 머물기 위해 형제들이 처한 어둠을 외면하는 알렉세이, 무엇보다 오로지 돈을 위해 주변 사람 모두를 도구로 사용하는 표도르의 이기심과 무신경, 무책임과 무정함은 결국 스메르의 손에 권총을 들려 표도르를 살해하도록 만든다. 스메르는 알렉세이를 향해 외친다. "모든 것은 당신을 위해서! 당신의 마음을 찢는 사람, 없어져야 하잖아. (…) 난 당신을 진실로부터 보호한 거예요. 진실은, 우리 모두가 함께 한 일이예요!"

이제 질문은 표도르의 '지난 삶'을 겨냥한다. 관객들은 모두에게 없어져야 할 존재였던 그의 삶을 평가하기 시작한다. 자신의 죽음 뒤의 일을 알 수 없는 인간은 자신의 삶이 누군가에 의해 기억되고 평가된다는 사실을 잊는다. 인간은 죽음 이후의 '삶'을 염려하느라 현재 나의 삶이 다른 이들에게 어떤 의미로 남을 것인지, 내가 어떤 존재로 기억될 것인지에 대한 질문은 뒤로 미룬다. 사실상 현재의 삶에 중요한 질문은 '나의 죽음이 어떻게 평가될 것인가'임에도 불구하고 말이다.

도스토옙스키는 말한다. "어느 누구도 타인의 심판자가 될 수 없다는 사실을 명심할 필요가 있다. 그것은 심판자인 자신이 앞에 서 있는 사람과 똑같은 죄인이며, 자신이야말로 다른 누구보다 그 범죄에 가장 큰 책임이 있음을 인정하지 않는 한 그 누구도 죄인을 심판할 수 없기 때문이다. 이것을 깨달았을 때 당신은 비로소 심판자가 될 수 있다." 표도르의 죽음에 가장 큰 책임이 있는 사람은 다름 아닌 표도르 자신이다. '카라마조프'라는 자신의 이름을 '사랑하던 아버지의 이름'이 아니라 "검은 얼룩진 이름"으로 만든 사람이 자신이라는 책임을 인정하지 않는 한 그는 그 누구도 비난할 수 없다.

삶은 관계에서 출발한다. 어머니와 아버지라는 관계로부터 탄생한 나의 삶은 누군가에게 영향을 미치며, 의도했든 의도하지 않았든 어떤 결과를 낳는다. 그 결과에 '아무런 책임이 없다'고 말하며 발을 뺄 수 있는 사람은 없다. 나의 삶이 너의 삶과, 그 누군가의 삶과 얽혀있기 때문이다. 우리의 삶이 누군가에게 지우고픈 "검은 얼룩진 이름"이 아니라 설움에 겹도록 외쳐 부르는 "사랑하던 그 사람의 이름"이 되도록 하기 위해 우리는 어떤 노력을 기울여야 할까?

* 본 글은 2018.01.03-2018.01.14까지 아르코예술극장 대극장에서 공연된 창작 뮤지컬 <카라마조프>를 관람한 후 작성된 칼럼입니다.

비틀린 세상 속 뒤틀린 삶,
권력을 향한 진군

🎭 연극 <리차드 3세>

'권력에의 의지'를 모든 생명체의 본질적 특징으로 인식한 독일의 철학자 프리드리히 니체(Friedrich Nietzsche)는 생존을 유지하기 위해 벌이는 삶의 투쟁에서 남보다 우수해지고 남을 지배하며 더 강해지려는 의지를 '자기 극복의 의지'라 규정했다. 니체는 『짜라투스트라는 이렇게 말했다』에서 이렇게 말한다. "보라, 나는 항상 자기 자신을 극복해야 하는 존재이다. 나는 이 한 가지를 단념하느니 차라리 몰락하고 싶다." 하지만 자신을 극복해 강해지려는 이유가 남을 지배하고 투쟁에서 승리하기 위함이라면, 승리하고 난 이후에 남는 것은 도대체 무엇이란 말인가?

2018년 '누적 관객 1억명', '국민 배우'와 같은 수식어가 따라다니는 영화배우 황정민은 윌리엄 셰익스피어(William Shakespeare)의 연극 <리차드 3세(Richard III)>로 "성공적인 복귀작"이란 평가를 받으며 10년 만에 연극 무대로 되돌아왔다. 서재형 연출, 한아름 각색의 연극 <리차드 3세>는 "못생긴 얼굴과 움츠러든 왼팔, 거울마저 비웃을 만큼 볼품없는 곱사등의 악인"으로 유명한 셰익스피어의 '리처드 3세'

라는 인물을 잘 그려내면서도 영국 역사에 익숙하지 않은 한국 관객들을 위해 100분이라는 시간으로 새롭게 축약된 버전을 선보였다. 한아름 작가는 《뉴시스》와의 인터뷰에서 셰익스피어라는 대문호의 복잡한 작품을 각색해야하는 부담에 대해 설명하면서, "캐릭터(리차드 3세)가 결심하는 단계에 대한 설명이 충분치 않은 작품이라 설득력을 부여하기 위해 근거를 만들어야 할 필요가 있었고, 그로 인해 새로 만든 대사가 많은데 꼭 살려야 하는 명문은 가지고 왔다"고 밝혔다.

역사를 재해석하는 탁월한 능력이 반영되었다고 평가되는 셰익스피어의 사극들은 총 10편이지만 보통 《존 왕》과 《헨리 8세》를 제외한 8편을 극작 시기에 맞추어 '제1기 4부작'과 '제2기 4부작'으로 나눈다. 8개의 사극은 거의 1세기에 달하는 튜더 왕조 수립의 전 과정을 다루고 있는데, 《리처드 3세》는 《헨리 6세, 1부-3부》를 포함한 '제1기 4부작'의 마지막 작품으로 랭커스터 혈통의 리치먼드 백작이 헨리 7세로 왕위에 오르며 튜더 왕조가 시작되는 시점에서 끝을 맺고 있다.

셰익스피어가 활동하던 당대의 군주가 튜더 왕조의 마지막이라 일컬어지는 엘리자베스 여왕이었다는 점을 감안한다면, 리처드 3세가 악독한 군주로 그려진 이유를 충분히 짐작할 수 있겠지만, 사실상 셰익스피어는 사극 줄거리의 대부분을 라파엘 홀린셰드(Raphael Holinshed)의 《연대기(Chronicle of English history)》와 에드워드 홀(Edward Hall)의 《랭커스터와 요크 가문의 이야기(Hall's Chronicle)》에서 차용하고 있다. 셰익스피어는 원전이 되는 역사서들의 내용을 충실히 따르면서도 창작 목적에 맞게 재배열하거나 압축, 생략, 추가함으로써 새롭게 재창조하였는데, 리처드 3세의 경우 단순한 폭군이 아닌 '극적인 악인'이라는 점에서 셰익스피어의 대단한 인물상들 중 하나로 꼽힌다.

《리처드 3세》는 붉은 장미로 대변되는 랭커스터 가문과 흰 장미로 대변되는 요크 가문의 30년 동안 이어진 왕권전쟁의 막바지를 다루고 있기 때문에 사실상 제대로 된 이해를 위해서는 《헨리 6세, 1부-3부》와의 연계가 필요하다. 특히 《헨리 6세, 3부》는 리처드가 랭커스터 가문의 헨리 6세를 죽이고 자신의 형 '에드워드(Edward IV)'를 왕위에 올리는 데 혁혁한 공을 세우는 과정과 《리처드 3세》에서 유령처럼 등장해 끊임없이 저주를 퍼붓는 미망인 '마가렛 왕비(Queen Margaret)'의 몰락과정을 다루고 있기 때문에 리처드가 극 초반에 "나는 악인이 되기로 결심하였다!"는 대사를 하게 된 실질적 동기와 이유를 짐작케 한다.

서재형 연출의 연극 <리차드 3세>의 막이 오르면, 검은 상복을 입고 머리를 산발한 채 마치 죽은 영혼처럼 떠도는 왕비 마가렛이 등장해 관객들을 향해 외친다. "아는가? 그대는 아는가? 그대들은 아는가? (…) 이제 잠들었던 비극이 깨어나고 있다. 그 비극은 등 굽은 저 자로부터 시작되었다!" 그녀의 손끝이 향한 곳에 절름거리며 등장한 "두꺼비 같은 곱사등"의 리처드는 전쟁으로 '불만'이 가득했던 겨울이 가고 '승리'로 찬란한 여름이 왔지만 여전히 '결핍'이 존재함을 지적한다. "나는 이 모든 것들을 좋아할 수가 없어. 다들 뭐가 그리 즐거우신지. 전쟁의 승리와 돌아온 왕관이 인생을 바꿔 주리라 믿겠지만, 인생은 그리 녹록치가 않아. 다 가진 듯해도 늘 결핍은 따라오기 마련!" 왕가의 혈통이지만 불구로 태어난 탓에 전쟁에서 공을 세웠음에도 자신을 '그림자'로 여기고 인정하지 않는 사람들을 참을 수 없다고 말하는 그는 아무도 사랑하지 않는 "뒤틀린 사람"인 자신이 훌륭한 배우가 되어 세상을 속이고, 사람들을 속이고, 왕좌에 오를 것임을 공표한다.

"모든 계획은 이미 짜두었다"고 말하는 리처드가 겨냥하고 있는 것은 권력을 둘러싼 다툼 속에 사람들의 마음에 드리워진 불안과 초조함이다. 오랜 전쟁으로 심신이 약해진 형이자 국왕인 에드워드의 마음에 "이름이 G자로 시작되는 자가 왕실의 자식들을 살해하리라!"는 소문은 '불안'을 조장한다. 리처드는 형 에드워드와 형수인 '엘리자베스 왕비(Queen Elizabeth)'에게는 자신이 죽은 뒤 어린 자식들이 겪게 될지 모를 '왕위 찬탈'이라는 불안을, 자신의 정치적 입지를 굳히기 위해 반드시 손에 넣어야 할 '앤(Lady Anne)'에게는 "세상에 혼자 남겨진 자"의 불안을 이용한다. 인간의 마음속에 도사리고 있는 위기에 대한 '불안'과 '두려움'은 리처드에게 좋은 무기로 여겨질 뿐이다. 그는 에드워드가 런던탑에 가둔 둘째 형 '조지(George)'를 자객을 시켜 살해한 후 에드워드가 내린 처형명령으로 인해 죽은 것으로 꾸밀 뿐 아니라 자신이 직접 남편과 시아버지를 죽여 미망인으로 만든 앤에게 구애하는 엽기적인 모습을 보인다. 리처드의 모든 행보는 인간을 테스트하는 하나의 과정이자 단계일 뿐 그에게 '양심' 따윈 존재하지 않는다. 그에게는 오로지 '왕권'을 향한 계략과 가장, 거짓만이 있을 뿐이다.

죽어가는 왕을 앞에 두고 불안해진 인물들이 왕권을 놓고 충돌하는 가운데 리처드의 손에 남편과 아들을 잃고 미쳐버린 마가렛이 등장한다. 그녀는 자신에게서 빼앗아간 권력을 놓고 아귀다툼을 하고 있는 자들을 향해 저주를 퍼붓는다. 마가렛은 리처드를 향해 이렇게 외친다. "양심의 벌레가 네 영혼을 파먹을 것이다. (…) 피로 얻은 것은 피로 잃고 말 것이다!" 그러나 이미 형을 왕위에 앉히기 위해 방해가 되는 모든 것들을 베어온 리처드에게 양심, 죽음, 파멸 같은 것들은 두려움의 대상이 아니다. "누구나 인생의 막바지에 갈 곳은 하나"임을 인식하고 있는 리처드에게 가장 두려운 것은 '전진을 멈추는 것'이다. 자신의 가슴 속에 "일천 개의 심장이 고동치고 있다"고 말하는 리처드에게 중요한 것은 오직 '목표를 향해 진군을 계속하는 것' 뿐이다.

니체는 '의지'를 지닌다는 것은 자신이 특정 행위를 계속해 나아간다면 '성공'에 이를 것이라는 전제에 근거한 것이기 때문에, 행위자가 그러한 의지에 따라 어떤 행위를 할 때에는 "하나를 행하기 위해 대부분의 것을 망각"한다는 점에서 "양심이 없다"고 말한다. 목표를 달성하기 위한 행위를 제외하고는 다른 모든 것들을 부수적인 것들로 여기기 때문에 쉽게 '불의'를 행하고 도덕과 양심을 무용지물로 만들어버린다는 것이다.

리처드에게 인간은 '권력에 대한 탐욕'을 멈출 수 없는 존재이다. 권력에의 의지, 즉 지배자의 자리를 목표로 삼고 전진하려는 리처드의 열정과 계획, 가장은 모두 자신을 한 층 더 큰 사람으로 만들기 위해 벌이는 나름의 헌신이며 노력이고, 숨 쉬는 삶이다. 그의 '뒤틀린 삶'의 원인은 여기에 존재한다. 존재의 목표가 '권력' 그 자체에 설정되고 나면 권력을 거머쥔 후 남는 것은 불안과 위협, 위기, 그리고 하강밖에 없지 않은가? 니체의 말처럼, 무엇을 창조하든, 그것을 얼마나 사랑하든, 이내 자신이 창조한 것과 적이 되어야 한다. 힘에의 의지가, 권력에의 탐욕이 결국 리처드의 적이 되고 마는 것이다.

형 조지와 방해가 되는 모든 귀족들을 살해하고 왕위에 오른 리처드는 이제 흔들리는 왕권을 다잡기 위해 아무 죄 없이 런던탑에 갇혀 있는 어린 조카들마저 살해하고, 그토록 결혼해달라고 애원하며 쟁취했던 여인 앤도 살해한 뒤 조카딸 '엘리자베스(Elizabeth)'에게 구혼한다. 세상이 원래 약하고 불쌍한 자들을 위해 돌아가는 곳이 아니기 때문에 어쩔 수 없다고 말하는 리처드 앞에서 관객들이 보게 되는 것은 그의 흉물스러운 외모가 아니라 비틀리고 뒤틀려 더 이상 풀어낼 수 없이 꼬여버린 그의 '내면'이다. 어쩌면 "비뚤어진 인간"이라는 비난에 이성을 잃은 리처드가 커다란 망치로 '헤이스팅스(Lord Hastings)'를 내리치며 내뱉는 말은 진실인지도 모른다. "비뚤어진 게 아니라 뒤틀린 거라고! 왜 그런 눈으로 날 보는 거지? 내가 무엇을 잘못했기에? 내가 비뚤어져 보이오? 세상은 원래 그런 거요. 비뚤어지고 억지로 우겨넣는 것!" 관객들은 악행을 일삼으며 사람들을 조종하고 거짓을 퍼뜨리는 리처드를 향해 비난만 할 수 없는 자신을 발견하고는 씁쓸함과 답답함을 느낀다. 이미 권력을 위해 배신과 살인이 수없이 자행되어 온 비뚤어진 세상 속에 자신을 끼워 넣겠다고 몸을 비틀고 있는 리처드의 삶은 '일탈'이 아니라 가장 그에 맞게 끼워진 '뒤틀린 삶'이기 때문이다.

선과 악의 경계에서 언제나 '권력에의 의지'가 가리키는 방향만을 따라 온 리처드에게 마가렛의 저주는 현실이 되어 나타난다. 자신의 "썩은 눈으로 자신의 썩은 몸"을 보듯 그가 외면했던 모든 악들은 유령이 되어 그의 앞에 나타난다. 자신이 이용했던 '불안'은 이제 흔들리는 권력 앞에 자신을 위협하는 '두려움'이 되고, '양심'이라는 이름으로 환영이 되어 그를 휘젓는다. 하지만 "그대가 무슨 죄를 지었는지 아는가?"라는 양심의 질문에 리처드는 이렇게 대답한다. "내가 지은 죄를 묻는가? 나는 지금 내가 지은 죄를 묻는 그대들의 죄를 묻고자 한다!"

우리들의 죄는 무엇일까? 비틀어진 세상에서 뒤틀린 삶을 살 수밖에 없도록 방치한 죄일까? 아니면 남보다 앞서기 위해 '자기 극복'이라는 미명아래 끊임없이 '권력에의 의지'를 추구해 온 사람을 '성공한 자'라 여겨온 어리석음의 죄일까? 피에 굶주린 듯 권력을 탐했던 악인 리처드가 죽은 자리에 비구름이 걷혔음을 예언하는 마가렛이 관객들을 향해 외친다. "모두에게 묻는다. 그대가 무슨 죄를 지었는지 아는가? 그대들이 무슨 죄를 지었는지 아는가?"

* 본 글은 2018.02.06-2018.03.04까지 예술의전당 CJ토월극장에서 공연된 '서재형 연출·한아름 각색'의 연극 <리차드 3세>를 관람한 후 작성된 칼럼입니다.

정의를 위한 투쟁, 그리고 공론의 장

🎭 연극 <엘렉트라>

정의란 무엇일까? 정의란 '옳은 일을 하는 것'을 의미한다. 하지만 무엇이 옳단 말인가? 신이 원하는 일을 하는 것인가? 국가가 원하는 일을 하는 것인가? 아니면 내 민족, 혹은 내 이웃이 원하는 일을 하는 것인가? 그것도 아니라면 내가 원하는 일을 하는 것인가? 정의의 의미는 목표에 따라 변한다. 이 때문에 정의를 세우는 일은 우선 정의가 무엇인지 규명하는 일을 필요로 한다. 에드워드 본드는 「폭동, 전쟁, 정의 그리고 역사」라는 글에서 "정의는 모든 상황과 관련한다. 옳고 그른 것의 경계, 공정함과 불공정함의 경계, 그리고 무죄와 유죄의 경계···. 모든 경계에서 인간은 정의를 위해 투쟁한다. 정의를 위한 투쟁은 우리가 존재하는 방식이고 살아가는 방식이기 때문에 우리의 행위가 정당한가의 문제는 곧 우리의 삶이 정당한가의 문제라고 할 수 있다"라고 말한다. 정의는 그렇게 우리의 삶에 매 순간, 모든 곳에서 숨 쉬고 있다.

한국에 '정의 신드롬'을 몰고 왔던 정치 철학자 마이클 샌델(Michael Sandel)은 『정의란 무엇인가』의 한국어판 서문에서 2012년 아산정책

연구원에서 시행한 '사회 정의에 관한 여론조사'를 언급하며 이렇게 말했다. "미국인들의 38%가 미국사회가 정의롭지 못하다고 생각한 데 반해, 한국 사회를 불공정하다고 생각한 한국인은 74%나 되었다. 하지만 이 조사를 바탕으로 미국 사회가 한국 사회보다 더 정의롭다고 결론 내리는 것은 오류일 것이다. 조사는 얼마나 정의롭다고 생각하는 것인지를 측정한 것이지, 정의 그 자체를 측정한 것이 아니기 때문이다. 자기 사회가 직면하고 있는 부당함에 대한 비판을 한국인들이 미국인들보다 더 잘하기 때문인 것으로 나는 생각한다." 그는 정의와 도덕에 관한 문제들이 불러올 논쟁과 충돌의 두려움 때문에 사람들이 공적인 담론의 장을 펼쳐 보이지 못하는 것은 엄청난 '실수'임을 지적하면서, 정의에 관한 원칙들을 두고 공개적으로 다투는 것은 "나약함의 징표가 아니라 성숙되고 자신감 넘치는 민주주의의 징표"라고 주장한다.

고대 그리스의 극작가 소포클레스(Sophocles)의 3대 비극 중 하나인 <엘렉트라(Electra)>는 현대인에게 '정의란 무엇이고, 복수는 무엇인지'에 관한 논의의 장을 펼쳐 보이는 작품이다. 2018년 한태숙 연출은 고연옥의 각색으로 새롭게 해석된 연극 <엘렉트라>를 선보였다. 한태숙 연출은 소포클레스의 원작과는 달리 연극을 '21세기의 내전이 벌어지고 있는 도시'라는 새로운 시대적 배경과 장소로 옮겨와 엘렉트라를 '게릴라 전사'로 설정하는 파격적인 변신을 꾀하였다. '아이기스토스(Aegisthus)'와 내통해 남편 '아가멤논(Agamemnon)'을 죽이고 자식들을 버린 '클리탐네스트라(Clytemnestra)'는 게릴라 군에게 납치되어 무너진 성전 아래 위치한 지하벙커에 감금되어 있고, 아버지를 죽인 어머니를 용서하지 못해 복수를 맹세한 엘렉트라는 자신의 '정의'

를 입증하기 위해 '딸'이 아닌 정당한 '사형 집행인'으로서 어머니를 죽일 것을 공표한다. 아버지에 대한 지극한 사랑으로 인해 어머니를 혐오하는 딸의 전형으로 여겨지던 엘렉트라와 멀리 보내졌던 아들 '오레스테스(Orestes)'가 아버지의 원수를 갚기 위해 돌아와 어머니 클리탐네스트라를 살해한다는 내용은 골격만을 남겨놓은 채 상당 부분 해체되어 진혀 디른 이야기로 재현되었다. 하지만 소포클레스가 자신의 작품을 통해 궁극적으로 던지고자 했던 질문이라 할 수 있는 '아가멤논의 살해에 따른 복수는 정당한 것인가'에 대한 주제는 그대로 품은 상태에서 보다 복잡한 차원의 질문, '나의 정의가 다른 누군가에도 정의일 수 있는가'의 문제로 확대되었다.

한태숙 연출은 프로그램북을 통해 연극의 주제가 던지는 질문이 현대의 관객들에게 보다 밀착될 수 있도록 작품의 배경을 "종교분쟁으로 참혹한 내전을 겪은 그리스"로 두었지만, "언젠가는 붕괴될 수밖에 없는 조건인 독재와 부패, 이념에 대한 갈등, 궁핍한 경제로 억압된 분노가 폭발하게 되는 것은 세상 어디에서나 일어날 수 있는 일"이기에 "그리스 비극이지만, 우리와 동떨어지지 않고 현실을 반추하게 만드는 서사로 동기를 강화하고 싶었다"고 밝혔다.

극이 시작되면, 폭격에 무너져 버린 거대한 콘크리트 건물 지하로 보이는 벙커에 잡혀 있는 클리탐네스트라가 섬뜩한 저주를 퍼붓는다. "내 딸이 지금 나를 죽이려 하고 있다. 저 년의 얼굴을 흉악하게 일그러뜨리고 가는 곳마다 돌팔매질 당하고 쫓겨나게 해주소서! 혹시 자식이 생긴다면 그 자식조차 제 어미를 조롱하게 해주소서! 평생 자신을 저주하며 짐승처럼 죽게 해 주소서!" 저주는 그야말로 끔찍하다. 자비로운 신이 자신의 복수를 허락한 탓에 딸 '이피게네이아(Iphi-genia)'를 제물로 바친 남편 아가멤논을 죽일 수 있었다고 말하는 클리탐네스트라는 자신을 죽이겠다고 말하는 엘렉트라에게 "신을 상대로 싸워야 할 것"이라고 경고한다. 그녀는 독기를 품은 엘렉트라가 사적인 복수심을 채우기 위해 죄 없는 사람들을 선동하고 폭탄을 던지며 희생시키고 있음을 지적하면서, "다른 사람의 정의는 부정하면서 자신의 정의가 옳은 것인지는 의심하지 않는다"고 비난한다. 엘렉트라는 제물만 바치면 그 어떤 죄도 용서해 준다는 신 따위는 용서할 수도, 받아들일 수도 없기에 신전을 부숴버린 것이라고 비웃으며 큰 소리로 외친다. "내가 어떤 짓을 해도 당신들보다 낫지 않겠어요? 난 어떤 짓을 해서라도 당신들을 이겨야만 하니까요!" 클리탐네스트라가 엘렉트라에게 되묻는다. "남편을 죽인 여자가 죽어 마땅하다면, 어미를 죽인 자식은 어떤 벌을 받아야 할까?"

극 초반부터 연극 <엘렉트라>는 관객들에게 핵심적인 질문을 던져 놓는다. 스스로가 정의라고 믿는 것을 위해 자신의 복수가 정당하다고 주장하는 두 여인! 관객들은 자신의 딸을 상대로 무자비한 저주를 퍼붓는 어머니 클리탐네스트라도, 개인적인 복수를 실현하기 위해 게릴라를 이용하는 듯 보이는 엘렉트라도 옳지 않음을 인식한다. 동생 오레스테스가 죽었다는 소문을 믿지 않으면서도 불안함을 감추지 못하는 엘렉트라는 10년이라는 세월이 오레스테스를 어떻게 변화시켰을지 염려한다. 한편, 누군가가 다치는 것이 싫어 기지를 발휘해 위험에 처한 사령관을 구한 오레스테스는 게릴라들의 은신처인 지하 벙커로 와 자신의 존재를 밝힌다. 잃어버린 이름을 되찾은 동생 오레스테스를 축하하며 기뻐하는 누나 엘렉트라에게 그는 이렇게 말한다.

"난 잘 모르겠어. 어디에서도 싸움은 끊이질 않아. 다들 복수하기 위해서라고 말하지. 하지만 난 확신이 없어. 아버지를 위한 복수를 정의라고 할 수 있는 것인지, 내가 무엇을 위해 싸워야 하는 것인지."

폭탄과 독가스, 총을 쏘며 전쟁을 이어온 누나가 두려워 돌아올 수 없었나는 오레스테스는 자신에게 드리워진 '복수'라는 엄청난 무게를 부담스러워한다. 그는 10년 동안 잊고 지냈던 이름을 되찾아 지금껏 누려온 '자유'를 잃고 그 어떤 목적을 위해 누군가에게 이용당할 위험까지 감수할 필요가 있는지를 의심한다. "우리가 사람인 건 내가 무엇이라서가 아냐. 무엇이라도 될 수 있기 때문이야. 최악이 뭔지 알아? 내가 원하지도 않는 걸 강요받는 거야!" 그는 자신의 이름 속에 규정된 운명이나 의무에 의해 구속된 삶이 아닌 선택하고 책임질 수 있는 '자유로운 삶'을 원한다. 사람들이 그에게 구현해달라는 '신의 정의'는 복수에 대한 강요와 억압이라는 측면에서 '신의 저주'일 뿐 강요받는 고통 그 이상도 그 이하도 아니다. 그는 의무와 책임, 자유 사이에서 갈등하고 고뇌한다.

사실상 모든 인물들은 저마다의 고통 속에서 몸부림치고 갈등하며 분노하고 고뇌한다. 엘렉트라는 어머니에 의해 살해당한 아버지를 웃음거리로 만들고 축제를 벌이는 집안에서 울었다는 이유로 창고에 갇혀 매질을 당하고, 자신에게 겨눠진 총부리 앞에서 억지로 춤과 노래를 할 수밖에 없었던 고통스러운 과거의 트라우마에 시달린다. 그녀는 살해당하고도 조롱당하는 아버지와 죄를 뉘우치지 않는 뻔뻔한 어머니 사이에서 태어난 자신의 삶의 방식을 '복수'에 둘 수밖에 없다. 이런 엘렉트라에게 "아이보다 자기 자신을 더 사랑하는 여자가 있을 수 있다"는 여동생 '크리소테미스(Chrysothemis)'의 말은 들리지 않는다. 그녀에게는 아이기스토스가 부패하고 악독한 군주인 것이 복수의 구실을 더욱 강화한다는 점에서 다행한 일이며, 부정한 어머니의 편을 들어준 신을 거부하고 저항하며 '복수'가 '정의'임을 모두에게 증명하는 것만이 숨을 쉴 수 있는 일이다.

크리소테미스는 의붓아버지인 아이기스토스에게 끊임없이 성추행을 당하고, 이미 충분히 불행한 자신의 삶에 조금이라도 편안함을 가져오려면 "힘없는 자가 힘 있는 자에게 복종하는 것은 당연하다"고 체념할 정도로 고통에 지쳐있다. 하지만 그녀 역시 또 다시 자신을 향해 손을 뻗는 아이기스토스와 직면하자 한번은 맞서 싸울 필요가 있음을 깨닫는다. 한편, 아이기스토스는 태어날 때부터 버려져 늘 누군가의 눈치를 보며 살아야 했던 자신이 사람들을 속이고 기만하는 것은 정당하며, 끔찍한 '외로움'에 시달리는 자신이 클리탐네스트라에게 의존하고 크리소테미스를 탐하는 것은 이해될 수 있는 일이라고 주장한다. 또 클리탐네스트라는 전쟁의 승리를 위해 딸을 제물로 바친 남편을 살해한 자신을 정당화하며, 증오하는 일에 삶을 낭비하며 '재앙'을 불러들이는 엘렉트라가 자신을 괴롭히고 있음에 분노해 끔찍한 저주를 퍼붓는다.

모두 자신만의 '정의'가 정당하다고 외친다. 모두 자신이 가장 고통스럽다고 말한다. 게릴라 폭탄전문가 '디아나(Diana)'의 말처럼, 그들에게 정의는 "그저 자기가 원하는 것을 갖기 위한 최고의 핑계거리, 혹은 수단"일 뿐인지도 모른다. 그들에게 '복수'는 자신의 고통을 없애기 위한 몸부림, 혹은 자신의 존재가 설 자리를 찾지 못하는 공포 속에서 벗어나기 위해 나름대로 규정한 '돌파구'인지도 모른다. 하지만 그들의 정의와 복수는 모두 실패한다. 아이기스토스의 말처럼, 각자 "자신들만이 정의롭다고 믿을 뿐 다른 사람의 정의를 받아들이지 않기 때문"이다. 뿐만 아니라 그들은 누군가의 죄를 묻기에 앞서 자신의 진실을 똑바로 응시하지 않는다. 디아나의 말처럼, 지옥을 벗어나고 싶다면 "피하지 말고 두 눈으로 앞을 똑바로 봐야만" 한다. 설혹 또 다른 지옥으로 들어간다고 할지라도, 더 큰 고통을 불러온다고 할지라도 말이다.

본드는 말한다. "정의는 가장 고차원적인 인간의 이상이다. 정의는 인간이라는 존재의 위엄이며 존엄성이고, 존중과 복종 사이의 갈등, 자존감과 비겁함 사이의 갈등의 핵심에 놓여있다. 정의를 위한 전쟁에는 경계가 없으며 평화 또한 없다. 투쟁은 끝없이 지속된다. (…) 하지만 정의는 사람들이 자신을 제대로 이해하고 그 이해를 바탕으로 스스로 살아가는 삶을 선택할 때 창조된다." 연극 <엘렉트라>는 관객들에게 '나의 정의만큼 상대의 정의도 존중될 수 있는가'라고 묻는다. 과연 인간에게 '정의'만큼 크고 어려운 과제가 또 있을까?

* 본 글은 2018.4.26-5.05까지 LG아트센터에서 공연된 한태숙 연출·고연옥 각색의 연극 <엘렉트라>를 관람한 후 작성된 칼럼입니다.

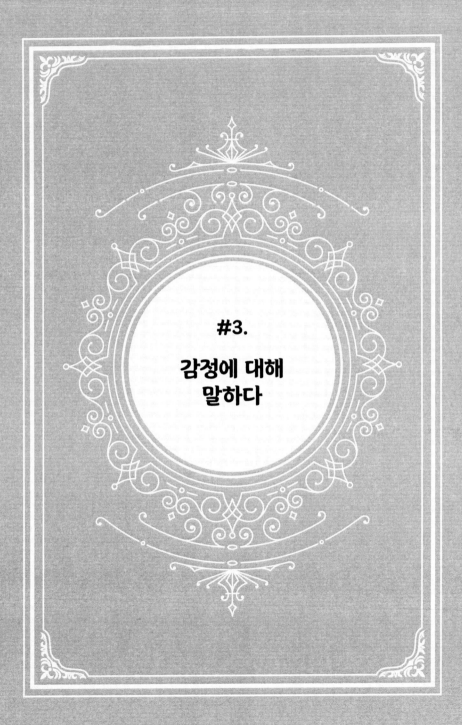

#3.

감정에 대해
말하다

웃음의 코드, 그리고 웃음이 지닌 '연대감'

연극 <늘근도둑이야기>

연극 <늘근도둑이야기>의 공연장은 항상 웃음으로 가득하다. '더 늘근 도둑'과 '덜 늘근 도둑'이 노후 대책을 위한 마지막 한탕을 꿈꾸며 엄청난 부와 권위를 자랑하는 '그 분'의 미술관을 집으로 오인하고 잠입한다는 설정도 우습지만 무엇보다 두 배우의 열연과 입담, 그리고 유일하게 젊은 인물인 수사관의 허당스러움이 끝없는 웃음을 자아내는 백미로 작용하기 때문이다.

덜 늘근 도둑은 말한다. "도둑이 웬 놈의 노후대책이냐고? 뭐 우리라고 늙어가는 여생을 막을 수가 있나. 당연히 '땅구멍이 입이 되도 할 말은 없겠지만' 딱 한 번! 마지막으로 거하게 한탕하고 손 씻을랑께!"

관객들은 교도소에서 출소한지 3일밖에 되지 않은 단순절도 전과 18범과 사기 전과 12범이 '마지막 한탕'을 위해 또다시 도둑질이라는 범죄를 저지르려는 찰나에 직면해 있다. 분명 상황은 올바르지 않다. 그러나 우리가 두 늙은 도둑들을 비난하기보다는 같이 웃고 감탄하며 박수를 치게 되는 이유는 무엇일까? 우리는 왜 웃는 것일까?

인간은 웃을 수 있는 유일한 존재이다. 모든 동물이 눈물을 흘리고 울 수 있지만 박장대소하며 웃을 수 있는 동물은 인간 뿐이다. 웃음은 그렇게 가볍고 흔한 것이 아니란 뜻이다. 게다가 웃음의 종류에는 여러 가지가 있다. 단순히 즐거워서 웃기도 하지만, 긴장이 완화된 안도감으로 웃기도 하고, 풍자와 패러디 속에 숨은 우스꽝스러움을 발견하기 때문에 웃기도 한다. 고대 그리스의 철학자 아리스토텔레스(Aristoteles)는 "저급한 사람을 모방할 때 생겨나는 것이 웃음"이라고 했지만, 사실상 웃음에는 훨씬 더 복잡한 지적, 사회적 과정이 필요하다. 모르는 것을 향해 웃을 수는 없기 때문이다. 웃음에는 '코드'가 있다. 웃음은 다른 사람이 그 속에 담겨있는 '웃음의 코드'를 이해할 수 있어야 한다는 점에서 사회적이다. 웃는 사람이 이미 사회적으로 이해에 도달한 사건 혹은 상황의 비틀린 지점을 인식하고, 거기에 공감과 동의를 표현할 때 웃음이 방출된다.

<늘근도둑이야기>는 시사 풍자 코미디극이다. 두 늙은 도둑과 젊은 수사관이 능청스럽게 뱉어내는 돌직구들과 부조리한 세상을 읽어내는 애드리브는 대놓고는 말할 수 없었던 관객들의 속내를 은근슬쩍 드러내놓는다. 두 늙은 도둑의 끝없이 이어지는 만담은 관객들이 이미 인식하고 있는 정치적이고 사회적인 이슈들을 살짝 비틀어 풍자와 패러디라는 '가벼움'의 옷을 입는다. 웃음이 주는 카타르시스는 마음을 내리누르는 무겁고 억압된 것들의 방출과 해소에 있다. 풍자와 패러디라는 '가벼움' 속에 숨겨진 날카로운 진실들은 관객들의 마음을 헤집거나 아프게 하지 않으면서도 답답하게 내리누르던 납덩어리들

을 들어내고 웃음을 통해 날려버린다.

프랑스의 철학자 앙리 베르그송(Henri Bergson)은 『웃음』에서 "웃음을 이해하는 것은 예술과 인생에 대한 이해를 깊게 해준다"고 말했다. 그의 말처럼, 현실 속에 잘 드러나 보이지 않던 숨은 경향을 찾아내고 그것을 대담하게 확대함으로써 모든 사람이 볼 수 있도록 만드는 것이 "풍자"이고 표면으로 도출되지 않던 억압과 왜곡을 현실화하는 것이 "예술"이라면, 연극 <늘근도둑이야기>는 분명 우리가 두 발을 딛고 살아가고 있는 현실 속 인생에 대한 이해를 요구하고 있다고 볼 수 있다. 더 늘근 도둑은 말한다. "인생이 뭐냐? 일장춘몽 운칠기삼(一場春夢 運七技三)이로구나! 좋은 시절 다 가고 한 숨만 느는구나!" 덜 늘근 도둑은 이렇게 답한다. "난 산다는 게 꿈이라면 좋겠어. 꿈이니까 잘못되면 처음부터 다시 할 수 있는 그런 꿈이었으면 좋겠다고!"

연극 <늘근도둑이야기> 속에는 풍자의 웃음코드만 존재하는 것이 아니다. 더 나은 삶을 꿈꾸는 현대인의 바람, 잘못된 것들을 처음으로 되돌려 다시 바로잡고 싶은 간절한 마음, 그리고 헛되이 지나가 버린 삶에 대한 회환 또한 담겨있다. 베르그송에 따르면, 웃음의 미학적 요소는 개인이나 사회가 자신을 보존하는 일에 골몰하느라 삶의 뒷면에 숨겨진 진실들을 외면하던 상태에서 벗어나 어느 정도 마음의 여유를 가지고 자신을 하나의 예술작품처럼 바라볼 때 비로소 확보된다. 웃음이 비로소 개인과 사회를 교정할 수 있는 공리적인 목적을 달성하게 되는 것이다.

1989년에 초연된 <늘근도둑이야기>가 현재에 이르기까지 꾸준히 관객들의 사랑을 받으며 재공연을 이어올 수 있었던 데에는 분명 여러 가지 이유가 있겠지만, 무엇보다 재공연이 이루어질 때마다 사회가 공유하고 있는 '웃음의 코드'를 잘 파악하여 현안을 반영하고 작품을 발전시킬 수 있었기 때문이 아닌가 생각된다. 물론 그러한 '웃음 코드'가 작품의 줄거리 전개나 결말보다는 배우들이 풀어놓는 대사와 애드리브에 상당히 의존하다보니 실질적으로 극을 보고 난 후 관객들에게 뚜렷하게 남겨지는 여운이 없는 것은 사실이다. 하지만 모두가 함께 공유할 수 있는 현안을 다루고 안타까운 세태를 풍자함으로써 '웃음'으로 관객들과 소통하고, 관객이 직접 연극에 참여할 수 있는 '열린 극'을 만든다는 점에서 무대와 객석 사이의 적당한 거리가 확보된다. 적당한 거리는 관객으로 하여금 연극이 '연극'임을 인식하도록 만들고, 연극 속 즉흥 대사의 지적 코드에 민감하게 반응할 수 있는지, 남들과 함께 웃을 수 있는지를 스스로 확인하게끔 만든다.

웃음은 저절로 유발되는 것 같지만 사실상 소속된 집단과의 유대가 부족하거나 공통된 이해에 도달하지 못한 사람에게는 무척 어려운 일이 아닐 수 없다. 모르는 것을 향해 남들이 웃는다고 해서 그저 따라 웃을 수만은 없는 노릇이기 때문이다. 고대 그리스 시대부터 사회에 대한 비판이나 조롱을 위주로 하던 풍자희극들이 아테네 시민들의 의사 결정에 영향을 미쳐왔던 이유는 웃음이 지닌 '유대감' 혹은 '연대감'에 기인한다. 사회 속에서 공유되는 개념에 대한 지적인 이해와 그에 대한 동감의 표현이 곧 웃음인 탓이다.

현재 한국 사회가 처한 부조리한 문제와 우스꽝스러운 고민은 무엇일까? 많은 사람들이 받아들이고 이해하는 '웃음의 코드'가 무엇인지 궁금하다면, 사회 풍자극을 찾아 객석을 메운 관객들과 함께 유대하고 공감할 수 있는지 확인해 보는 것도 좋은 일일 것이다. 무엇보다 웃을 일이 점점 줄어드는 현대의 삶에 마음을 무겁게 내리누르던 답답함을 잠시나마 가볍게 덜어낼 수 있는 좋은 기회가 되지 않을까?

*본 글은 부천문화재단의 '2017 닝민시즌 기획공언' 연극 <늘근도둑이야기>를 관람한 후 작성된 칼럼입니다.

절망으로 인한 분노, 그 끝은 어디인가?

🎭 연극 <미국 아버지>

한 아버지가 있다. 아들의 죽음장면이 전 세계에 공개됨에도 무력하게 지켜보는 것 외에 아무것도 할 수 없었던 아버지가 있다. 그 아버지의 고통과 슬픔, 절망과 분노의 깊이를 우리는 가늠이나 할 수 있을까?

2013년 공연예술 창작산실 연극부문 최우수작으로 선정되어 2014년 초연, 2015년 재연에 이어 2017년 세 번째로 무대에 오른 연극 <미국 아버지>는 2004년 이라크에서 이슬람 무장단체에 의해 공개 참수된 닉 버그(Nick Berg)의 아버지 '마이클 버그(Michael Berg)의 이야기'를 모델로 하고 있다. 극작가이자 연출가인 장우재는 프로그램북을 통해 마이클 버그가 영국전쟁저지연합(Stop the War Coalition)에 보낸 편지를 읽고 '절망과 분노에 대한 이야기'를 하고 싶었다고 밝혔다.

주인공 '빌'은 베이비 붐 세대로 성장을 중시하는 신자유주의의 흐름에 편승해 한때 월스트리트에서 일했지만, 현재 마약 중독자로 전락해 아들의 집에 얹혀살고 있는 패배자이다. 빌은 자신이 권력과 자본의 주체들에 의해 이용만 당하다 그들 대신 잘못된 선택을 했을 뿐인데도 부패의 원흉이 아닌 대리자인 자신이 몰락하게 된 불공정한 현실에 분노한다. 그의 아들 '윌'은 세계화를 이루어 낸 미국의 젊은 세대로 풍요로운 삶을 영위하고 있는 증권맨이다. 현재 윌은 아랍계 여성과 결혼해 새로운 생명의 탄생을 기다리고 있다. 하지만 9·11테러와 이라크 전쟁으로 이어지는 혼란스러운 정세 속에 아내 '헤바'의 가족이 친척에게 생활비로 송금한 돈이 테러단체도 흘러 들이긴 정황이 포착된다. 윌은 태어날 아기에게 새로운 가치가 지배하는 보다 나은 세상을 물려주기 위해 아프리카로 봉사활동을 떠날 것을 선언한다.

자본이 지배하는 세상의 추악함에 저주를 퍼부으면서도 그 세상 속에서 생존할 수 있는 유일한 방법은 "최대한 더 많이 돈을 버는 것"이라고 주장하는 빌에게 윌의 선택은 전혀 동의할 수 없는 '미친 짓'으로 보인다. 자본의 세상이 규정하는 성공한 삶을 내려놓고 새로운 세상을 만들기 위해 봉사의 길을 가겠다는 아들의 선언은 빌에게 지나치게 순수한 나머지 현실을 보지 못하는 어리석음으로 비춰진다. 그러나 마약 중독에서 벗어나지 못한 채 세상을 비난하고 자본과 권력을 거머쥔 사람들을 저주하는 아버지를 향해 윌은 이렇게 말한다. "아버지, 더 이상 세상 사람들이 만든 가치는 우리를 구할 수 없어요. 우린 우리 스스로 각자만의 가치를 만들어야 해요!"

그렇게 더 나은 세상을 건설하기 위해 떠난 아들이 오로지 미국에 대한 '보복'으로 행해진 무참한 폭력의 희생양이 되어 주검으로 되돌아온다. 아프리카에서 봉사를 하던 중 어려움에 처한 친구를 돕기 위해 이라크로 간 아들이 전 세계인이 지켜보는 앞에서 참수된 것이다. 아버지인 빌이 느끼는 분노를 감히 상상이나 할 수 있겠는가? 세상을 향한 참을 수 없는 분노가 빌을 잠식한다. 죽은 아들을 살아 돌아오게 만들 수도, 세상을 향해 복수를 할 수도 없는 빌은 폭주하기 시작한다. 제대로 표출할 대상조차 찾을 수 없는 분노는 아랍계 며느리로부터 아이를 빼앗고 총으로 무장한 채 아무도 들어오지 못하게 하는 '광기'로 변질된다. 절망의 고통 속에서 몸부림치는 빌은 또 다시 마약을 향해 손을 뻗는다. 환각에 사로잡힌 빌 앞에 나타난 윌이 말한다. "난 불행하지 않았어요. 그저 세상이 우리 뜻대로 움직여주지 않았을 뿐이에요. 아프더라도 진실을 마주해야 해요." 빌이 대답한다. "난 그런 진실 따윈 인정할 수 없어! 그걸 인정하면 난 무너져. 그럼 난 아무것도 아니야!"

최근 몇 년간 세계는 '분노'로 몸살을 앓고 있다. 자신과 다른 생각을 가진 사람들을 비하하고, 정확히 이유도 모른 채 혐오하며, 모든 불행이 그들의 탓이라 외친다. 불특정 다수를 향해 총을 발사하고, 인도 한복판으로 차를 몰고 돌진하는가 하면, 무고한 사람들이 모인 곳에 폭탄을 설치하기도 한다. 무엇이 문제인가? 사람들은 왜 이토록 분노하는가?

덴마크의 심리학자 일자 샌드(Ilse Sand)는 『서툰 감정』에서 "분노라는 감정에도 이해가 필요하다"고 말한다. 분노를 해결하기 위해서는 분노라는 감정을 일으키는 원인이 무엇인지, 그 시작점이 어디인지를 알아야 한다는 것이다. 하지만 자신의 분노를 들여다보는 일은 쉽지 않다. 분노를 일으키는 이유를 거슬러 올라가다 보면 자신의 깊숙한 내면을 들여다보게 되고, 현실에 대한 정확한 인식에 도달하게 되기 때문이다. 더 분명하게 말하자면, 자신의 분노를 들여다보는 일은 고통스럽다. 분노라는 감정의 뿌리는 결국 자신에게 가해진 '상처'에서 시작되는 경우가 많기 때문이다.

윌은 아버지 빌의 분노가 다름 아닌 아버지 '자신'을 향한 것임을 알고 있다. 젊은 시절 자유와 평화, 사랑과 평등, 정의를 외치던 '히피들(hippies)'을 동경하고 열망했던 순수한 자신을 버리고 성공을 위한다는 명목으로 자본의 논리에 편승해 부정한 선택을 해 온 자신을 용서하지 못하는 것이다. 빌은 자신이 동조해 온 세상이 잘못된 방향으로 건설되었을 뿐 아니라 결국 자신의 아들 '윌'을 죽게 만들었다는 것을 알고 있다. 하지만 빌은 자신의 분노를 들여다볼 수 없기에 환각을 통해 끊임없이 젊은 시절의 자신과 조우하고 첫 사랑 '낸시'와 만난다. 그는 환각을 통해 자신과의 대화를 이어가지만 정작 현실로 돌아왔을 때에는 자신을 직면하지 못한다. 자신의 분노를 이해한다한들 그 분노를 종식시킬 '정의'를 현실 속에 실현할 수 없음을 알고 있기 때문이다.

샌드는 분노가 '자기 보호를 위한 방어기제의 감정'임을 강조한다. "쥐도 궁지에 몰리면 고양이를 문다"는 말이 있다. 생존에 위협을 받는 상황에 처했을 때 자신을 보호하기 위해 모든 에너지를 끌어 모아 폭력적이 되는 순간의 감정, 그것이 '분노'인 것이다. 즉, 분노는 에너지이다. 이 때문에 어디론가 표출될 곳을 찾을 수밖에 없고, 예측 불가능한 사고나 상황으로 인해 부당함을 느낄 때 치밀어 오르는 분노는 자신을 불사를 정도의 큰 에너지가 될 수 있다.

에드워드 본드는 분노를 "정의를 향한 욕망의 감정"으로 정의한다. 그에 따르면, 사회 속에서 정의가 구현되지 않는 부당과 불공정에 직면했을 때 인간이 느끼게 되는 불편한 감정은 자신의 존재를 부정당하는 위협으로부터 자신을 보호하기 위해 발현되는 감정, 즉 "정의를 갈구하는 마음"의 역설적 표현이다. 결국 아버지인 빌이 느끼게 되는 분노의 크기는 세상의 불공정 속에서 정의를 갈구하는 그의 마음의 크기라 할 수 있는 것이다. 개인의 힘으로는 도저히 당해낼 수 없는 세상과 시스템에 의해 희생된 아들 '윌'을 앞에 놓고 절망 속에 무너져 내리는 빌은 환각 속에서 허우적대는 자신을 죽여야 할지, 아니면 실체로 보이는 환영들을 죽여야 할지 고민한다. "사람은 정상인데 세상이 비정상"인 현실을 받아들이고는 도저히 살아갈 수 없는 개인의 처절한 몸부림인 것이다.

제임스 맥티그(James McTeigue) 감독의 영화 <브이 포 벤데타(V For Vendetta, 2005)>에서 세상의 잘못됨을 전달하는 주인공 '브이'는 이렇게 말한다. "어쩌다 이렇게 된 것일까요? 누구의 잘못입니까? 물론 가장 큰 책임은 정부에 있고, 정부는 반드시 그 대가를 치르게 될 것입니다. 하지만, 이 지경이 되도록 만든 장본인은 바로 방관한 여러분 자신입니다!" 빌은 잘못된 가치임을 알면서도 세상의 흐름에 편승하고 자신만의 가치를 세우고 저항하기 보다는 외면하고 방관한 자신 역시 현재의 세상에 책임이 있음을 깨닫는다. 아들이 말하는 진실이 무엇인지, 더 이상 세상이 정한 가치가 아닌 스스로의 가치를 찾아 윤리를 세우고 새로운 세상을 건설하기 위한 노력을 해야 할 필요가 어디에 있었는지를 깨닫게 되는 것이다. 하지만 빌은 아들을 죽음에 이르게 한 세상에 일부 책임이 있는 자신을 결코 용서할 수 없기에, 무엇보다 세상에 정의를 구현할 수 있는 순수한 존재인 윌의 죽음이 곧 세상의 종말을 의미하기에, 자신을 죽이는 선택을 할 수밖에 없다.

연극 <미국 아버지>는 실제 모델이 된 마이클 버그처럼 용서하는 일에 실패하였으므로 "이 연극은 실패하였다"라는 내레이션(narration)을 남기고 끝이 나지만 연극 속 미국 아버지인 빌은 용서하는 일에 실패해야만 한다. 그래야만 관객들이 분노의 정세를 볼 수 있기 때문이다. 분노의 시작이 어디인지, 분노의 끝은 어디인지, 분노를 넘어설 수 있는지, 관객들은 가늠하고 예측해 볼 수 있어야 한다. 분노 그 자체를 들여다보지 않고서는 이해할 수 없고, 결국 용서를 택한 '마이클 버그의 선택'을 인정조차 할 수 없을 테니 말이다.

용서의 결과를 낳든 누군가를 응징하고 정의를 세우는 결과를 낳든 분노의 끝은 오직 그 시작점을 알 때에만 가능하다. 연극 <미국 아버지>는 마이클 버그에 대해 이야기하고 있지 않다. 힘없는 한 개인이 정의가 구현되지 않는 세상 속에서 느끼는 '절망'에 대해 이야기하고 있다.

---

* 본 글은 2017.09.06-2017.09.25까지 명동예술극장에서 공연된 '극단 이와삼'의 연극 <미국 아버지>를 관람한 후 작성된 칼럼입니다.

혹평, 그리고 공감을 통한 구원

뮤지컬 〈라흐마니노프〉

혹평에 상처입지 않는 사람은 없다. 한 사람이 다른 사람을 평가하는 일은 때로는 폭력이 된다. 평가하는 대상이 사람이 아니라 그 사람이 수행한 일이나 업무, 창작품이라 해도 결과는 마찬가지이다. 결국 '혹평'은 일의 수행자나 창작자를 향한 '화살'이 되기 때문이다. 다른 누군가를 평가하는 일은 언제부터 시작된 것일까? 전문가라는 타이틀 아래 더 많이 안다는 이유로 다른 이의 삶과 영혼이 담긴 산물을 평가하고 비판할 자격은 언제부터 부여된 것일까?

1897년 모스크바 음악원을 졸업한 젊은 피아니스트이자 천재 작곡가였던 '세르게이 라흐마니노프(Sergei Rachmaninoff)'는 자신의 재능을 세상에 증명할 수 있으리라 믿었던 '교향곡 제1번(Symphony No. 1)'의 대참패로 인해 엄청난 혹평에 휘말리게 된다. 성공을 향해 앞만 보고 내달리던 패기 넘치는 젊은 청년 라흐마니노프는 이 일로 인해 작곡에 대한 자신감을 완전히 잃어버리고, 3년 동안 '신경 쇠약'이라는 절망의 늪에 빠져 허우적거린다. "나는 내 안에 있던 무언가가 부러져 버린 것을 느꼈다. 오랜 시간 스스로에게 질문하고 고민한 결과, 나는 작곡을 포기해야 한다고 생각했다." 그는 자신의 감정을 이렇게 묘사한다.

모든 감각이 마비된 것 같은 무력감과 내면을 파고드는 패배감! 인간의 내면을 갉아먹는 이 두 마리의 '벌레'는 라흐마니노프의 정신을 점점 더 파고들어 간다. 좀처럼 자신감을 회복하지 못하던 라흐마니노프에게 구원의 손길을 건넨 사람은 다름 아닌 '니콜라이 딜 박사(Nikolai Dahl)'였다. 딜 박사는 '자기 암시 요법'을 통해 새로운 대작을 완성할 수 있다는 암시를 끊임없이 라흐마니노프에게 전달했고, 점차 자신감을 되찾은 라흐마니노프는 작곡에 매진하여 2년 여의 노력 끝에 마침내 가장 유명한 '피아노 협주곡 제2번(Piano Concerto No.2)'을 세상에 내놓을 수 있었다.

2016년 초연된 창작 뮤지컬 <라흐마니노프>는 천재 음악가 세르게이 라흐마니노프와 니콜라스 딜 박사의 숨겨진 시간에 상상력을 부여해 "좌절과 치유의 이야기"를 성공적으로 풀어냈다. "주제를 알 수 없는 비틀린 음악, 손가락을 망가뜨리는 음악"이라는 혹평은 라흐마니노프의 정신을 깊이 파고든다. 그는 외친다. "말, 말, 말. 듣고 싶지 않다는데 웬 놈의 말들이 그렇게도 많은지. 듣고 싶지 않은 말을 그렇게 계속해대는 것도 '폭력'이에요." 딜 박사가 대답한다. "당신도 하고 싶은 말이 많은 것 같은데요."

뮤지컬 <라흐마니노프>는 마음의 소리를 전달하고자 하는 작곡가와 마음의 소리를 듣고자 하는 정신 의학자라는 두 직업을 병치시키며, "써야만 해!"라는 강박에 시달리는 라흐마니노프와 "치료해야만

해!"라는 목표에 집착하는 달 박사의 고뇌를 평행선에 놓는다. 무언가를 해내야만 하는 사람과 무언가를 절실하게 하고픈 사람의 차이는 엄청나다. 자신이 성공했음을 입증하고 보여줘야만 하는 사람과 자신의 간절한 이야기를 들려주고 싶은 사람이 느끼는 부담감의 무게가 다르기 때문이다. 부담감은 애초에 그 일을 하고자 했던 '목적'을 흐린다.

달 박사는 한계 끝까지 자신을 밀어붙여야만 하고 절대 멈춰서는 안 된다는 강박에 사로잡혀 있는 라흐마니노프에게 '왜?'라는 질문을 했었는지 의문을 품는다. 달 박사는 라흐마니노프에게 묻는다. "당신은 이미 세상 사람들에게 사랑받고 있어요. 나는 '어떻게'가 아니라 '왜'냐고 묻고 있는 겁니다. 왜 새 곡을 써야만 하는 거냐고요!" 라흐마니노프가 되묻는다. "당신은 왜 나를 치료해야만 하는 겁니까?"

유명해지고픈 의사와 성공을 증명하고픈 음악가…. 결국 '왜?'라는 질문을 피할 수 없게 된 두 사람은 각자 자신의 내면을 탐구하기 시작하고, 달 박사는 최면 치료를 통해 라흐마니노프의 안타까운 과거 속에 있는 고통과 슬픔, 죄의식의 그림자와 직면하도록 만든다. 낯선 땅에서 한껏 움츠러든 자신에게 고국의 향수를 불러와 위로가 되어주었던 감미로운 음악, 그 음악을 연주하던 천재 피아니스트를 바로 세우고픈 달 박사의 마음은 라흐마니노프를 움직인다. 재기에 성공한 라흐마니노프는 '글린카 상(Glinka Award)'을 수상한 '피아노 협주곡 제2번'을 달 박사에게 헌정한다. 라흐마니노프의 슬픔과 좌절, 몸부림의 선율은 관객들의 마음을 적시며 함께 공감하고 연민을 느끼도록 만든다.

1932년 '피아노 협주곡 제3번(Piano Concerto No.3)'의 공연을 위해 뉴욕을 찾은 라흐마니노프는 이렇게 말했다고 한다. "음악이란 무엇인가? 음악을 어떻게 정의할 것인가? (…) 그것은 사랑이다! 음악은 시의 누이이고, 시의 어머니는 슬픔이다!"

뮤지컬 <라흐마니노프>에서 무엇보다 인상적인 부분은 "넓고 깊고 복잡한 인간의 마음"을 들여다보듯 꾸며진 무대이다. 천상과 벽에 가득 붙어 있는 날아다니는 악보들, 무대 양쪽으로 나뉘어진 달 박사와 라흐마니노프의 구별된 공간들, 라흐마니노프의 불행한 과거를 잠식하고 있는 술 취한 아버지에 의해 부서진 가구들, 죽음을 상징하는 커다란 묘비, 그리고 가혹한 스승 '쯔베레프(Zverev)'의 붉은 재킷과 가슴 아픈 누나 '옐레나(Yelena)'의 초상화까지 무대는 한 인간의 내면의 깊이를 고스란히 드러내 보여준다. 그 뒤로 연주되는 피아니스트와 현악 6중주의 음악은 마치 무의식에서 흘러나오는 라흐마니노프의 마음을 전달하는 '말'처럼 관객들의 마음에 울려 퍼진다.

새로운 시도에는 아쉬움이 따르기 마련이다. 하지만 21세기는 그 어느 때보다 '창의력'이 요구되는 시대이다. 끊임없이 시도하고 노력하지 않는다면 새로운 길로 나아갈 '문'을 찾을 수 없다. 라흐마니노프의 말처럼, "새로운 종류의 음악은 분석하고 추론하고 계산하는 머리로부터 창조되는 것이 아니라 '느끼는 것'에서 나오는 것"이며, "마음으로부터 나와 오직 마음으로만 전달될 수 있는 것"인지도 모른다. 뮤지컬 <라흐마니노프>는 분명 음악으로 마음을 전달하기 위한 노력을 다하고 있다.

라흐마니노프의 이야기는 다른 이의 평가가 인간의 삶을 얼마나 황폐하게 만들 수 있는지를 보여준다. 누군가의 '말'은 사람의 마음을 춤추게도, 부서지게도 만든다. 가혹한 혹평에 둘러싸인 상처 입은 사람에게 진정으로 필요한 것은 공감을 통한 이해와 따스한 도움의 손길, 지속적인 응원이 아닐까? 틀 안에 갇힌 사고가 아닌 넓은 사고와 조금 더 이해하려는 노력을 통해 우리는 주변의 더 많은 사람을 구원할 수 있을지도 모른다.

라흐마니노프와 달 박사의 이야기를 소재로 한 또 다른 뮤지컬에는 2015년 오프 브로드웨이에서 초연되어 좋은 평가를 받은 데이브 말로이(Dave Malloy) 작사·작곡의 뮤지컬 <프렐류드(Preludes)>가 있다. 언젠가 한국의 창작 뮤지컬 <라흐마니노프>와 어깨를 견줄 날이 오기를 기대해 본다.

* 본 글은 부천문화재단의 '2017 낭만시즌 기획공연'의 일환으로 공연된 뮤지컬 <라흐마니노프>를 관람한 후 작성된 칼럼입니다.

당신의 '화'는 안녕하십니까?

🎭 연극 <전화벨이 울린다>

로마의 철학자 루키우스 세네카(Lucius Annaeus Seneca)는 '화(火)'를 "격정 중에서도 가장 파괴적인 격정"이라고 정의했다. 그는 동생 노바투스의 '어떻게 하면 화를 진정시킬 수 있는가'라는 물음에 대한 답으로 쓴 책 『화에 대하여』에서 이렇게 말한다. "인간은 서로에게 도움을 주고받기 위해 태어나고, 화는 서로의 파괴를 위해 태어난다. 인간은 화합을 원하고, 화는 분리를 원한다. 인간은 이익이 되기를 원하고, 화는 해가 되기를 원한다. (…) 인간은 타인의 이익을 위해 기꺼이 자신마저 희생시키고, 화는 상대방에게 앙갚음을 할 수만 있다면 기꺼이 자신마저도 위험에 빠뜨린다." 그는 이렇게 충고한다. "화를 폭발시키는 당신, 자신의 모습을 거울로 보라!"

2017년 초연된 이연주 극작·연출의 연극 <전화벨이 울린다>는 작가가 연극을 시작할 때부터 꼭 하고 싶었던 '콜센터 이야기'를 무대화한 작품이다. 2018년 재공연을 맞이한 이연주 연출은 프로그램북에서 "2013년 문득 쓰고 싶어져 초고를 썼던 <전화벨이 울린다>는 여전히 낯설고 새로우며, 또 한편으로는 너무나 익숙하기 때문에 어려운,

그래서 여러 생각과 감정이 드는 공연"이라고 말했다. 연극 <전화벨이 울린다>는 '감정 노동'에 시달리는 콜센터 상담원들의 일상에서 벌어지는 에피소드들을 통해 보이지 않는 대상을 향한 공격, 억압, 폭력이 우리의 삶을 얼마나 망가뜨리고 있는지를 효과적으로 보여준다.

매일 밤 화염이 급습한 화재 현장에 혼자 갇힌 채 "아무도 없어요? 저 좀 도와주세요!"를 외치다 벌떡 일어나는 콜센터 상담원 '수진'은 고시원 옆방 남자의 웅얼거리는 소음 때문에 잠을 설친 탓에 지각의 연속이다. 가뜩이나 늦어서 눈치가 보이는 아침, 팀장이 수진을 불러 모니터링한 고객과의 대화녹음을 들려준다. "사랑합니다, 고객님!"이라는 인사말이 무색하게 대뜸 전화요금이 많이 나왔다며 윽박지르고 다그치는 고객을 향해 수진은 그만 '음소거' 버튼을 누르지 않은 상태에서 마음속에만 담고 있던 욕을 내뱉고 만다. 전화상담 수년차임에도 현명하게 대처하지 못했다는 팀장의 꾸짖음에 "죄송합니다!"를 연발하는 수진은 요즘 들어 감정을 조절하는 일이 쉽지 않음을 느낀다. "언니들은 어떻게 참아요?"라고 묻는 질문에 시종일관 냉철한 태도로 표정 하나 변하지 않고 모든 욕설을 받아내던 1등 상담원 '지은'이 대답한다. "화를 내봐야 내 기분만 나빠지는데 화를 왜 내니? 어차피 너만 상처받아. 욕먹었다고 기분 나빠지고, 팀장한테 혼나서 울고, 점수 낮아져서 월급 적게 받고, 우울증 걸려서 회사까지 잘린다. 그런 바보짓을 왜 하니? (…) 그냥 연기한다고 생각해!"

수진은 밤마다 연기 연습을 하는 옆방 남자 '민규'에게 연기를 가르쳐 달라며 도움을 청한다. 내면의 감정과 전혀 상관없이 다른 감정을 꾸며낼 수 있는 방법을 알려달라는 수진에게 민규가 말한다. "연기는 내가 맡은 인물을 이해하는 과정이에요. 그런 척 하는 게 아니에요." 하지만 실제 자신의 감정이 어떻든 무조건 상대방에게 밝게 보이고 화가 치밀어도 그냥 잘 웃을 수 있게만 해달라는 수진은 다급하게 외친다. "그런 거 말고 그냥 제 감정하고 다르게 보이는 거, 그게 필요하다고요!" 애원하는 수진을 향해 민규는 체념한 듯 입꼬리만 올리고 기계적으로 말하는 연습을 시킨다. "중요한 건 소리잖아요? 그냥 밝게만 들리면 되는 거죠?"

1983년 미국의 사회학자 앨리 러셀 혹실드(Alie Russell Hochschild)는 자신의 감정을 숨긴 채 상대를 응대하는 직무를 수행할 때 40% 이상의 감정관리 활동이 요구되는 노동유형을 "감정 노동(emotional labor)"이라 정의했다. 항상 밝고 친절한 음성, 표정, 그리고 몸짓을 유지해야 하는 서비스 직종의 사람들은 웃는 모습을 유지해야 한다는 강박관념으로 인해 얼굴은 웃고 있지만 실제 감정은 좌절과 분노, 혐오, 적대감, 슬픔과 같은 부정적 감정들로 고통을 겪으며 심한 정신적 장애에 시달린다. '스마일 마스크 증후군(Smile mask syndrome)'이라 불리는 이러한 심리적 불안 상태는 내면의 슬픈 감정과 외면의 밝은 감정의 부조화가 심할수록 불면증, 식욕감퇴, 무력감, 우울증으로 이어지며, 심한 경우 '자기 환멸'로 인한 자살에까지 이를 수 있다. 연기까지 배워가면서 스트레스를 받는 것보다 직장을 그만두고 다른 일을 알아보는 게 어떻겠냐고 조언하는 민규에게 입꼬리를 잔뜩 끌어올린 채 기계적으로 밝은 목소리를 꾸며내며 가짜 웃음을 담아 연습을 계속하던 수진은 이렇게 말한다. "다 거기서 거기예요. 그만두면 어떻게 먹고 살아요?"

"마음과 마음을 이어줍니다! 신속, 전화, 친절"을 외치는 회사는 상담원들에게 고객을 향한 미소와 이해, 따스함을 요구한다. 콜센터 상담원들은 고객의 모든 불만과 요구사항을 잘 듣고 회사의 정책을 가장 친절한 태도로 관철하기 위해 존재하며, 회사는 좋은 서비스라는 이미지를 통해 더 많은 이윤을 창출하고자 그들의 인내와 감정억압을 이용한다. 모든 요구에 항상 열려있어야 하는 상담원들은 이미 그사실을 잘 알고 있는 고객들의 무례함을 상대하며 자신들의 감정을 숨기고, 외면하고, 억압하는 일을 반복한다. 정말 심하게 말하는 사람들은 전화를 못하게 막거나 먼저 끊어버릴 수 있게 해주면 안 되냐는 신입 직원의 말에 '미영'이 대꾸한다. "그러다 콜센터 싹 다 없어지게? 이게 다 욕먹는 값이야!"

전화를 걸어 불만을 토로하고 화를 내는 일이 권력인 양 행사하는 사람들, 그러한 화를 온화함으로 받아내며, 아무리 맞아도 아무리 욕을 먹어도 웃음과 친절로 마무리해야 하는 사람들… 세네카는 화에 대한 최고의 치유책으로 "유예와 숨김"을 말하지만, 늘 자신을 향해 쏟아지는 고객들의 수많은 화와 엽기적인 요구에도 냉철함을 유지하던 1등 상담원 '지은'은 결국 자신의 분노를 참지 못하고 고객에게 익명의 전화를 걸어 그동안 참아왔던 욕설과 협박을 쏟아내 버린다. 형사고발을 당한 지은은 자신의 소지품이 담긴 상자를 쓸쓸히 들고 나가며 관객들을 향해 이렇게 말한다.

"난 내가 괜찮은 줄 알았는데 아니었나봐. (…) 난 사람이니까, 괴물들하고 싸울 수는 없잖아? 근데 내 안에도 괴물이 있었나봐. 참을 수가 없었어. 나도 모르게 전화를 걸어서 욕하고, 소리 지르고, 협박하고, 나도 괴물이 되어버렸어. 내 안에 자꾸 빨간 불이 켜져. 나도 모르게 자꾸만 뜨거워지고, 너무 뜨거워서 뱉어내고 싶어. 더 이상은 감당이 안 돼!"

 무엇이 어디에서부터 잘못된 것일까? 이 모든 것을 어디에서부터, 어떻게 늙어낼 수 있을까? 우리는 왜 분노하며, 왜 참을 수 없는 것일까? 우리는 모두 괴물이 아니라 '상처 입은 짐승'일 뿐이다. 자신이 무슨 짓을 저지르고 있는지, 왜 그렇게 하는지, 그 어떤 의식도 없이 그저 자신 안에 들어찬 것들이 너무 커서, 어디에도 풀어놓을 곳이 없어서, 내 안에 가득 찬 분노, 좌절, 혐오, 상처들을 마구 쏟아낼 뿐이다. 그들은 전화기 너머에 있는 그 누군가를 사람으로 보지 않는다. 그들은 전화기 너머의 그림자를 향해 감정의 쓰레기들을 쏟아붓는다. 그 일이 직업이기에, 밥줄이기에, 서비스이기에, 그들과 똑같은 짐승이 될 수는 없기에, 자신을 향해 쏟아지는 모든 부정적인 감정들을 받아내는 콜센터의 직원들은 상처가 점점 쌓여간다. 그들은 자신도 변해가는 것을 느낀다. 내장 저 깊은 곳에서부터 차올라 목구멍을 메우고 입 안 가득히 밀려드는 감정의 찌꺼기를 더는 삼킬 수가 없다. 그들 역시 폭발한다. 그리고 자신들의 쓰레기를 쏟아낼 다른 '검은 그림자'를 필요로 한다.

 연기 연습을 통해 실적이 좋아진 수진은 민규와 만난 호프집에서 아르바이트생을 향해 서비스의 기본을 따지고 사장님을 불러달라며 화를 내기 시작한다. 당황한 민규가 수진에게 말한다. "정말 아는 사람이 더 한다고, 지금 갑질하시는 거예요? 갑질하려면 수진 씨한테 갑질하는 사람들에게 가서 하세요. (…) 지금 거울 좀 보세요. 제 눈에는 수진 씨가 더 괴물 같아요!" 악순환은 반복되고, 그렇게 모든 사람들은 점차 짐승으로 변해간다. 상처입고 좌절하여 두 눈에 핏발이 선 채 온통 경계와 분노, 원망, 혐오로 가득 찬, 온몸에 털을 곧추 세운 짐승이 되어간다. 마치 누구라도 나타나기만 하면 잡아먹기라도 할 기세로 말이다.

괴물을 상대하려면 괴물이 될 수밖에 없다. 하지만 상처 입은 짐승을 상대하려면 인내와 너그러움, 사랑이 필요하다. 따스함과 연민, 그것은 모두를 변화시킨다. 어쩌면 '괴물은 저들이니까!'라는 우리의 안일과 무지가 문제였던 것은 아닐까? 스트레스가 목까지 차올라 남을 돌아볼 여유가 없던 어느 날, 나도 모르게 누군가에게 '괴물' 혹은 '짐승'이 되었던 것은 아닐까? 내 안에서 자라온 '괴물'을 쏟아내고도 자신이 '괴물'이었는지도 모르는 채 의기양양하게 정당한 권리를 행사했을 뿐이라고 우쭐했던 적은 없을까? 나는 아니라고, 나는 단 한 번도 감정노동에 시달리는 그 누군가를 향해 부정적인 감정들을 쏟아낸 적이 없다고 자신할 수 있을까?

세네카는 말한다. 육체의 병 못지않게 마음에도 온갖 질병이 존재하며, 화는 솔직함이 아닌 '분별없음의 표현'이라고. 화의 최대 원인은 '나는 잘못한 게 없다'라는 생각이며, 우리가 '부당한 대우를 받았다는 믿음'이라고. 그는 이렇게 조언한다. "아무리 명백하고 확실해 보이는 것도 그 자리에서 바로 승인을 해서는 안 된다. 더러는 거짓이 진실처럼 보이는 경우도 있기 때문이다. 판단에 앞서 반드시 시간을 가져야 한다. 시간이 흐르면 진실은 자명해진다."

이제 우리는 자신의 얼굴을 들여다보고 혹시나 '괴물'로, '짐승'으로 변한 적이 없었는지, 고통스럽기에 외면하고 무시해버렸던 추한 진실이 있었던 것은 아닌지 스스로 반추하고 마주해야 할 것이다. 연극 <전화벨이 울린다>는 묻는다. '화가 당신을 버리기 전에 먼저 화를 버릴 수 있는가?'라고.

---

* 본 글은 2018.03.20-2018.04.01까지 두산아트센터 Space111에서 연극 <전화벨이 울린다>를 관람한 후 작성된 칼럼입니다.

'타나토스'로 치닫는 불행한 영혼, 돈 호세

'카르멘(Carmen)' 하면 떠오르는 이미지는 정열을 상징하는 붉은 색의 러플 가득한 플라멩코 드레스, 하바네라(Habanera) 선율에 맞춰 움직이는 팔과 다리의 유려한 곡선, 그리고 감미로운 목소리로 '돈 호세(Don José)'를 유혹하는 아름다운 집시 여인이다. 프랑스 작곡가 조르주 비제(Georges Bizet)의 오페라 속 카르멘은 '팜므 파탈(Femme fatale)'의 전형이다. 그녀는 자신에게 관심을 보이지 않는 유일한 남자인 돈 호세를 향해 아카시아 꽃을 던지며, "스스로 다가오지 않는 한 불러봐야 아무런 소용이 없는 한 마리 새와 같은 사랑"을 노래한다. 하지만 "협박도 애원도 소용없는 제멋대로인 새"이기에 그 누구도 잡을 수 없고, 누구에게도 길들여지지 않는 '자유로운 영혼'은 다름 아닌 카르멘 그녀 자신이다.

2015년 스페인 국립무용단(Compania Nacional de Danza de España)은 비제의 카르멘 선율에 러시아 작곡가 로디온 셰드린(Rodion Shchedrin)의 편곡을 더해 보다 다채로워진 음악을 배경으로 전혀 다른 해석을 입힌 새로운 모던 발레 <카르멘(Carmen)>을 선보였다. 스웨덴 출신의 안무가 요한 잉예르(Johan Inger)에 의해 현대적인 옷으로 갈아입은 발레 <카르멘>은 스페인 마드리드에서 초연된 후 2016년 세계 무용계에서 최고의 영예로 인정받는 '브누아 드 라 당스(Benois de la Danse)'의 안무상을 수상했다.

"최고의 음악과 최고의 안무"라는 찬사를 받은 잉예르의 발레 <카르멘>은 프랑스 작가 프로스페르 메리메(Prosper Mérimée)의 1845년 원작 소설에 좀더 무게를 둠으로써 열정보다는 죽음과 파괴를 부르는 '충동'과 '욕망'으로서의 사랑을 다루었다. 관객들의 공감을 얻기 위해 원작보다 훨씬 순화된 인물을 그려냈다는 비제의 오페라 <카르멘>이 길들일 수 없는 '자유로운 새'로서의 카르멘을 강조했다면, 잉예르의 발레 <카르멘>은 '자유로운 영혼'을 속박하고픈 욕망의 좌절로 인해 파괴적 충동을 느끼며 점점 폭력으로 치닫는 '불행한 영혼', 돈 호세의 내면을 파헤쳤다.

문자와 음성으로 표현되는 언어가 의미를 전달하기 위해 인간이 만들어낸 도구라면, 몸짓과 표정, 동작으로 표현되는 언어는 인간이 감정을 드러내기 위해 자연스럽게 도출해낸 근원적인 소통방식이다. 확실히 춤이라는 언어는 인간이 지닌 감정의 굴곡을 드러내는 데 훨씬 효과적이고 직접적이다. 인간이라면 누구나 말로는 다 표현할 수 없는 감정이 내면 깊은 곳에서부터 차오르는 느낌과 그 감정을 전달하지 못할 때의 답답함을 경험한 적이 있을 것이다. 전달할 수 없는 답답함이 온 몸을 채울 때 인간은 발을 구르거나 가슴을 치고, 머리를 쥐어뜯거나 한숨을 내쉬며 풀썩 주저앉는다. 표현할 길을 찾을 수 없는 강렬한 감정들은 우리로 하여금 몸을 움직이도록 만든다. 이 때문에 독일의 현대무용가 피나 바우쉬(Pina Bausch)는 "춤만이 유일한 참된 언어"라고 말한다. 춤의 언어만이 인간의 내면 깊은 곳의 감정들을 진실하게 전달할 수 있다는 것이다.

잉예르는 한 걸음 더 나아간다. 그는 통제할 수 없는 카르멘의 자유분방함으로 인해 점점 더 파괴와 폭력으로 치닫게 되는 호세의 복잡한 심리적 갈등의 층위를 관객들이 세밀하게 들여다보고 새로운 관점의 해석을 더할 수 있도록 '소년'이라는 캐릭터를 창조하여 '관찰자'의 입장에 세운다. 어둡고 텅 빈 무대 위에 농구공을 튕기며 등장하는 하얀색 반바지와 셔츠 차림의 소년은 호세의 순진한 자아, 욕망에 무지한 상태에 있던 순수함을 상징한다. 소년은 검은 마스크를 쓴 그림자 인간에게 공을 빼앗기고, 검은 그림자는 소년의 몸을 자유자재로 조정하며 공을 전혀 다른 방향으로 던져버린다. 소년은 공을 주우려다 장교와 마주치게 되고 그제야 관객들은 익숙한 카르멘의 이야기 속으로 초대된다.

소년은 호세의 감정에 변화가 생길 때마다 무대 위에 등장한다. 호기심 있는 표정으로 어른들을 지켜보기만 하던 소년은 유혹의 손짓으로 꽃을 던지고 간 카르멘 뒤에 혼자 남아 있는 호세를 바라본다. 소년은 하늘에서 마구 쏟아지는 '아카시아 꽃'들을 가슴 속 주머니에 쑤셔 넣느라 정신이 없는 호세를 진정시키려 하지만 이미 그는 욕망에 현혹되어 있다. 군율을 어기고 카르멘을 풀어준 호세는 모진 모멸과 괄시, 폭력 속에 놓이게 되고, 지위가 강등된 채 문지기로 보초를 서게 된다. 초라해진 호세 앞에 나타난 카르멘은 장교와 어울리며 질투심을 자극한다. 두 사람이 결합한 후에도 여전히 장교와 투우사 사이를 오가며 관계를 즐기는 카르멘으로 인해 호세의 질투심은 점차 강도를 더해간다. 충돌하는 욕망과 좌절로 인해 집착과 소유욕에 불타는 호세 앞에 검은 그림자가 나타나 속삭인다. 말릴 틈도 없이 호세는 장교를 총으로 쏘아 죽인다. 소년은 귀를 틀어막은 채 비명을 지르며 서 있고 호세는 무작정 달리기 시작한다. 검은 그림자는 장교를 죽음의 세계로 데리고 간다.

오스트리아의 정신분석학자 지그문트 프로이트(Sigmund Freud)는 자기보존 본능과 성적 본능을 합한 삶의 본능을 '에로스(Eros, the life instinct)', 공격적인 파괴의 욕구들로 구성되는 죽음의 본능을 '타나토스(Thanatos, the death instinct)'로 구분했다. 삶의 본능은 생명을 유지시키고 사랑을 통해 종족을 발전시킨다. 하지만 에로스의 본능이 상처를 입고 에너지가 흐르는 대상으로부터 거부당할 때, 인간은 자신을 처벌하거나 사멸하고 자신을 둘러싼 환경이나 타인을 파괴하며 공격하는 '죽음의 본능'을 일으킨다. 프로이트에 따르면, 인간의 성격 형성에 있어 가장 큰 영향력을 발휘하는 것은 성(性)본능이고, 이것에 내재하는 정신적 에너지인 '리비도(libido)'의 충족과 결핍이 인간으로 하여금 에로스 혹은 타나토스로 향하도록 만든다.

하얀 옷을 입은 소년이 호세의 에로스적 삶의 본능을 의미한다면, 검은 옷의 그림자는 인간의 내면에 도사리고 있는 타나토스적 죽음의 충동을 상징하게 된다. 이제 소년의 옷은 검은색으로 바뀌고 슬프고 안타까운 표정을 지은 채 줄곧 호세 옆을 따라다니며 파괴적으로 변하는 호세의 폭력적 행동들을 막으려 애쓴다. 상사를 죽인 자신에 대한 충격과 죄의식, 원망과 좌절로 인한 내면의 소용돌이는 검은 그림자들이 넘쳐나는 '죽음의 세상'으로 표현되고, 호세는 충동과 욕망의 소용돌이에 휩쓸려가지 않기 위해 애를 쓴다. 카르멘이 투우사와 어울리는 장면을 상상하며 또 다시 파괴적 충동에 사로잡힌 호세가 카르멘을 향해 폭력을 가하려는 순간, 소년은 호세를 막아 세우고 '행복한 한 가족'의 꿈을 펼쳐 보인다. 호세와 카르멘, 소년이 행복한 생활을 하는 꿈속에서 호세는 소년에게 '빨간 드레스'를 입은 집시 인형을 선물한다. 하지만 이내 소유욕으로 인해 질투의 화신이 되어버린 호세는 카르멘을 칼로 찌른 후 자신이 그녀를 죽였음을 인식한다. 그 순간, 소년은 인형의 팔과 다리, 목을 뜯어내어 바닥에 집어던지고 절망스러운 표정으로 헉헉거리는 가운데 무대의 막이 내린다.

잉예르는 자신의 홈페이지의 작품 소개(Description)를 통해 이렇게 설명한다. "소년은 태고의 원시적 선함을 가지고 있는, 폭력을 경험하기 이전의 혹은 상처 입기 이전의 우리 자신일 수 있습니다. 폭력의 경험은 아주 짧은 순간 스쳐지나가지만 우리의 전체 삶에 미치는 영향력은 엄청나며, 타인과 관계를 맺는 능력에 그 힘을 영원히 발휘하게 됩니다. 가정 내 폭력이 시작되는 곳은 어디인가요? 그리고 어디에서 끝이 나나요?"

『폭력의 세기』의 저자 한나 아렌트(Hannah Arendt)의 말처럼, 부당한 조건에 직면했을 때 폭력에 의지하려는 경향이 폭력이 가지고 있는 "직접성과 신속성 때문에 엄청난 유혹으로 작용"하는 것이 사실이라면, 우리는 그 신속성의 순간이 "기분전환이나 충동을 분출해 줄 수는 있어도 울분을 풀도록 해 줄 수 있는 적절한 구제수단이 아님"을 기억할 필요가 있다. 치밀어 오르는 충동에 자신을 놓아버린 인간이 '타나토스'라는 검은 그림자에 몸을 내맡길 때 남겨지는 것은 오로지 '죽음', 죽음밖에 없다.

잉예르의 <카르멘>은 에로스와 타나토스 사이에 서 있는 충동 속에 갈등하는 인간, 그리고 파괴와 폭력, 죽음으로 흐를 위험성에 대해 우리에게 경고하고 있나. 우리는 '그 사이 어디에 서 있는가?'라고.

* 본 글은 2017.11.9-11.12까지 LG아트센터에서 공연된 '스페인 국립무용단'의 발레 <카르멘>을 관람한 후 작성된 칼럼입니다.

아일랜드가 품은 고통, 우울, 그리고 아름다움

🎭 마이클 키간-돌란의 <백조의 호수>

20세기를 대표하는 위대한 시인이자 극작가인 윌리엄 버틀러 예이츠(William Butler Yeats)는 "아일랜드 작가가 아일랜드적인 주제와 감성을 피하는 것은 '망각'을 위한 자선행위와 다를 바 없다"면서, "민족성 없이 위대한 문학은 없고, 문학 없이 위대한 민족성은 없다"고 말했다. 예이츠는 기원전 9세기부터 아일랜드에 거주해 온 것으로 보이는 켈트족을 지칭하는 '게일인'의 신화, 전설, 동화들을 수집하고 과거의 문화유산을 복원하는데 많은 노력을 기울인 '아일랜드 문예부흥운동(The Gaelic Revival)'의 주도자였다.

2017년 1인당 국민소득 세계 5위를 차지한 아일랜드 공화국은 19세기 아일랜드의 역사가 윌리엄 리키(William E. Lecky)로부터 "인류 역사상 이처럼 고난을 겪은 민족은 없다"고 평가되었던 '고통과 슬픔의 나라'였다. 12세기 중반부터 800년 가까이 되는 기간 동안 지속되었던 영국의 아일랜드 통치와 지배는 1922년 '아일랜드 자유국(Irish Free State)'이 성립되고, 1949년 '아일랜드 공화국(Republic of Ireland)'으로 완전한 독립을 이루기까지 복잡하고 아픈 저항의 역사를 만들었다. 아일랜드 내에서 무엇보다 큰 갈등은 다름 아닌 아일랜드계 구교도들과 영국계 신교도들의 종교적 대립이었다. 5세기 경 성 패트릭(Saint Patrick)에 의해 가톨릭이 전파된 후 대부분의 아일랜드인이 가톨릭 구교를 믿고 있는 가운데 헨리 8세의 종교 개혁이 불러온 종교적 박해는 아일랜드 토착 게일인과 영국 이주자 사이의 민족적 갈등으로 이어질 수밖에 없었다. 예이츠는 종교적 구분을 떠나 아일랜드만의 정체성을 찾아 영국으로부터 독립할 필요성을 느꼈고, 문예부흥운동을 통해 '게일어(Irish Gaelic)'를 되살리고 고대로부터 전해지는 아일랜드만의 문화와 관습을 적극적으로 장려하는 노력을 이어갔다. 이처럼 아일랜드는 오랜 전통으로 간직되어 온 켈트의 신화와 전설을 고이 간직하고 있으면서도 국민의 90%가 가톨릭교도로 구성된 종교가 지배적인 국가로서 게일어와 영어가 혼용되는 독특한 색채와 문화를 가지게 되었다.

2018년 아일랜드를 대표하는 안무가이자 연출가인 마이클 키간-돌란(Michael Keegan-Dolan)이 자신이 설립한 무용 단체 '차크 도사(Teać Damsa)'와 함께 한국을 방문했다. 새로운 버전의 발레 <백조의 호수(Swan Lake/Loch na hEala)>를 선보이기 위해서였다. 이 작품은 2016년 '아이리시 타임즈 씨어터 어워즈(Irish Times Theatre Awards)'에서 최고 작품상과 의상상을 수상하고, 2017년 영국 '내셔널 댄스 어워즈(National Dance Awards)'에서 베스트 현대무용 안무상을 수상했다. 마이클 키간-돌란은 발레의 고전이라 일컬어지는 차이콥스키의 <백조의 호수>의 이야기 구조에 아일랜드가 품고 있는 전통과 역사, 종교를 대변하는 전설 '리어의 아이들(Children of Lir)'과 현대 사회가 품고 있는 문제를 드러내는 '실업자 청년 존 카티의 죽음(Death of John

Carthy)'이라는 실제 사건을 접목시켜 마법에 걸린 백조와 우울한 왕자의 '어둡고도 슬픈 이야기'를 아름답게 그려냈다. 아일랜드의 전통과 문화를 가득 담고 있을 뿐 아니라 독창성과 혁신, 풍자적 성격까지 갖춘 마이클 키간-돌란의 <백조의 호수>는 대부분의 영국 언론으로부터 '별 다섯 개의 리뷰(five stars review)'를 받으며 엄청난 화제를 불러 모았다.

작품의 토대가 된 <리어의 아이들>은 아일랜드의 유명한 신화이자 전설이다. 바다의 신 '리어(Lir)'는 아내 '이브(Eva)'가 죽자 딸 '피놀라(Fionnula)'와 세 동생들을 잘 키워줄 '이파(Aoife)'와 재혼한다. 아이들을 향한 남편의 지극한 사랑을 질투하던 이파는 아이들에게 마법을 걸어 900년 동안 백조의 모습으로 세 개의 호수를 떠돌며 살아가도록 만든다. 900년의 세월을 고난과 슬픔 속에서 보낸 아이들은 마침내 한 성인에게 세례를 받고 인간의 모습으로 돌아와 죽음을 맞이한다.

억울하게 백조가 된 아이들의 전설은 2000년 4월 아일랜드를 뒤흔들어 놓았던 한 총격 사건과 연결된다. 아일랜드의 중부에 위치한 롱퍼드 지역에 살면서 우울증을 앓아온 27세의 실직 청년 '존 카티'는 농촌 주택 공영화 정책의 일환으로 조상 대대로 살아온 집을 버리고 현대식 편의 시설이 갖추어진 새로운 주거지로 이사해야 하는 문제로 경찰과 대립한다. 어머니 '로즈(Rose Carthy)'는 300년이 넘는 세월을 살아온 집을 절대 떠나지 않겠다는 아들의 강경한 태도에 두려움을 느껴 친척집으로 떠나고, 카티는 홀로 남아 총을 장전한 채 "그 누구도 나를 끌어낼 수 없다"고 외치며 집 안에서 버틴다. 그는 결국 집을 둘러싼 다수의 아일랜드 경찰의 과잉 진압으로 현장에서 사살된다.

마이클 키간-돌란은 <백조의 호수>의 왕자를 우울증을 앓고 있는 36세의 갈 곳 없는 실직자 '지미(Jimmy)'로, 마법에 걸린 백조를 자신을 성추행한 성직자가 입을 막기 위해 저주를 내린 탓에 백조로 변해 버린 '피뇰라(Fionnula)'로 설정함으로써 고전 발레와는 전혀 다른 '어둡고 암울한 세상'을 창조했다. 관절염으로 인한 통증에 시달리며 밤마다 신음소리로 집안을 채우는 어머니는 아들의 생일 선물로 1년 전에 죽은 아버지의 산탄총을 선물한다. 지역 정치인은 주택 공영화 정책을 홍보할 목적으로 휠체어에 탄 채 생활하는 어머니와 실업자 지미의 새로운 주거지 입성을 독촉하지만 아버지가 돌아가신 이후 우울증에 시달려 온 지미는 이 소식이 전혀 반갑지 않다. 보잘것없을지 몰라도 오랜 세월 아버지가 손수 쌓아 올린 벽돌의 견고함 속에서 그나마 자신의 디딜 곳을 찾던 지미는 불안하기만 하다. 세 개의 콘크리트 벽돌 위에 위태롭게 두 다리와 몸을 끼워 넣은 채 어렵게 잠을 청하는 지미의 모습은 그의 불안을 관객들에게 효과적으로 전달한다. 어깨는 축 처지고 눈은 반쯤 감겨있는 후줄근한 운동복 차림의 지미는 어떻게든 짝을 지어 결혼을 시키려는 어머니의 억압과 주택 이주 독촉으로 인해 점점 더 주눅 들고 우울해진다. 그의 불안정한 상태는 세로로 세워진 세 개의 콘크리트 벽돌 위에 아슬아슬하게 두 발을 딛고 아버지의 산탄총을 껴안은 채 잠든 지미의 모습을 통해 표현된다.

무대에는 강철로 만들어진 공사장 거치대, 폐기물 처리에나 쓰일 법한 거대한 검은 비닐, 여기저기 걸려 있는 백조의 날개, 트렁크처럼 보이는 무대소품 박스, 콘크리트 벽돌, 그리고 뮤지션과 배우, 무용수로 구성된 13명의 출연진이 있을 뿐이다. 처음부터 끝까지 무대는 수많은 기호를 생산하며, 관객의 연극적 상상력을 요구한다. 콘크리트 벽돌은 아이들의 블록 쌓기에 따라 의미가 달라지듯 각기 침대로, 집으로, 지미의 방으로 변화한다. 쌓아올린 벽돌이 쓰러질 때 만들어지는 커다란 소리는 지미와 경찰들이 발포하는 총소리로 표현된다. 바퀴 달린 소품박스는 자동차와 경찰차 역할을 하며, 거대한 검은 비닐은 흐르는 호수의 깊은 물결을 상징한다. 차이콥스키의 음악은 아일랜드와 노르웨이의 민속음악에 미니멀리즘과 아방가르드의 실험적 조합으로 탄생한 트리오 밴드 슬로우 무빙 클라우드(Slow Moving Clouds)의 새로운 선율로 대체되고, 1인 5역을 소화해 내는 아일랜드의 유명 배우 마이클 머피(Mikel Murfi)는 심지어 미국 가수 밥 딜런(Bob Dylan)의 노래 'A Hard Rain's A-Gonna Fall'을 직접 부르기도 한다.

이미 관객이 입장하기 전부터 무대는 벌거벗은 늙은 몸으로 목이 줄에 매인 채 염소 울음소리를 내며 원으로 돌고 있는 마이클 머피에 의해 채워져 있다. 극이 시작되자마자 그는 객석에서 무대 위로 뛰어 올라온 세 명의 유대인 랍비에 의해 제물로 바쳐지듯 씻김을 당하고, '붉은 수건'으로 닦인 후 인간의 옷으로 갈아입혀진다. 취조실처럼 보이는 곳에서 머피는 차와 쿠키를 게걸스럽게 먹고 담배를 피운 뒤 '지미에 관한 이야기'를 시작한다. 그 외에도 머피는 자신의 욕망을 이기지 못해 피놀라를 성추행하고, 이를 목격한 세 여동생과 피놀라에게 저주를 걸어 아무 말도 할 수 없도록 '백조'로 만들어버린 성직자 '로트바트(Rothbart)'를 연기한다. 그뿐만 아니라 그는 자신의 정치적 입지를 위해 주민들을 이용하고 권위를 내세워 위협이 되지 않는 지미를 향해 경찰이 총을 발사하도록 위력을 행사하는 '정치인'으로, 권력의 하수인 노릇을 하며 정당하지 않은 일임을 알면서도 진압작전을 지시하는 '경찰관'으로, 광란의 생일파티 장면에서 뿔 달린 목양신 '바포메트(Baphomet)'의 탈을 쓴 악마로 등장한다. 그는 삶에 영향을 미치는 부정적인 힘, 즉 '암흑'을 대변한다. 성직자이면서 17세의 어린 소녀를 추행하고 은폐까지 한 자신의 죄를 상기시키는 백조 피놀라를 바라보며 그는 분노하기 시작한다. 그는 피놀라를 점점 더 과격하게 학대하고 폭력적으로 목을 조르며 소리친다. "너는 나를 용서해야만 해!"

마이클 키간-돌란의 〈백조의 호수〉는 오랜 기간 아일랜드를 지배해 온 종교의 억압과 권력의 부패함, 불공정, 폭력 뿐 아니라 현대 사회에 깊숙이 파고든 우울과 절망, 소외 같은 정신적 병폐를 날카롭게 꼬집는다. 우울증에 시달리다 못해 자살을 결심한 지미를 향해 도움의 손길을 내미는 사람은 없다. 호숫가에서 아버지의 총을 턱 밑에 겨눈 채 방아쇠를 당기려는 지미를 막은 것은 다름 아닌 폭력에 상처입고 억울함을 호소할 목소리마저 잃은 슬픈 백조 피놀라였다. 이 때문에 두 사람의 듀엣 장면은 너무나 아름답다. 상처 입은 존재들의 소통, 위로, 치유의 몸짓은 말로 형용할 수 없는 아픔, 슬픔, 그리고 서로를 향한 간절한 갈망을 느끼도록 만든다. 하지만 마이클 키간-돌란은 그들에게 희극을 선사하지 않는다. 희극은 환상이고, 환상은 진실이 아닌 거짓이기에 우리의 두 눈을 가리고 현실에서 멀어지도록 만들기 때문이다. 현실 속에서 피놀라는 자신의 억울함을 끝내 토로하지 못한 채 검은 백조의 모습으로 호수 속에 잠들고, 지미는 끝내 아버지의 집을 지키지 못한 채 경찰의 총에 맞아 죽음에 이른다.

마이클 키간-돌란은 시드니 지역단체 신문《네이버후드(Neighbor-hood Paper)》와의 인터뷰에서 이렇게 말했다. "아이들이 돌을 뒤집어 그 아래에 있는 것을 보듯 우리는 겉이 아닌 그 안에 숨겨진 것을 볼 수 있어야 합니다. (⋯) 환상적인 이야기들은 오히려 '도대체 무슨 일이 있었던 것인가'에 대해 제대로 말해줄 필요가 있는 것일 수 있죠. (⋯) 내 작품은 고전으로 간주되던 발레의 '골격'에 현재의 아일랜드의 상황과 조건을 입혀 신화를 통해 꿰뚫어보는 일종의 새롭고 급진적인 '게일적' 시도라 할 수 있습니다." 그는 '암흑'을 두려워할 필요는 없다고 강조한다. 인간의 삶은 복잡하고 골목마다 어둠이 도사리고 있지만 '빛' 또한 존재한다. 우리에게 필요한 것은 암흑을 향해 두 눈을 똑바로 뜨고 바라볼 수 있는 용기이며, 그 용기를 지속할 수 있도록 힘을 불어넣어 줄 격려와 지지의 몸짓이다. 그는 자신만의 "정신적 고통"에 시달리며 점점 집단 우울증에 지쳐가고 있는 현대인들에게 잠시나마 고통의 완화를 선물할 수 있는 '예술의 역할'을 강조한다.

누구의 삶에나 있는 슬픔과 우울, 낙담과 절망이라는 저주에 걸려 점점 더 '검은 백조'로 변해가고 있는 사람들에게 그는 '소통'과 '위로'를 상징하는 '하얀 깃털'을 관객석으로 날린다. 6kg에 달하는 깃털들이 무용수들의 몸짓과 춤, 음악에 너울거리며 하얀 눈처럼 객석으로 쏟아질 때, 공중에 부유하며 퍼져나가는 하얀 깃털들은 피놀라의 '눈물'이 되고, 지미의 '한숨'이 되고, 관객들의 '연민'이 되어 모든 공간을 촘촘히 메운다. 연민은 '위안'이 되고, '따스함'이 되어 우리의 몸을 감싼다. 마이클 키간-돌란의 말처럼, "삶에는 암흑도 있지만, 빛도 있다." 그리고 우리에겐 '연민'이 있다.

* 본 글은 2018.3.29-3.31까지 LG아트센터에서 마이클 키간-돌란 안무·연출의 <백조의 호수>를
  관람한 후 작성된 칼럼입니다.

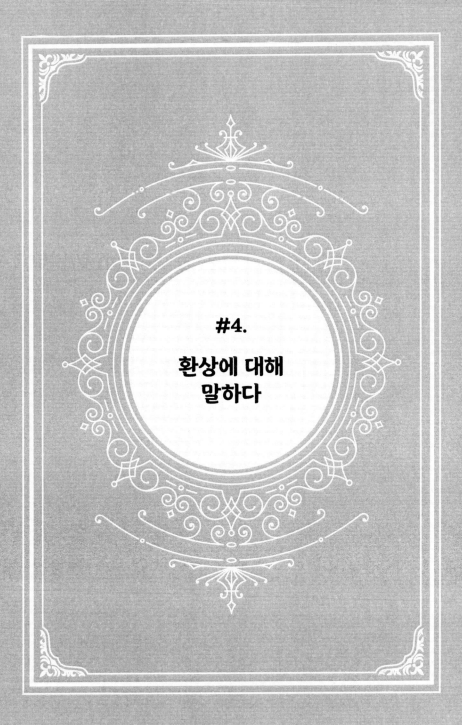

#4.

환상에 대해
말하다

도둑맞은 책, '진실'로 완성된 '허구'

🎭 연극 <도둑맞은 책>

　작가에게 창작이란 고통스러운 일이지만 동시에 즐거움을 선사하는 행복한 일이다. 마치 우리의 삶이 그렇듯 창작의 과정은 글이 써지지 않는 고통과 지루함, 그리고 한순간 반짝이는 아이디어가 물 흐르듯 쏟아져 내리며 글을 이어갈 때의 희열과 행복감 사이를 오간다. 미국 현대 문학을 대표하는 소설가 폴 오스터(Paul Auster)는 "작가의 창작품은 '허구'라는 거짓이지만 거짓을 통해 '진실'을 드러낸다"고 말했다. 하지만 '스릴러의 외피를 두른 심리 드라마'라는 부제가 달린 연극 <도둑맞은 책>에는 '진실'을 통해서야 비로소 '허구'를 완성할 수 있었던 한 작가가 존재한다.

　연극 <도둑맞은 책>은 2011년 대한민국 스토리 공모대전의 수상작이었던 유선동 감독의 영화 시나리오를 연출가 변정주가 2인극으로 각색한 작품이다. 2014년 8월에 초연된 <도둑맞은 책>은 2015년과 2016년에 이어 2017년 네 번째 재공연 무대를 선보였다. 밀폐된 지하 작업실에서 유명 작가인 '서동윤'과 보조 작가인 '조영락'이 새로운 영화 시나리오를 써 나가는 가운데 밝혀지는 거짓과 배신, 욕망과 살인의 이야기는 100분이라는 시간 속에 밀도 있게 배치된다. 이 이야기들은 '허구'와 '진실' 사이를 오가며 관객들이 사건의 전말을 맞춰나갈 수 있도록 유도한다.

1,000만 관객의 흥행을 거둔 시나리오 작가 서동윤은 영화제에서 '올해의 작가상'을 수상하는 날 "죽은 자 대신 상 받는 기분이 어때요?"라는 익명의 쪽지를 받는다. 그는 한 순간 누군가에게 납치되어 정신을 잃고 낯선 공간에서 눈을 뜬다. 책상 앞에 앉은 상태로 두 손이 모두 휠체어에 쇠사슬로 묶인 채 깨어난 그 앞에 자신의 보조 작가로 일했던 조영락이 나타난다. 조영락은 그를 풀어주는 대가로 "슬럼프에 빠진 작가가 살인을 하고 원작을 훔친다"라는 소재로 영화 시나리오를 쓸 것을 요구한다.

조영락이 요구하는 시나리오는 많은 것을 예고한다. 관객은 작가 서동윤이 이미 누군가를 죽이고 훔친 시나리오로 성공에 이르렀음을 짐작하게 되고, 자신의 이야기를 허구인 양 '창작'하면서도 그것이 곧 살인을 저질렀다는 고백이 되는 아이러니한 상황 또한 예상할 수 있게 된다. 하지만 관객들은 이미 발생한 살인사건의 흔적을 찾아 범행 동기와 경위, 은폐방법을 추적해 나가야 할 필요를 느낀다. 그들은 마치 탐정이나 수사관처럼 극이 진행되는 동안 각자의 퍼즐 조각을 맞춰나간다.

퓰리처상과 노벨 문학상에 빛나는 미국 소설가 어니스트 헤밍웨이(Ernest Hemingway)는 자신을 세계적인 작가로 만들어 준 작품 『무기여 잘 있거라』의 마지막 페이지를 39번이나 고쳐 쓰면서 완벽을 추구했다고 한다. 그는 《파리 리뷰(Paris Review)》와의 인터뷰에서 이렇게 토로한다. "글을 쓰겠다는 사람이 글쓰기가 불가능할 정도로 어렵다는 것을 알게 되면 집을 나가서 목을 매야 합니다. 그리고 가차 없이 목매는 밧줄에서 끌어내려져야 하고, 죽을 각오로 남은 삶 동안 최선을 다해 쓰도록 스스로 강요해야 합니다. 그러면 그는 최소한 목매는 이야기로 시작할 수 있겠지요."

작가에게 글쓰기란 도대체 무엇일까? 무엇이기에 그렇게까지 글을 쓰려고 하는 것일까? 제자 '김은희'의 질문에 서동윤은 대답하지 못한다. 그는 도대체 무엇 때문에 그렇게 글쓰기에 집착했던 것일까? 오로지 명성과 돈, 성공과 섹스를 위해 그렇게까지 질주했던 것일까? 아니면 친구에게 지고 싶지 않은 경쟁심, 타인에게 대단하게 보이고픈 허영심, 혹은 아무리 노력해도 가질 수 없는 재능에 대한 질투심 때문이었을까?

애초에 인간에 대한, 삶에 대한, 타인에 대한 존중심이 없는 사람이 다른 누군가의 삶을 창작하여 글을 쓴다는 것이 가능한가? 작가를 조물주에 비유한다면 적어도 신은 인간에 대해 애정이 있었다고 말할 수 있다. 그러나 작가 서동윤은 인간에 대한, 삶에 대한, 자기 자신에 대한 애정과 존중이 결핍되어 있다. 그에게 주변의 모든 사람들은 쓰고 버리는 소모품일 뿐이다. 마치 물건처럼 사람이 필요할 때 가까이 다가가고 소용이 다하면 버리기를 반복하는 그는 결핍된 자신의 삶을 채우기 위해 다른 사람들의 삶을 훔친다.

작가란 창작할 수 없다면 존재할 수 없다. 훔쳐서만 창작이 가능한 것이라면 결국 도둑질을 그만두는 순간 작가의 삶은 끝이 날 수밖에 없다. 단 한 번도 혼자서는 완성하지 못했던 시나리오를 오롯이 혼자의 힘으로 완성한 것이 온통 거짓으로 점철된 자신의 삶에서 유일한 '진실'이라면, 결국 영혼을 불살라 쓴 그 '책' 하나만이 작가 서동윤의 진정한 창작품이라 할 수 있다.

애초에 삶이 있기에 예술이 존재한다. 인간은 항상 다른 사람에 빗대어 자신을 볼 수밖에 없는 존재이다. 이 때문에 인간은 자신을 이해하기 위해 다른 이의 삶을 들여다본다. 그리고 예술은 삶을 창조한다. 단지 무대 위의 인물이 세상에 존재하지 않을 뿐이다. 또한, 우리의 삶은 나 혼자만의 것으로 따로 떨어져 있지 않다. 인간이 사회적 동물인 이상 삶은 수많은 타인과 '보이지 않는 줄'로 연결되어 있다. 타인과의 관계로 인한 모든 미세한 파동들은 수많은 갈래의 거미줄처럼 연결되어 우리의 등을 떠미는 '거대한 힘'으로 작용한다. 현재를 살아가는 '나' 자신이 알지 못할 뿐 미래는 이미 결정된 것이나 다름없다.

서동윤은 말한다. "두려울수록 뚫어지게 봐야 한다. 그러면 어느 순간, 두려움이 사라지며 과거가 떠오를 것이고, 현재가 보이고, 미래가 들릴 것이다." 그러나 정작 그 자신은 두려움을 들여다보지 않았고, 과거를 외면했으며, 현재를 방치한 끝에 결국 자신의 미래를 결정했다. 자신이 '도둑질한 책'이 다시 누군가에 의해 '도둑맞은 책'이 될 때, 자신이 '도둑질한 삶' 역시 누군가에게 '도둑맞은 삶'이 된다. 타인의 성과를 도둑질하고, 이를 반복하지 않고는 살아갈 수 없는 삶이 되었을 때, 그는 모든 '진실'이 담긴 자신의 창작물, 즉 자신의 '삶'을 도둑맞는다. 그의 삶은 자신이 과거에 그랬던 것처럼 다른 이를 성공으로 이끄는 도구이자 세상에 존재하지 않는 '허구'로 이용될 뿐 그 이상의 의미를 가지지 못한다.

연극 <도둑맞은 책>은 두 명의 배우가 현실 속 과거와 시나리오 속 허구의 장면을 오가며 작가 서동윤의 삶 속 '진실'을 파헤치는 구성으로 이루어진다. 아쉬운 점이 있다면, 이 장면들을 설명하기 위해 활용되는 웹툰이 오히려 관객들의 몰입을 방해한다는 것이다. 일반적으로 배우들의 연기와 대사로만 전달되는 연극이 어려울 것이라 생각하지만 인간의 상상력은 위대하다. 때로는 들으면서 머릿속에 그려지는 이미지들이 훨씬 더 강렬한 인상을 남긴다. 또한, 여성을 대변하는 목소리가 입체적이지 않다보니 성적인 대상으로만 그려지는 위험이 느껴진다. 하지만 과거와 허구, 현실이라는 복잡한 구조를 오가면서도 관객들이 '허구'를 통해 '실제'에 도달할 수 있도록 이끌어간다는 점과 역할을 연기하는 배우마다 다른 해석으로 다채로움을 제공한다는 점은 장점이라고 할 수 있다.

나는 과연 내 삶의 주인으로 살고 있을까? 무엇을 향해 가는 것인지도 모른 채 다른 이의 삶을 도둑질하거나 남에게 자신의 삶을 도둑질 당한 채 껍데기로만 살아가고 있는 것은 아닐까? 나 자신이 내 삶의 주인이 맞는지, 혹시나 도둑질한 삶을 살고 있는 것은 아닌지 한번쯤 스스로 질문해 볼 필요가 있지 않을까?

* 본 글은 2017.10.13-2017.12.03까지 충무아트센터 소극장 블루에서 공연된 연극 <도둑맞은 책>을 관람한 후 작성된 칼럼입니다.

환상이 지배하는 삶의 고통, 광기의 폭주

🎭 연극 <미저리>

환상이 배고픈 것은 실체가 없기 때문이다. 실체가 없기 때문에 아무리 탐닉해도 채워지지 않으며, 늘 결핍으로 존재한다. 결핍은 악순환을 낳는다. 환상을 원하면 원할수록 결핍은 커지고, 배고픔은 참을 수 없는 것이 되며, 현실로 돌아왔을 때의 비참함은 더욱 커진다. 비참함은 또 위로를 찾아, 구원을 찾아 환상으로 도피하게 만들고, 다시는 현실로 돌아오고 싶지 않다고 외치도록 만든다. 환상에 대한 집착은 광기를 만들고, 광기는 누군가를 향해 표출되며, 현실 속의 자신마저 잃어버리는 비극을 낳는다.

스릴러의 대가라 불리는 스티븐 킹(Stephen Edwin King)의 1987년 소설 『미저리』의 동명 연극이 2015년 브로드웨이에서 공연되었다. 브루스 윌리스와 로리 멧칼프를 주연으로 내세워 흥행을 거두며 미국 대중의 뜨거운 관심을 받았던 연극 <미저리>는 로브 라이너(Rob Reiner) 감독의 1990년 동명 영화 대본을 맡았던 윌리엄 골드먼(William Goldman)의 각색 작품이다. 골드먼은 강렬한 이미지의 영화와의 차별성을 위해 연극 <미저리>의 경우, 스릴러의 '공포스러움'보다는 광기로 치닫는 열성팬의 '심리적 측면'에 초점을 두었다. 그는 각색의 과정에서 베스트셀러 작가 '폴(Paul Sheldon)'과 환상에 집착한 열성팬 '애니(Annie Wilkes)'라는 두 인물의 관계를 통해 '소외된 삶'과 '기형적 외로움'을 강조하고, 서스펜스를 살릴 수 있도록 보안관 '버스터'만 이따금 등장시키는 모험을 감행했다. 이 때문에 연극 <미저리>의 경우, 넝화에서 아카데미 여우주연상을 수상한 배우 캐시 베이츠(Kathy Bates)가 연기했던 애니의 정신병적 연쇄 살인마 이미지가 반감된 측면이 없지 않다. 반면에 외로움에 지친 나머지 '환상'으로 도피해 현실과 환상의 경계가 완전히 무너져버린 한 인간의 잘못된 사랑과 집착, 광기가 불러오는 공포와 섬뜩함이란 주제적 측면이 부각되었다.

극은 폴이 새롭게 집필한 원고를 들고 뉴욕으로 향하던 중 눈보라로 인해 차량이 전복되고, 자신을 구한 "넘버원 팬(number one fan)" 애니의 집 침대에 누워 눈을 뜨는 장면으로 시작된다. 자신이 평소 광적으로 존경하던 작가의 목숨을 구했을 뿐 아니라 자신의 집에서 직접 돌볼 수 있게 되었다는 사실에 흥분해 어쩔 줄 모르던 애니는 폴이 새롭게 완성했다는 '전혀 다른 스타일의 글'을 읽으며 점차 불만을 드러내기 시작한다. 로맨스의 세상이 아닌 현실의 세상을 담아낸 폴의 소설을 혹평하던 애니는 뉴욕 할렘가의 욕설이 난무하는 장면들에 극도의 불쾌감을 드러내며 갑자기 폴을 향해 "세제를 푼 물"을 마시라고 강요한다. 어쩌다가 욕을 할 때면 엄마가 자신의 입을 세제로 박박 문질러 씻어냈다고 회상하는 애니는 폴을 향해 이렇게 외친다. "그러게 《미저리》 시리즈만 썼다면 그런 욕은 쓸 필요가 없잖아! 1860년대에는 그런 욕이 아예 없었으니까!"

고아로 버려진 '미저리'라는 이름의 여자 아이가 온갖 고난과 역경을 딛고 성장해 반전을 거듭하며 살아가는 소설 시리즈에 푹 빠져있는 애니는 사실상 '작가'가 아닌 작가가 만들어놓은 '환상 속 세상'에 미쳐있다. 애니는 폴 셸던이라는 작가의 목숨을 구한 사실보다는 하마터면 자신의 유일한 보물 《미저리》가 8권에서 허망하게 끝나버릴 위기에 처했으나 자신의 도움으로 계속될 수 있다는 사실에 기뻐한다. 실제로 그녀가 폴에게 수줍게 사랑을 고백하는 순간들은 모두 소설 《미저리》와 연관이 있다. 그녀는 《미저리》 이야기를 할 때 가장 행복해 보이며, 새롭게 출시된 《미저리》의 9권 초판을 사왔을 때나 폴이 죽은 미저리를 다시 세상으로 돌려놓기 위해 10권을 쓰고 있을 때에만 '사랑'을 언급한다. 그녀는 심지어 세상에서 자신을 실망시키지 않은 유일한 사람은 돌아가신 엄마와 미저리 뿐이라고 말한다.

그녀는 폴 셸던의 '소설'이라는 환상 속에 살고 있다. 애니에게 '미저리'는 삶의 가장 고독했던 순간에 자신에게 찾아온 유일한 친구이며 불운한 그녀 자신이고, 미저리가 살고 있는 '소설 속 세상'은 현재를 완전히 잊고 도피할 수 있는 유일한 탈출구일 뿐 아니라 그녀가 생각하는 "하나님의 정의"가 실현되는 완벽한 세상이다. 그 세상 속에서 주인공 미저리는 반드시 사랑을 쟁취해야 하고, 잃어버린 부모를 찾아야 하며, 그 누구보다 행복한 결말을 맞이해야만 한다. 현실에서는 결코 성취될 수 없고 이루어질 수 없는 꿈들이 '환상' 속에서는 이루어지는 법이고, 그것만이 대중이 '환상'으로부터 얻을 수 있는 유일한 '보상'이기 때문이다. 하지만 폴은 좀더 심오한 작품을 쓰고 싶은 자신의 창작욕을 채우고자 주인공 미저리가 아이를 낳다가 죽어버리는 예상치 못한 결말로 시리즈를 끝내버린다. 당장 미저리를 살려내라며 울면서 발버둥 치던 애니는 폭주하기 시작한다.

애니는 폴의 단 하나뿐인 새로운 소설의 원고를 다 태워버리고, 그를 바른길로 인도하겠다며 죽은 주인공을 다시 살려내《미저리의 귀환》이라는 제목으로 연재를 이어나갈 것을 강요한다. 이제 애니의 돌봄이 '친절'이 아니었음을 알게 된 폴은 '살기 위해' 글을 쓰기 시작한다. 아무도 그가 콜로라도 실버 크릭 외곽의 외딴집에 두 다리가 모두 부러진 채, 탈골된 어깨가 아직 다 낫지도 않은 채 감금되어 있다는 사실을 알지 못한다. 방문은 잠겨있고 전화도 연결되지 않은 곳에 차라리 같이 죽는 게 낫다며 총을 들이대는, 현실을 벗어난 광기 어린 여자가 폴을 억압하고 있음을 알고 있는 사람은 아무도 없다.

《더 할리우드 리포터(The Hollywood Reporter)》에 리뷰를 쓴 데이비드 루니(David Rooney)는 연극 <미저리>의 액션이 "두 개의 방향으로 진행됨"에 주목한다. 폴이 탈출을 위해 어떤 계획을 짜면, 애니는 어김없이 그 계획을 실패로 만들고 만다. 휠체어에 탄 채 몸을 제대로 가눌 수 없는 폴이 보여주는 여러 번의 탈출시도와 계획, 실패의 과정 속에서 관객은 폴과 함께 호흡하고 안타까워한다. 실제로 360도로 회전하며 애니의 오두막집의 앞쪽과 뒤쪽 뿐 아니라 거실과 방, 복도, 현관으로 이어지는 내부가 관객들에게 모두 노출되는 무대는 휠체어를 탄 채 좁은 통로를 힘겹게 오가며 애니에게 들키지 않기 위해 방문을 제 때에 닫고 들어가야 하는 폴의 긴박감만으로도 충분히 손에 땀을 쥐게 한다. 또한, 연극이 끝날 때까지 객석에 앉은 채 움직일 수 없는 관객들의 현실은 휠체어에 앉은 채 갇혀 있는 폴과 별반 다를 바가 없다. 장면전환을 위해 암전이 반복될 때마다 어둠 속을 채우는 음악은 스릴러적 긴장감을 높이고, 주제적인 측면의 메시지를 전달하며, 관객과의 긴장관계를 조절한다.

　애니의 '고통'은 이미 예정된 것일 수밖에 없다. 환상이 지배하는 삶 속에는 현실이 존재하지 않기 때문이다. 현실을 아무리 외면하고 싶어도 인간은 현실로부터 도피할 수 없다. '나'라는 존재의 육체가 살아 숨 쉬는 곳, 밥을 먹고, 숨을 쉬며, 잠을 자고, 일을 하는 공간이 '현실'이기 때문이다. 위안이 필요할 때, 도망치고 싶을 때, 지치고 힘들 때, 쉬고 싶을 때, 그리고 꿈꾸고 싶을 때, 우리는 환상을 찾는다. 하지만 환상은 우리가 머릿속에 그려내는 세상일 뿐이다. 환상은 우리에게 도피처이고, 휴식처이며, 또 다른 세상일지 모르지만 인간이 육체를 떠나 살 수 없듯 현실을 떠나 살 수는 없다.

　애니는 폴에 의해 사라진 '미저리의 삶'을 다시 부활시키기 위해, 소설《미저리》라는 환상 속 세상을 지키기 위해 현실 속에서 용서받을 수 없는 범죄를 저지르고, 사람과 사람 사이의 따스함과 고마움의 관계를 맺을 수 있는 '진짜 기회'를 무참히 짓밟아버린다. 이런 애니가 답답하면서도 어딘지 모르게 슬프게 느껴지는 것은 관객들이 그녀를 구원할 수 없음을 알기 때문이다. 몸이 갇혀 있는 폴의 구원은 가능하지만 정신이 갇혀 있는 애니의 구원은 불가능하다. 그녀는 스스로를 '환상'이라는 감옥 속에 가두어버렸다. 자신이 아는 세상, 자신이 옳다고 믿는 세상에서 어느 것도 볼 수 없도록 자신의 두 눈을 가리고, 두 팔을 묶고, 두 다리를 움직이지 못하게 절단해 버린 채 죽음을 향해 치닫는 것은 오히려 '애니'인지도 모른다.

직면은 고통스럽다. 진실이 고통스럽기 때문이다. 하지만 진실이 없는 세상은 애니와 같은 허상으로 가득한 허깨비의 세상을 만든다. 폴은 깨닫는다. 만약 자신이 허구로 구현해 놓았던 세상이 독자들에게 어떤 의미일 수 있는지 조금만 더 관심을 갖고 들여다보았더라면, 그렇게 쉽게 그 세상을 파괴하지는 않았을 것이라는 사실을 말이다. 어쩌면 좀더 설득력 있는 삶을, 좀더 개연성 있는 죽음을 미저리에게 선물할 수 있었다면, 넘버원 팬인 애니의 폭주를 막을 수도 있었을지 모른다는 사실을 말이다. 깨달음은 폴로 하여금 소설 《미저리의 귀환》을 세상에 내놓도록 만든다.

영화 〈미저리〉가 스티븐 킹 소설의 공포스릴러 분위기를 제대로 살린 '그림'이라고 한다면, 연극 〈미저리〉는 인물들의 입체성을 들여다볼 수 있는 '조각상'이라 할 수 있다. 두 경우 모두 보는 사람의 시선에 따라 전체가 달리 보이겠지만, 현실의 고통이 두려워 환상의 늪에 빠져버린 애니의 광기를 보다 깊이 분석하고자 한다면 한 가지 관점에서만 바라보는 일은 충분치 않을 것이다. 새로운 시선은 많은 것을 달리 보이게 만든다. 영화 〈미저리〉 속 애니가 '공포'인 반면, 연극 〈미저리〉 속 애니가 '안타까움'으로 보이는 것은 바로 그 때문이 아닐까?

* 본 글은 2018.02.09-2018.04.15까지 두산아트센터 연강홀에서 공연된 연극 〈미저리〉를 관람한 후 작성된 칼럼입니다.

환상과 현실의 경계,
<쾌락의 정원>을 여행하다

🎭 세븐 핑거스X리퍼블리크 씨어터 <보스 드림즈>

환상 속에서나 가능한 움직임을 눈앞에서 펼쳐 보이기에 '서커스'보다 더 적합한 장르가 있을까? 일반인은 흉내조차 낼 수 없는 불가능한 동작들을 아무렇지도 않게 취하고, 작은 공이나 컵, 접시와 같은 소도구들을 자유자재로 저글링하며, 공중그네 혹은 링에 매달린 채 마치 하늘을 날 듯 회전을 반복하고 움직이는 곡예사들… 물론 그들의 환상적인 움직임은 육체의 유연성과 민첩성을 극대화하기 위한 고도의 훈련과 노력을 통해 가능해진 것이지만, 이를 바라보는 관객들에게는 충분히 비현실적이기에 그들의 곡예는 '환상으로의 초대'를 가능케 한다. 그림 속에 있는 인물들을 실제 살아 움직이는 존재로 표현하기에 그들보다 더 적합한 선택이 있을까?

세계 3대 미술관 중 하나로 꼽히는 스페인의 '프라도 미술관'에는 8,000점이 넘는 방대한 작품들 가운데 관람객의 발길을 멈추게 하는 그림이 하나 있다. 알려진 사실이 많지 않아 '미술 역사상 가장 신비로운 인물 중 하나'라 일컬어지는 네덜란드 화가 히에로니무스 보스 (Hieronymus Bosch)의 <쾌락의 정원(The Garden of Earthly Delights)>이 바로 그것이다. 세상의 창조과정과 더불어 지상과 천국, 지옥의 환영들을 그려냈다는 제단화 형식의 세 폭짜리 그림 <쾌락의 정원>은 복잡한 군상의 사람들과 신비롭고 환상적인 존재들로 가득한 '꿈'과 같은 세상을 향해 관람객의 두 눈이 고정되도록 만든다. 이 그림은 16세기 화가 피터 브뢰겔(Pieter Brueghel)의 환상적이고 독특한 화풍에 영향을 미쳤을 뿐 아니라 20세기 초현실주의 화가 살바도르 달리(Salvador Dali)의 극찬 속에 현대인의 관심을 불러 모았고, 1970년대록 밴드 '더 도어스'의 보컬 짐 모리슨(Jim Morrison)의 노래 '바보들의 배(Ship of Fools)'에 영감을 주었다. 또한, 현재까지도 명확하게 해석을 내리기 힘든 도상학적 표현들과 신비로운 창조물들로 인해 해석상의 논란이 많은 작품이기도 하다.

2016년 네덜란드의 보스 재단이 보스 서거 500주년을 기념하기 위해 만든 작품 <보스 드림즈(Bosch Dreams)>가 덴마크 코펜하겐에서 공연되었다. "21세기의 초현실적 예술"이라 불리는 이 공연은 캐나다의 서커스단 '세븐 핑거즈(Les 7 Doigts)'와 덴마크의 실험적인 극단 '리퍼블리크 씨어터(Theatre Republique)', 프랑스의 비디오 아티스트 '앙쥐 포티에(Ange Potier)'와의 협업을 통해 탄생한 것이었다. "화가의 비전을 드러내 줄 수 있는 쇼"를 만들어 달라는 보스 재단의 요구에 맞춰 창작된 <보스 드림즈>는 네덜란드 공연에서만 3개월간 50만 명에 달하는 관객들을 사로잡았고, 영국 언론 《가디언》으로부터 "우리 세기의 가장 중요한 전시작품 중 하나"라는 찬사를 받았다. 작품은 "보스가 꿈꾸다"라는 제목이 암시하듯 임종을 앞둔 '보스(Bosch)'가 침대에서 괴로운 숨을 몰아쉬며 잠든 '꿈'속에서 펼쳐지는 세상을 관객들의 눈앞에 살아 움직이는 3차원의 공간으로 불러와 착각을 일으킨다. 극장의 프로시니엄 아치(proscenium arch)는 우아함과 부드러움을 강조한 아크로바틱, 환상적인 애니메이션을 강조한 미디어 아트, 창의적인 무대 디자인과 실험적 장치들로 인해 마치 '살아 움직이는 그림'의 캔버스처럼 기능한다.

막이 오르면 그림 <쾌락의 정원>에 매료되어 평생을 보스라는 화가를 연구하는 데 매진해왔다는 한 '교수'가 관객들을 향해 자신을 소개하며 미술사 강의를 시작한다. 프로시니엄 아치를 가득 채운 거대한 <쾌락의 정원>을 마주하고 있는 관객들은 자연스럽게 교수의 강의에 집중하는 청중으로 변모한다. 교수는 스크린에 투사된 그림의 왼쪽과 오른쪽, 그리고 곳곳에 퍼져있는 알 수 없는 비현실적 존재들과 상징적 도상들을 설명하면서 관객들에게 질문을 던진다. "500년 전 보스가 그린 <쾌락의 정원>이 의미하는 바는 무엇이었을까요? 보스가 그림을 통해 하고 싶었던 말은 무엇이며, 선과 악은 어떻게 결정되었던 것일까요? 중세 시대의 인간 삶의 모습은 500년이라는 세월이 지난 지금과 많이 다른 것이었을까요?"

왼쪽 화폭에는 하나님이 아담에게 이브를 소개하는 에덴동산의 풍요로움과 평화로움이 가득하다. 반면, 오른쪽 화폭에는 단테(Dante Alighieri)의 『신곡』 속 지옥을 연상시키는 불타는 화염 속으로 뛰어드는 사람들, 괴물의 형상을 한 기계 장치들, 잘려나간 신체 부위들과 끔찍한 고문장면들이 가득하다. 중앙의 넓은 화폭에는 대자연 속에 뒤엉켜 쾌락을 추구하는 나체의 인간들과 이름을 알 수 없는 신기한 창조물들이 섞여 있고, 인간의 몸보다 큰 거대한 딸기들이 곳곳에 놓여 있으며, 체리처럼 보이는 빨간 열매들이 인간들의 손과 머리 위에 놓여 있다. 교수는 중세 시대의 성적 욕망과 쾌락은 자손 번식과 풍요를 위한 것이었으며, 커다란 딸기는 '욕망' 혹은 삶의 '유한함'을 상징하고, 부엉이는 '현명함', 두꺼비는 '악마'를 상징한다고 설명한다. 교수의 강의 소리는 점점 멀어지고 무대는 마치 잠에 빠지기라도 한듯 암흑으로 변하며 장면이 전환된다.

침대에서 가쁜 숨을 몰아쉬고 있는 한 남자를 향해 기괴한 벌레처럼 보이는 생명체가 다가서려는 순간, 금발의 한 '소녀'가 등장한다. 아픈 남자는 소녀에게 '빨간 공'(빨간 열매)을 건넨다. 하늘에 열은 빛을 드리우던 달이 점점 커지더니 태양처럼 밝은 빛으로 프로시니엄 아치의 스크린을 가득 메우고, 관객들은 마치 다른 행성에 떨어진 듯 낯선 세상과 마주하게 된다. 한쪽이 깨진 커다란 알에서 소녀가 나와 가면을 쓴 사람들이 야바위에 열중하고 있는 모습을 구경한다. 관객들은 보스의 그림 <우석의 제거>의 살아 움직이는 장면과 마주하게 된다. 소녀는 머리에서 떨어져 나온 여러 개의 하얀 돌로 저글링하는 남자를 바라보다 그만 '빨간 공'을 잃어버린다. 주둥이가 길게 나온 괴이한 생명체가 지옥으로 가져간 '빨간 공'을 되찾으려는 소녀의 여정은 <은총 받은 이들의 승천>, <마술사>, <바보들의 배>, <건초수레>와 같은 보스의 그림들과 연계되며 관객들을 신비한 환상 속으로 인도한다.

흥미로운 점은 소녀가 다름 아닌 보스의 그림에 대한 강의를 하는 '교수의 딸'로 설정되어 있다는 사실이다. 2016년 보스 서거 500주년을 기념하는 축사를 위해 네덜란드로 떠난 교수는 보스의 생가를 방문한 후 딸에게 <쾌락의 정원>의 그림이 담긴 엽서를 보낸다. 엽서를 읽다 잠이 든 딸은 '꿈' 속에서 500년 전 작업실에서 그림을 그리고 있던 화가 보스를 만나 '딸기'를 선물 받는다. 딸은 막 출장을 떠나는 아버지에게 '딸기'를 선물하고, 네덜란드에 도착한 아버지는 축사를 준비하며 보스가 그림을 통해 진정으로 하려고 했던 말이 무엇인지 고민한다. 하지만 그는 이내 지쳐 술집으로 향한다. 술집에서 만난 한 여인과 쾌락의 밤을 보낸 아버지는 결국 제대로 된 결론을 내지 못한 채 앵커의 질문에 애매모호한 답변만을 늘어놓는다. TV로 이를 지켜보던 딸의 눈길을 사로잡은 전쟁 뉴스는 소녀를 지옥의 불길이 치솟는 '그림 속 암흑세계'로 끌고 간다.

<보스 드림즈>의 예술 감독을 맡은 사무엘 테트로(Samuel Tétreault)는 《씬플레이빌(Scene Playbill)》과의 인터뷰에서 "주된 플롯은 각기 다른 시간대에 살았던 사람들이 갖는 '꿈'에 대한 이야기"이며, 이는 "1516년 임종에 가까워진 보스의 꿈, 2016년 강의를 하고 있는 교수와 딸의 꿈, 1970년대 짐 모리슨과 1930~40년대 젊은 화가였던 살바도르 달리가 품었던 꿈에 대한 이야기"라고 설명한다. 실제로 공연은 큰 틀을 이루는 보스와 교수의 딸(소녀)의 '꿈 이야기' 사이로 살바도르 달리와 짐 모리슨의 다른 이야기들이 시간 여행을 하듯 겹쳐지고 교차되며 진행된다. 박물관에 보스의 그림을 보러 온 달리는 영감을 받은 순간 한쪽이 깨진 커다란 알을 통과해 <쾌락의 정원>을 여행하게 되고, 우연히 보게 된 '꽃 속 여인'의 아름다운 움직임을 스케치한다. 보스의 작업실에 등장한 짐 모리스 역시 그의 그림 속으로 들어가 여행하며 영감을 얻고, '커다란 열쇠'를 타고 내려와 자신의 노래를 듣다 욕조에서 잠들어 버린 한 여인과 뜨거운 사랑을 나눈다.

작품은 블루스크린 기법으로 촬영한 애니메이션 속에서 핸드 밸런 싱을 이용한 아크로바틱이나 링 하나에 의지해 공중에 떠있는 에어리얼 퍼포먼스를 선보임으로써 마치 그림이 살아 움직이는 듯 몽환적 세상을 열어 보인다. 무용수들의 움직임은 과하거나 모자람이 없이 그림의 일부로 녹아든다. 무용수들은 '보스의 꿈 속 세상'이라는 주제를 전면에 내세울 수 있도록 퍼포먼스의 기술을 잘 활용하면서도 자칫 화려한 '아크로바틱 쇼'로 흐르지 않도록 절제된 동작들로 세심함을 더한다. 그들의 움직임은 흐르는 음악의 박자와 선율 속에서 흐트러짐 없이 하나로 조화를 이룬다.

테트로에 따르면, 소녀가 임종을 앞둔 노인으로부터 받은 빨간 공은 '보스의 영혼'을 상징한다. 그는 "보스의 영혼이 천국과 지옥 중 어디로 갈 것인가?"라는 질문을 던지고 있음을 강조한다. 관객들과 동시대를 살아가는 소녀는 긴 여정을 통해 마침내 '빨간 공'을 노인에게 되돌려주지만, 그는 만류의 손짓과 함께 소녀가 간직할 것을 요청한다. 그는 살바도르 달리와 짐 모리슨, 괴이한 생명체가 지켜보는 가운데 임종을 맞이하고, 소녀는 그네를 타고 하늘에 떠 있는 달로 올라가 또 다시 그림 속으로 들어간다. 소녀는 '빨간 공'을 왼쪽의 에덴동산이나 오른쪽의 지옥이 아닌 <쾌락의 정원> 중앙 한 가운데 위치한 연못에 가져다 놓는다. 그림 속에서 신기하다는 듯 낯선 세상을 구경하는 소녀를 뒤로한 채 관객들은 '환상 속 여행'의 종지부를 찍는다.

회화와 음악, 아크로바틱 퍼포먼스, 연극적 플롯과 주제까지 이 모든 것이 애니메이션이라는 매체와 더불어 하나로 통합된 <보스 드림즈>는 미래의 '새로운 예술작품 전시 형태'라 할 수 있다. 2차원적인 회화의 세상을 3차원을 넘어 4차원으로 구현해 가상현실 혹은 증강현실 속에 들어와 있는 듯 현실과 환상의 경계를 넘나드는 <보스 드림즈>는 관객 모두를 '보스의 꿈 속 모험 여행'으로 끌고 들어간다. 초현실적인 세상을 통해 500년이라는 세월을 '꿈'이라는 측면에서 바라보고 함께 여행한 관객들은 그 긴 시간 속에서 '인간의 삶이 달라진 것은 과연 무엇일까?' 스스로에게 질문하게 된다.

그때나 지금이나 인간은 선과 악의 경계에서 고민하고 사유하며, 선택한다. 그때나 지금이나 인간은 표현하고 소통하며, 함께 나누고 치유한다. 이해하고 이해받고, 서로를 통해 자신을 보는 것, 그 궁극적인 '거울'의 기능을 위해 예술이 존재하는 것 아닌가? 500년이 지난 지금도 우리가 보스의 작품에 빠져드는 것은 그가 남긴 삶에 관한 질문과 메시지, 그 메시지를 이해하고픈 강렬한 이해의 욕망 때문이 아닐까?

* 본 글은 2018.04.06-2018.04.08까지 LG아트센터에서 공연된 '세븐 핑거스 x 리퍼블릭 씨어터'의 <보스 드림즈>를 관람한 후 작성된 칼럼입니다.

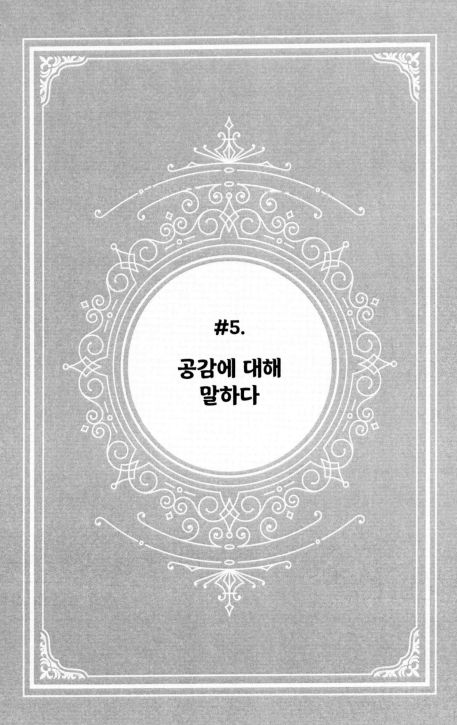

#5.

공감에 대해
말하다

언어의 한계를 극복하는
'체험' 그리고 '공감'

연극 <낫심>

언어의 기원은 무엇일까? 구약 성경의 <창세기>에 따르면, 인간은 본래 모두 하나의 언어를 사용했으나 바벨탑을 높이 쌓아 하늘에 닿으려 했던 인간들의 '교만'이 신의 분노를 샀고, 신은 탑을 무너뜨려 사람들을 모두 사방으로 흩어지게 만들었다. J. 스티븐 랭(J. Stenphen Lang)은 『바이블 키워드』에서 "이 이야기의 핵심은 인간의 오만함을 말하는 것이 아니라 인간이 사용하는 언어가 왜 그렇게 서로 다른가를 설명하려는 데 있다"고 말한다. 연구에 따르면, 전 세계에는 현재 7,000개가 넘는 언어가 존재하고, 수세기에 걸쳐 언어의 기원에 대한 연구가 계속되고 있지만 이론들만 있을 뿐 명확한 기원이 밝혀진 적은 없다. 분명한 것은 자신의 의사를 밝히고 남을 이해시킴에 있어 '언어'라는 복잡한 소통의 도구를 사용하는 동물은 오직 '인간'밖에 없다는 사실이다.

'리허설이 없는 1인 즉흥극'이란 새로운 연극 형태를 제안한 이란 출신 극작가 낫심 술리만푸어(Nassim Soleimanpour)는 모국에서의 병역 거부로 인해 해외 출국이 금지되자 자신의 이야기를 담은 극본을 전 세계의 극장 관계자들에게 우편으로 보냈다. 극본에는 매우 이례적인 두 가지 요청사항이 붙어 있었다. 첫째, 그 어떤 리허설이나 연출이 있어서는 안 되며, 둘째, 매회 다른 배우가 극본을 읽어야 한다는 것이었다. 배우들은 오직 무대 위에서만 봉인된 상자에 들어있는 극본을 볼 수 있으며, 비로소 작가의 극본이 지시하는 대로 관객들에게 공연을 펼쳐 보일 수 있었다. 그의 새로운 연극방식은 센세이션을 불러일으켰고, 전 세계의 소위 '스타'라 불리는 배우들의 러브콜을 받게 되면서 많은 화제의 대상이 되었다.

술리만푸어는 2010년 <하얀토끼 빨간토끼(White Rabbit Red Rabbit)>를 통해 자신의 나라를 벗어날 수 없는 작가 개인의 삶에 대한 고민과 사회가 개인에게 부여하는 억압과 권위의 문제를 통찰했다. 그는 3년이 지나 왼쪽 눈이 실명위기에 처했다는 진단을 받으며 병역면제 판정을 받고 나서야 비로소 작품공연장에 모습을 드러낼 수 있었다. 당시까지 세계의 모든 공연장들은 자신의 나라를 떠날 수 없는 극작가를 위해 매회 객석 첫 줄의 한 좌석을 비워놓고 공연을 진행하였는데, 2013년 2월 호주 브리즈번을 찾은 술리만푸어는 자신의 작품 공연을 처음으로 관람할 수 있었던 소감을 이렇게 설명했다. "낯선 곳에서 낯선 언어로 낯선 배우가 '내 이름은 낫심 술리만푸어입니다'라고 말하는 것을 보는 일은 매우 충격적입니다. 다른 누군가가 당신의 눈을 들여다보며 당신 자신의 이야기를 하는 걸 보게 되면, 당신은 어쩔 수 없이 '저 사람이 나일 수도 있어!'라는 생각을 하게 되죠. 나는 이란인이 아닌 호주인이 될 수도 있고, 여성일 수도 있고, 흑인 혹은 백인이 될 수도 있으며, 동양인일 수도 있습니다."

이란이라는 특정 문화권에만 속해있던 술리만푸어는 <하얀토끼 빨간토끼>이후 계속해서 영어로 새로운 극본들을 쓰며, 세계 많은 나라를 방문했고, 2015년부터는 독일 베를린에 거주하게 되었다. 하지만 아이러니하게도 세계 32개국에 달하는 나라에서 20개의 언어로 번역되어 공연되는 그의 작품들은 정작 그의 모국인 이란에서는 단 한 번도 공연된 적이 없다. 영구 언론《BBC》와의 인터뷰에서 그는 연극 <낫심(Nassim)>은 <하얀토끼 빨간토끼>의 후속 공연과 같다고 설명했다. 2013년 자신의 작품 공연과 처음 마주했을 때의 강렬하고도 낯선 경험은 극을 써내려갔던 3년 전 '과거의 자신'과 새롭게 조우하도록 만들었고, 결국 두 번째 공연이 진행되던 날 자신도 모르게 손을 번쩍 들고 일어나 무대 위에 올라 자신이 작가임을 소개하는 즉흥적인 행동을 취하도록 만들었다. 그는 그때의 사건이 그에게 새로운 '영감'을 불어넣어 주었다고 말한다.

2018년 술리만푸어는 이제 <낫심>을 통해 무대 위에서 과거가 아닌 '현재'를 이야기하며, 더 이상 무대 밖에 머무는 '극작가'가 아닌 무대 위에서 소통하는 무언의 '배우' 겸 '연출가'로 자리한다. 술리만푸어는 '산들바람'이란 의미의 자신의 이름 '낫심(Nassim)'을 그대로 연극 제목으로 선택한 공연을 통해 이란어를 모국어로 사용하지만 영어로 작업을 하고, 독일어로 생활하는 작가의 '디아스포라적 삶'의 슬픔과 쓸쓸함, 그리움과 외로움을 이야기한다. 그는 "한 사람이 세 개의 언어를 사용하면서 생활한다는 것은 곧 자아를 세 개의 부분으로 나누는 것과 같다"고 말한다. 언어는 분명 '소통'의 도구이지만 그 언어를 공유하지 못하는 사람과의 사이에는 하나의 '장벽'으로 존재한다. 술리만푸어는 세계 공용어가 되어버린 '영어'를 통해 수많은 사람들과 소통하지만 여전히 자신의 모국인 이란에서는 낯선 작가이며 그의 부모, 형제, 친구들은 그의 작품이 공연되는 것을 본 적이 없다. 그만의 독특하고 특수한 상황은 언어에 대한 철학적 사유를 하도록 만들었고, 그가 느끼는 '낯선 상황'을 관객들이 실제로 경험할 수 있는 무대를 구현할 수 있는 최적의 방법을 '고안'하도록 만들었다.

무대는 마치 강연장처럼 벽을 채우는 커다란 스크린, 책상 하나, 의자 두 개, 그리고 마이크 스탠드로 채워져 있다. 매회 다른 배우에 의해 공연되는 무대는 '그 날의 배우'를 소개하며 관객들의 박수와 환호 속에 극을 시작한다. 리허설도 없이, 대본도 없이, 무대 의상도 없이 우연히 객석에서 끌려나온 관객이라도 된 듯 어쩔 줄 몰라 서성이는 배우의 '낯설음'은 책상 위 상자에 들어있는 봉인된 456페이지 분량의 극본이 갑자기 스크린 화면에 투사될 때부터 새로운 '여정'을 시작한다. 하얀 종이 위에 한 문장, 혹은 두 문장으로만 채워진 극본은 알수 없는 누군가의 손에 의해 한 장씩 넘겨지고, 배우는 극본의 지시에 따라 대사를 읽기도 하고 액션을 취하기도 한다. 기울어진 글씨체는 무대 지문이므로 읽지 않고 행동으로 취하거나 따라야 한다는 내용과 함께 그 날의 공연을 제대로 진행하기 위해 배우의 '시력검사'가 현장에서 이루어진다.

관객들은 매 순간 배우와 함께 호흡하고 반응하며 때로는 서툴러 실수하는 배우를 도와주기도 한다. 무대와 객석의 경계는 존재하지 않는다. 오히려 배우와 관객, 그리고 보이지 않는 작가의 스크린 속 '대본'의 경계가 생길 뿐이다. 하지만 그 경계마저 오래 지나지 않아 무너지기 시작한다. 갑자기 진행요원에게 무대 뒤로 향하는 길을 물어 10초 안에 자신을 만나러 오라는 대본 속 '극작가의 요구'는 무대 뒤 어딘가에서 배우와 관객을 위해 자신의 극본을 스크린 위에 투사하고 있는 '작가'의 존재를 드러나게 하고, 배우가 작가를 만나러 뛰어가는 10초의 카운팅을 관객 모두가 함께 외치도록 만든다. 관객은 개인적인 의견을 전달하기도 하고, 스스로 손을 들어 무대 위에 오르기도 한다. 배우는 작가의 '말'을 대신하는 아바타이면서 동시에 배우 '개인'으로 존재한다. 배우는 스크린에 투사된 대본을 읽어 내려가며 작가의 '말'을 대신 관객에게 전달하지만 대본의 질문에 따라 배우 자신이 좋아하는 식당을 소개하기도 하고, 사랑하는 가족의 사진을 보여주기도 하며, 평소에 자주 사용하는 단어들을 알려주는 등 '배우 개인'으로도 존재한다.

관객과 배우, 보이지 않는 작가가 서로 친해지기 위한 단계라 할 수 있는 1막은 무대 뒤로 작가를 만나러 간 배우가 '차 한 잔'을 마시고 관객들 앞에 작가를 데려와 직접 소개를 할 때 2막으로 연결된다. 무대 위에 모습을 드러낸 술리만푸어는 책상 위에 극본과 웹캠, 휴대폰을 올려놓고 앉아 여전히 대본을 스크린에 투사하며 극을 이어나간다. 작가는 극이 진행되는 내내 한 마디 말도 하지 않지만 배우가 읽어 내려가는 그의 '말'과 그의 휴대폰 속에 저장된 사진들, 제스처, 그리고 관객들과 함께하는 '이란어 수업'이 관객과 배우가 모두 함께 그가 전하는 이야기를 듣고 있는 것 같은 착각에 빠지도록 만든다. 그의 연극은 '환상'을 실제처럼 느끼도록 만드는 일에 골몰하지 않는다. 오히려 '실제'를 '경험'하도록 만든다. 단 한 번도 접해본 적 없었던 언어를 배우는 '낯설음'과 어려움, 서투름, 그리고 쉽게 기억되지 않고 익혀지지 않는 단어들로 인해 겪게 되는 좌절감과 답답함, 그렇게 얻은 문장들로 연결된 '이야기'까지 관객들은 작가가 전하고픈 이야기를 듣는 것이 아니라 실제로 경험하고 이해하며 공감한다.

술리만푸어는 한 걸음 더 나아간다. 그는 배우에게 이란에 있는 자신의 어머니를 위해 자신의 '이야기'가 담긴 이란어 공연을 라이브로 진행해 줄 것을 부탁한다. 관객들은 실제 휴대폰으로 연결된 술리만푸어의 어머니와 스크린을 통해 배운 '이란어'로 대화하고 이야기를 공연하는 배우를 마주하게 되며, 동시에 자신들 역시 '이란어'로 반응을 전달한다. 모든 것은 '현재' 속에 연결되어 있고 함께 공존한다. 경계는 무너진다. 작가도, 배우도, 관객도, 연출도 존재하지 않는다. 이란에 있는 '어머니'라는 한 관객을 위해 모두가 함께하는 '공연'이 있을 뿐이다.

20세기를 빛낸 오스트리아 출신의 철학자 루드비히 비트겐슈타인(Ludwig Wittgenstein)은 "내 언어의 한계는 곧 내 세상의 한계를 의미한다"고 말했다. 인간은 언어를 통해 사물과 현상을 이해하고, 그 이해한 바를 자신의 언어로 전달한다. 하지만 기표와 기의로 구분되는 언어는 종종 기호 속에 그 의미가 갇히는 문제를 겪는다. 기호 속에 갇혀버린 의미는 특정한 사고와 문화만을 기준으로 하는 '척도'로 여겨지게 되고, 언어를 통해 역사와 문화, 지식을 습득하는 인간은 자신이 자신의 언어 범위 내에서만 사고하는 한계를 범하고 있음을 '망각'하게 된다. 세상은 우리가 '언어'로 표현할 수 있는 것보다 훨씬 다양하고 복잡한 감정들로 가득하고, 우리는 언제나 그 많은 감정들을 제대로 '전달할 수 없음'에 좌절하고 소외를 느낀다.

술리만푸어는 언어가 품고 있는 모순, 부자연스러움과 억압, 한계를 연극 <낫심>을 통해 관객들이 현장에서 목격하고, 참여하며, 느끼고, 이해하도록 만든다. 관객들은 언어와 자유, 국가와 가족, 그리고 고향에 대해 생각하기 시작한다. 표현할 길이 없는 단어들과 설명할 수 없는 마음들! 단어가 없다는 것은 사고가 없음을 의미하고, 인식이 없다는 것은 그에 따른 삶이 통용되지 않는다는 것을 의미한다. 먼 곳에 살고 있는 낯선 한 남자, 그 남자가 낯선 언어를 배우기를 청함에 선뜻 응하고 참여하는 관객들의 친절과 포용, 그것이 세계를 아우를 수만 있었다면 '디아스포라(diaspora)'와 같은 단어는 생겨나지 않지 않았을까?

연극 <낫심>에는 그 어떤 감정의 극대화도, 놀라운 이야기도 없다. 하지만 언어는 그저 우리의 의사를 표현하고픈 수단일 뿐 그것이 어떤 잣대도, 편견도, 강요도, 억압도 되어서는 안 된다는 사실을 '체험' 하도록 만든다. 어쩌면 가장 소소한 것이 가장 강렬한 것인지도 모른다. 그 누구와도 교집합을 찾아낼 수 있다는 점에서 말이다. 아마도 그것이 이란어로 '어머니'를 뜻하는 단어, '머먼(Mumun)'을 관객들의 가슴 속에 깊이 남기는 이유일 것이다.

---

* 본 글은 2018.04.10-2018.04.29까지 두산아트센터 Space111에서 공연된 연극 <낫심 NAS-SIM>를 관람한 후 작성된 칼럼입니다.

한(恨)의 소리, 트로이의 여인들을 만나다

🎭 창극 <트로이의 여인들>

"우(愚)여! 매(昧)여! 우매라, 우매로구나! 한 바람에 노여움이 한 바람에 설움 일어, 설움이 원이 되어 노여움이 한이 되어 (…) 천지는 무정(無情)이요, 목숨은 유정(有情)이라!" 전쟁에서 억울하게 죽은 외로운 영혼들을 상징하는 인물 '고혼(孤魂)'은 창극 <트로이의 여인들>에서 관객을 향해 이렇게 외친다. "무정한데 유정하니 어리석고 어두워라! 모이고 흩어짐도 꿈결 같은데 욕(慾)이여, 망(望)이여, 일어나는 바람이여! (…) 우(愚)여! 매(昧)여! 우매라, 우매로구나!"

인류의 역사는 전쟁의 역사와 함께한다는 말이 있다. 도대체 인간은 언제부터 전쟁을 시작한 것일까? 학자들에 의하면 이미 수렵 채집 생활을 하던 원시 인간들조차 자원 획득과 영역 확보를 위해 집단 대 집단의 전쟁을 벌인 흔적이 있다고 한다. 결국 인간의 욕망이 휩쓸고 간 자리에는 폭력과 권력, 고통과 원한, 그리고 무수히 스러져 간 무고한 사람들의 주검만이 남는다는 것인가?

누구나 전쟁이 나쁘다는 것을 안다. 누구나 전쟁을 해서는 안 된다는 것도 안다. 그럼에도 인류는 전쟁을 멈춘 적이 없다. 세계 어디에선가 어느 지역에선가 크고 작은 전쟁들이 이어져 왔고, 누군가는 계속 전쟁을 일으켜왔다. 세계 지도를 펼쳐놓고 단 한 번도 전쟁을 겪지 않은 국가를 찾는 일이 가능할까? 『전쟁과 반전쟁』의 저자 앨빈 토플러(Alvin Toffler)는 "2차 세계대전이 끝난 후부터 1990년까지 지구상에서 전쟁이 발발하지 않은 기간은 오직 3주뿐"이라고 말한다. 영국 작가 오스카 와일드(Oscar Wilde)의 말처럼, 전쟁이 나쁜 것이라는 생각이 정말 '매력'으로 작용하기라도 한 걸까? 하지만 그는 "전쟁이 야비한 것이라고 생각되는 한 그것은 그 인기를 잃게 될 것"이라고 강조한다.

2016년 국립극장과 싱가포르예술축제가 공동 제작한 창극 <트로이의 여인들>이 야비한 전쟁에 상처 입고 고통에 몸부림치는 여인들의 울부짖음과 한스러움으로 객석을 꽉 채우며 초연되었다. 국립창극단의 창극 <트로이의 여인들>은 아시아와 유럽의 예술 교환을 장려하고 동양과 서양의 퍼포먼스 전통을 결합하기 위해 꾸준히 노력을 이어온 세계적인 연출가 옹켕센(Ong Keng Sen)의 아이디어가 많이 적용된 작품이다. '트랜스컬처 씨어터(Transcultural Theatre)'로 주목받는 연출가 옹켕센은 '보존'과 '혁신'이라는 국립창극단의 기획의도 아래 '판소리의 미니멀리즘'을 강조하면서도 창극의 세계화를 이루어낼 수 있는 새로운 방법을 현실화했다. 창극 <트로이의 여인들>은 2017년 9월 싱가포르예술축제에서 전석 매진과 긴 박수갈채로 큰 호응을 얻었으며, 무형문화재인 명창 안숙선의 작창을 더해 제대로 된 '판소리의 정수'를 구현하면서도 '전통'으로 인식되는 창극의 지평을 넓혔다는 평가를 받았다.

고대 그리스의 비극작가 에우리피데스(Euripides)의 《트로이의 여인들(The Trojan Women)》은 기원전 4세기 삼촌을 죽이고 왕위에 올라 젊은 청년부터 노인에 이르기까지 모든 사내들의 목을 베고, 적들을 동물 사냥하듯 산채로 개에게 물려죽도록 했다는 페라이(Pherae)의 왕 '알렉산더(Alexander)'가 인간에 대한 '연민'을 되찾았다는 극이다. 그는 '헤큐바(Hecuba)'와 '안드로마케(Andromache)'의 슬픔에 눈물을 흘리며 자신의 잘못을 깨달았다고 한다. 《트로이의 여인들》의 엄청난 감정적 영역이 선사하는 '파토스(pathos)'가 연민을 느낄 수 없다고 알려진 비인간적인 압제자마저 굴복시켰던 것이다. 에우리피데스는 잔인한 폭력과 전쟁 영웅주의를 부추기며 전사들만 주인공으로 삼던 시대에 '여성'을 주인공으로 내세워 정복자가 아닌 '희생자의 관점'에서 전쟁을 서술했다는 측면에서, 20세기 이후 많은 작품들이 무대에 올랐고 현대인들의 관심을 모아왔다. 영국의 고전학자 프랭크 로렌스 루카스(F. L. Lucas)는 "입센도, 볼테르도, 톨스토이도 여성의 목소리를 대변하고 미신에 저항하며 전쟁을 맹렬히 비난한다는 점에 있어 에우리피데스의 《메디아(Medea)》, 《이온(Ion)》, 《트로이의 여인들》만큼 날카로운 무기를 만들어내지는 못했다"라고 평했다.

창극 <트로이의 여인들>은 1965년 장 폴 사르트르(Jean Paul Sartre)가 프랑스의 알제리 전쟁을 비판하기 위해 각색한 희곡을 기반으로 배삼식 작가가 창극에 맞게 새롭게 쓴 대본에 기초한다. 스파르타의 왕 '메넬라우스(Menelaus)'의 아름다운 아내 '헬레네(Helen)'를 데려온 '파리스 왕자(Prince Paris)'로 인해 시작된 전쟁은 율리시스의 '트로이의 목마'라는 술책으로 인해 10년을 버텨온 트로이를 패망하도록 만든다. 극은 트로이의 모든 사내들이 죽임을 당하고, 전리품으로 첩과 노예로 끌려가게 된 여왕 헤큐바를 비롯해 트로이의 여인들이 흰 소복을 입고 자신들의 운명의 실을 감고 있는 장면으로 시작된다. 에우리피데스의 극에 등장하는 포세이돈(Poseidon)은 전쟁 통에 죽임을 당해 의지할 곳 없이 떠돌고 있는 외로운 넋, '고혼'으로 대체되고, 극의 시작과 마지막에 등장한 고혼은 필멸임을 알면서도 전쟁을 향해 나아가는 어리석은 인간들을 비난한다.

> "허(虛), 허, 폐허(廢墟)로다. 흐르는 피의 강물, 검은 재가 된 사랑. (…) 트로이 사내들은 모두 죽으니 여기에 남은 것은 여인들 뿐. 뼈다귀에 아직 남은 살점처럼 우리는 소리 없이 울부짖는다."

남편과 아들을 모두 잃고 이제 남은 딸과 며느리마저 적국의 첩으로 보내야 하는 불행한 여인 헤큐바는 심장을 쥐어뜯는 슬픔을 토로하지만 그녀의 참혹함은 "언젠가 반역의 씨앗이 될지 모를 트로이 왕가의 핏줄"을 단 하나도 남겨둘 수 없는 그리스인들이 "아직 피지도 못한 고사리 손을 움직이는 아이"일 뿐인 손자 '아스티아낙스(Astyanax)'를 빼앗아갈 때 그 절정에 달한다. 코러스 역할을 하는 트로이의 여인들은 묻는다. "이것이 구원인가, 해방인가? 너희들이 말하던 문명이요, 진보인가? (…) 냄새나는 주둥이로 구원이란 말을 마라! 해방을, 문명을, 진보를 말하지 마라!"

한 명의 소리꾼이 한 명의 고수의 북소리에 맞춰 이야기를 엮어가는 '판소리'는 보통 '한(恨)'의 정서를 대변한다고 일컬어진다. 이는 판소리가 대부분 피지배층인 서민들의 삶을 사실적으로 드러내고 현실을 생생하게 그리는 '서민들의 목소리'로 여겨지기 때문이다. '한'은 몹시 억울함에도 어찌할 수 없는, 원망스럽고 안타깝고 슬픈 '응어리진 마음'을 의미한다. 판소리의 핵심인 '창'이 '한'의 소리라 읽히는 것은 소리를 하는 창자가 고통스러운 수련을 쌓아가는 과정에서 터득한 예술적 경지와 '삭임'의 깊이를 고스란히 소리로 터트리며, 가슴 깊이 맺혀있던 분한 마음을 피토하듯 전달할 수 있기 때문이라고 한다. 창극 <트로이의 여인들>은 전쟁으로 모든 것을 잃고도 저항할 수 없는 가장 연약한 존재들의 피 끓는 분노와 억울함, 고통과 절망, 그 한스러움을 '우리의 소리'로 너무도 절절하게 전달한다.

'우리의 소리'는 전쟁의 발단이 된 헬레네가 등장하는 장면에서 이국적이고 이색적인 피아노 선율과 충돌하며 낯섦과 괴리, 갈등을 노출한다. 소리의 괴리는 남자가 연기하는 아름다운 헬레네를 당면하는 순간 증폭되며, 관객들로 하여금 그 '의미'를 탐색하도록 만든다. 에우리피데스의 경우, 메넬라우스 앞에서 헬레네를 즉시 처형할 것을 종용하는 헤큐바와 자신의 억울함을 토로하는 헬레네의 '수사학적 대립'이 두드러지며, 극한에 처한 인간이 자신의 감정적 에너지를 당장 비난하기 쉬운 대상을 찾아 쏟아내고, 실질적인 책임자들에게 화살을 돌리지 못하는 인간의 '어리석음'을 강조한다.

옹켕센은 헬레네를 남성도 여성도 아닌 중간자적 입장에 세워 그 어느 쪽에도 속하지 못하는 '모호한 존재'로 표현한다. 모호함과 낯섦은 생각할 여지와 거리를 확보함으로써 관객들이 단순히 전쟁의 원인으로 헬레네를 지목할 수 없도록 만든다. 극은 전쟁이란 비극을 불러온 원인을 철저히 인간의 '어리석음' 탓으로 돌린다. 인간들은 그 끝이 필멸임을 알면서도 전쟁을 일으키고 그 불 속으로 들어간다. 창극

<트로이의 여인들>은 어리석은 인간들의 욕망이 불러온 필멸의 불길 속에서 피를 토하는 가장 연약한 희생자들의 고통과 '한', 그리고 분노를 토로한다. 그 어떤 경우에도 정당화될 수 없고 오로지 광증으로밖에는 설명할 수 없는 전쟁의 비참함과 무가치함, 그리고 무엇보다 '야비함'을 드러내기 위해서 말이다.

우리의 소리로 표현되는 여인들의 '한'이 창극 <트로이의 여인들>을 통해 세계 모든 이들의 가슴에 전해져 전쟁의 '야비함'을 다시금 되새기고 일깨울 수 있기를, 그리하여 언젠가 와일드의 말처럼 전쟁이 그 '인기'를 잃고 영원히 잠드는 날이 오기를 기대해 본다.

* 본 글은 2017.11.22-12.03까지 국립극장 달오름극장에서 공연된 '국립창극단'의 창극 <트로이의 여인들>을 관람한 후 작성된 칼럼입니다.

잔인한 시대, 책임의 외면이 불러온 비극

🎭 장-피에르 폰넬의 필름 오페라 <리골레토>

"즐거운 시대를 웃으며 산다면 희극이겠지만 잔인한 시대를 웃으며 살아야 하니, 그 시대는 영락없는 비극이었다." 프랑스의 대문호 빅토르 위고(Victor Hugo)의 『웃는 남자』 속 슬픈 광대 그윈플렌은 그 어떤 아픔이나 분노, 고통도 드러내지 못한 채 늘 웃음과 조롱 속에 살아가야 하는 광대의 삶을 이렇게 표현한다. 이탈리아 오페라의 거장 주세페 베르디(Giuseppe Verdi)의 <리골레토(Rigoletto)>의 주인공 역시 흉한 몰골로 태어나 조롱 속에 살며 권력자에게 빌붙어 웃음을 팔아야 하는 광대의 신세를 한탄하며 이렇게 노래한다. "사람들이, 자연이 나를 추하게 만들었네! 원통하다, 불구에 못생기게 태어난 것이. 눈물조차 내겐 없네, 웃는 것밖엔 할 줄 모르니!"

<리골레토>는 베르디가 1832년 초연이후 상연금지 처분을 받았던 위고의 희곡 《환락의 왕(Le roi s'amuse)》을 읽고, 그 주제와 인물상에 영감을 받아 오페라로 재탄생시킨 작품이다. 베르디는 대본작가 피아베(Francesco Maria Piave)에게 보내는 편지에 《환락의 왕》의 주인공인 광대 '트리불레(Triboulet)'야말로 "셰익스피어의 인물에 비견할 만한

창조물"이며, 그의 이야기는 시대와 국가를 초월해 오랫동안 극장가에 길이 남을 수 있는 것이기 때문에 "반드시 공연허가를 받아야만 한다"고 썼다. 연극 기호학자인 안느 위베르스펠드(Anne Ubersfeld)의 표현을 빌자면, 《환락의 왕》은 "당대의 도덕과 문학적 관례, 역사적 관습이라는 세 가지 층위에서 모두 '도발'로 읽힐 수밖에 없는 작품"이었고, 결국 1851년 베르디의 오페라 <리골레토>로 재탄생하는 과정에서도 검열로 인한 많은 우여곡절을 겪어야 했다. 당대의 정치적 상황 탓도 있었지만 무엇보다 권력자의 욕망과 성적인 문란, 여인들의 유괴와 납치, 청부 살인과 같은 자극적인 요소들이 불러올 논란이 우려되었기 때문이었다. 하지만 오로지 자신의 쾌락만을 추구하며, 유혹할 수 있는 모든 여인을 취하려던 왕과 그 권력에 기생하여 왕을 부추기고, 세 치 혀로 사람들을 조롱하던 꼽추 광대의 이야기는 딸을 잃은 아버지의 애끓는 '부성애'로 초점을 옮긴 오페라 <리골레토>를 통해 대성공을 이루었다.

1982년 장-피에르 폰넬(Jean-Pierre Ponnelle)의 필름 오페라 <리골레토>는 세계적인 테너 루치아노 파바로티(Luciano Pavarotti)와 마에스트로 리카르도 샤이(Riccardo Chailly)가 선사하는 음악과 실제 오페라의 배경이 되는 이탈리아 만토바에서 촬영된 영상을 함께 감상할 수 있는 고전 명작이다. 라이브 공연을 중요시하는 오페라에 영화적 촬영기법을 더해 제작된 '필름 오페라'는 실황 오페라를 카메라로 현장에서 촬영해 극장에서 상영하는 것과는 큰 차이가 있다. 극장 관객들에게 무대의 현장감을 그대로 전달하기 위해 카메라를 활용하는 것과 연출가가 전달하고픈 오페라의 메시지를 보다 효과적으로 전달하기 위해 카메라의 촬영기술을 이용하는 것은 전혀 다른 목적을 갖기 때문이다. 실황 오페라 상영이 현장의 분위기를 그대로 담아내기 위한 '중계'의 성격을 갖춘 것이라면, 필름 오페라는 오페라를 카메라에 담아낸 연출의 시선과 관점이 담긴 '영화'라 할 수 있다. 필름 오페라의 경우, 카메라가 오페라 가수들을 겨냥하는 앵글(angle)과 숏(shot), 렌즈가 만들어내는 시각적 체험에 따라 전혀 다른 느낌의 스토리나 인물들을 만들어낼 수 있다.

1982년 필름 오페라 <리골레토>의 연출을 맡은 장-피에르 폰넬은 1981년 바이로이트 축제에서 <트리스탄과 이졸데>를 통해 "미학적으로 가장 아름답게 연출된 작품"이라는 평가를 받은 세계적인 오페라 연출가이다. 폰넬은 1974년~1988년에 이르는 기간 동안 TV용으로 제작된 여러 편의 필름 오페라를 연출했는데, 그의 작품들은 종종 논쟁을 불러왔다. 음악 평론가 마틴 베른하이머(Martin Bernheimer)는 1985년 PBS에서 '위대한 공연 시리즈'로 방영된 <리골레토>에 대해, "폰넬은 그가 훌륭할 때 대담하고 독창적인 빛을 오페라에 부여하지만, 그가 형편없을 때 왜곡한다"고 혹평하였다. 그는 연극적 맥락을 강조하기 위해 폰넬이 택한 "지나친 그로테스크함"이 베르디의 유려한 음악과 모순되거나 압도해버리는 탓에 "무언가 잘못되었다"는 인상을 남긴다고 지적했다.

사실상 폰넬의 <리골레토>는 만토바 궁정에서 벌어지는 파티 장면에서부터 관객들의 비위를 거스른다. 궁정은 그야말로 환락의 장소이며 주색잡기에 여념이 없는 아귀다툼의 소굴이다. 술에 취해 제 정신이 아닌 양 웃어대는 귀족들의 얼굴이 화면을 가득 메우고, 접시 위로 쥐가 돌아다니고 있음에도 음식을 손으로 마구 집어먹으며 끊임없이 떠들고 토하는 사람들의 모습은 역겹고 괴기하다. 게다가 자신의 군주인 공작에게 '몬테로네(Count Monterone)'의 딸을 끌어다주고 네 발로 엎드려 침대 역할을 자처하는 '리골레토'의 퇴폐적인 모습이나 자신의 딸이 농락당한 것에 울분을 터뜨리는 몬테로네 백작에게 조롱을 퍼부으며 그의 딸을 폭력적으로 다루는 방식은 관객들로 하여금 '혐오'의 감정을 느끼도록 만든다.

흥미로운 사실은 폰넬이 아버지의 고통을 비웃은 리골레토를 저주하는 몬테로네 백작을 '1인 2역'으로 설정하고 있다는 점이다. 리골레토 역을 연기하는 잉그바르 빅셀(Ingvar Wixell)은 카메라 프레임 속에서 하얀 옷을 입은 엄중한 신과 같은 몬테로네 백작과 공포의 그늘 속에 떨고 있는 광대 리골레토 사이를 오가며 '딸 가진 아버지'로서의 리골레토의 '비극'이 펼쳐질 것임을 예고한다. 결국 "굶주린 사자에게 먹잇감을 던져주는 뱀 같은 놈"에게 내려진 섬뜩한 저주의 실현은 공작을 위해 다른 여인들을 납치하는 악행을 마다하지 않고, 여인을 빼앗기 위해 그 남편의 목을 칠 것을 권하던 리골레토의 "지나친 농담"과 부도덕한 행위에 대한 '양심의 처벌이자 응징'이라 할 수 있다.

"혀로 사람을 죽이는 자"인 리골레토는 "네 운명은 네가 결정하였다. 너의 치명적 실수!"라 외치는 귀족들을 뒤로 한 채 도망치듯 궁을 빠져나온다. 리골레토는 권력을 가진 공작에게 복종하도록 태어난 자신이 거들먹거리는 귀족들을 조롱하고 비웃음에도 권력의 비호 아래에 있다는 이유로 함부로 하지 못한다는 사실에 '희열'을 느낀다. 그는 기형으로 태어나 누구에게도 사랑받지 못한 자신이 다른 사람의 불행을 조롱하고 비수를 꽂는 것쯤이야 나쁘다 할 수 없지 않느냐며 자신의 행동을 정당화하지만 가슴 깊은 곳에서 피어오르는 불길한 공포를 떨쳐낼 수는 없다.

폰넬은 리골레토를 포함한 궁정 귀족들과 청부살인업자 '스파라푸칠레(Sparafucile)', 그의 여동생 '마달레나(Maddalena)'와 같은 인물들을 그로테스크하고 기형적으로 그리는 만큼 리골레토의 딸 '질다(Gilda)'를 맑고 순수하게 그려낸다. 하얀 드레스를 차려입고 금발의 머리를 흘날리며 여신인 양 등장하는 질다는 어린 아이처럼 순진하다. 여인을 향해서라면 무조건 달콤한 말로 유혹하고 사랑을 약속하는 '만토바 공작(Duke of Mantua)'은 그 어떤 도덕적 관념도 없이 그저 자유로운 성(性)의 탐닉에만 관심이 있을 뿐이다. 그가 부르는 유명한 칸초네 '여자의 마음(La donna é mobile)'의 가사가 아이러니한 이유는 여자의 마음이 "바람 속에 흘날리는 깃털처럼" 가볍고 변덕스럽다 노래하지만, 실제로 변덕스럽고 가벼운 것은 공작의 마음이기 때문이다.

세상 그 무엇과도 바꿀 수 없는 소중한 딸이 자신을 혐오하던 궁정 귀족들에 의해 납치되고, 자신이 악행을 도왔던 군주에 의해 농락당한 상황에서 리골레토가 느끼는 분노는 폭발적이다. 그는 침대를 두른 휘장을 모두 뜯어내고, 아버지에게 용서를 권하는 딸을 거칠게 밀어낸다. 리골레토는 복수와 응징을 위해 청부살인을 계획하지만 그의 계획은 오히려 질다를 희생시킬 뿐이다. 폰넬은 순수한 존재인 질다가 오로지 돈에 대한 욕심과 성적 욕구의 탐닉, 복수와 살인을 향한 욕망으로 점철된 세상 속에서 잔인하게 희생될 수밖에 없음을 상당히 폭력적인 장면으로 구현한다. 원래 남장한 여인으로 등장해 하룻밤 묵기를 청하는 부랑자로 인식되어야 할 질다는 관객들 앞에 비바람에 흠뻑 젖은 하얀 드레스를 입은 초라한 여인으로 등장한다. 공작을 살리려는 마달레나는 그녀가 여인임이 전혀 보이지 않는 듯 스파라푸칠레의 칼을 향해 질다를 세게 밀어버린다.

관객들은 질다의 살해 장면이 상당히 구체적이고 빠르게 진행될 뿐 아니라 시체를 멍석에 말아 강물에 던지기 위해 리골레토의 배 안으로 옮겨지는 과정이 잔인하게 노출된다는 사실에 충격을 받는다. 공작과 귀족들이 몰래 들어올 수 있도록 뒷문을 열어주고 돈을 받아 챙기던 '죠반나(Giovanna)', 자신을 가난한 학생이라 속여 가며 거짓된 사랑을 맹세하던 '공작', 젊고 잘생긴 바람둥이 남자를 구하기 위해 다른 사람을 죽일 것을 종용하는 '마달레나', 돈만 받을 수 있다면 누구를 죽여도 상관없다는 '스파라푸칠레', 그리고 자신의 딸만 아니면 된다는 생각으로 다른 여인들이 농락당하는 현실을 조장하고 참여했던 '리골레토'… 이 모든 악(惡)들은 집안에 갇혀 세상을 전혀 모르고 살아온 순수함의 상징인 질다를 무참하게 짓밟고 죽음에 이르도록 만든다.

폰넬의 그로테스크함은 과할지 모른다. 하지만 분명 그가 말하고자 하는 주제의식은 관객들에게 전달된다. 빅토르 위고는 죽기 전 자신의 유언장에 이렇게 썼다고 한다. "신과 영혼, 책임감, 이 세 가지 사상만 있으면 충분하다. 그것이 진정한 종교다. (…) 그리고 진리와 광명, 정의, 양심 그것이 바로 신이다!" 어쩌면 잔인한 시대를 웃으며 살아야 하는 것이 비극이 아니라 잔인한 시대임에도 그 사실을 인식하지 못한 채 모든 악에 동참하며 자신의 책임을 가볍게 무시하고 외면하고 있는 '현실'이 비극이 아닐까? 세상의 모든 아버지들이 자신의 딸,

아내, 누이만을 보호하는 것이 아니라 모든 딸들을 보호할 수 있었다면, 리골레토의 비극은 애초에 발생하지 않았을 것이다.

* 본 글은 2018년 메가박스에서 상영된 1982년 '장-피에르 폰넬'의 필름오페라 <리골레토>를 보고 작성된 칼럼입니다.

형식의 파괴, 관객을 위한 선택

연극 <더 헬멧-룸스 Vol.1>

티켓을 건네고 들어서는 입구, 두 갈래로 나뉘는 좁고 어두운 통로, 호기심과 불안감을 숨긴 채 도달한 벙커와 같은 공간, 연기가 자욱한, 조명마저 어둡고 허름한 곳에 들어선 관객의 뇌리에 스치는 생각은 오직 하나다. '이건 뭐지? 연극 맞아?' 좌석번호를 찾느라 스마트폰 불빛까지 동원하고 나서야 자리에 앉은 관객들이 바라보게 되는 것은 맞은편과 좌우의 객석에 앉은 다른 관객들이다. 텅 빈 무대 공간에 버려진 듯 놓인 낡은 책상, 몇 권의 책, 곰인형, 영화 포스터와 같은 물건들을 바라보고 있노라면, 이제 또 다른 질문이 관객들의 머릿속을 채운다. '도대체 나는 어디에 와 있는 것인가?'

2013년부터 2015년까지 영국 에든버러 프린지 페스티벌에서 크게 화제를 모았던 제스로 컴튼 프로덕션(Jethro Compton Productions)의 '트릴로지 시리즈(Trilogy series)'를 한국에 성공적으로 안착시켰을 뿐 아니라 새로운 형식의 공연들을 혁신적으로 추구해 온 지이선 작가와 김태형 연출은 2018년 창작 신작 <더 헬멧(The Helmet-Room's Vol.1)>을 선보였다. "어디서도 본 적 없지만 빠져들게 될 연극"이라는 <더 헬

멧>은 '하얀 헬멧'이라는 오브제가 품고 있는 두 가지 상반된 의미를 폭력으로 희생된 사람들을 구원하기 위해 애쓰는 구조대원 '화이트 헬멧'과 폭력으로 사람들을 억압하고 굴복시키기 위해 노력하는 진압대원 '백골단'이라는 설정을 통해 효과적으로 구현한다. 관객들은 대한민국 '서울'과 시리아 '알레포'라는 쉽게 연계되지 않는 두 개의 공간을 마주하지만, 특정 체제 속에 살아가야 하는 인간이 맞닥뜨리게 되는 문제들은 결국 같은 것이라는 결론에 도달하게 되기 때문에 '세계는 하나로 연결되어 있다'는 인식에 이르게 된다. 어떤 체제건 사회 속 인간이 궁극적으로 추구하는 것은 인간다움이 보장되는 '자유로운 삶', 자신의 꿈을 마음껏 펼칠 수 있는 안전이 보장되는 '평화로운 삶'이기 때문이다.

<더 헬멧>의 에피소드는 기본적으로 1987년과 1991년의 민주화운동이 한창이던 '룸 서울'과 시리아내전이 점점 더 심각한 방향으로 치닫던 2017년의 '룸 알레포'라는 두 개의 공간을 중심으로 진행된다. 각 룸은 개별적인 공연으로 진행되기 때문에 티켓을 따로 예매해야 하지만 '하얀 헬멧'이라는 공통된 오브제를 제외하고는 두 공연의 에피소드가 서로 연계되지 않기 때문에 반드시 두 개의 공연을 모두 관람해야만 하나의 이야기가 완성되는 것은 아니다. '이야기'보다는 제시된 '특정 상황'에 초점이 맞춰져 있기 때문이다. 때로는 전체의 맥락을 설명해야 하는 긴 이야기보다 우리가 일상 속에서 숱하게 마주하면서도 나와 직접적인 관련이 없는 남의 일이기 때문에 무심코 지나쳐 버리던 뉴스 속 사건과 같은 강렬한 상황들이 더 많은 사유를 불러일으킨다. 단지 그 '상황'을 나와 연계시킬 끈 혹은 고리가 필요할 뿐이다. 만약 연극이 그러한 연계의 역할을 제대로 수행할 수만 있다

면 사실상 그 연극은 제 몫을 다한 셈이다. 제시된 상황 속 '나의 위치, 나의 역할은 무엇인가'라는 질문에 대한 답은 철저히 관객들의 몫이기 때문이다.

서울과 알레포라는 각 공간에서 시작된 각기 다른 에피소드는 극을 시작하지 얼마 되지 않아 '특정 상황'의 발생으로 인해 갑자기 '칸막이'에 가로막힌 두 개의 공간으로 분리된다. 80개의 좌석이 있는 비교적 넓은 공간에 있는 관객들은 '빅 룸'에 있는 인물들의 상황을, 20개의 좌석이 있는 매우 협소한 공간에 있는 관객들은 '스몰 룸'에 있는 인물들의 상황만을 각기 따로 '목격'하게 될 뿐이다. 갑자기 두 동강이 난 무대를 가로막고 서 있는 칸막이는 이따금 반대쪽 상황을 짐작할 수 있도록 실마리를 던져주며, 가끔 투명한 유리로 바뀌어 반대쪽 공간의 모습을 비춰주지만 기본적으로는 관객들이 볼 수 없고, 들을 수 없는 불투명의 방음벽으로 유지된다. 벽 너머로 들려오는 소음과 흐릿한 그림자로 인해 관객들은 자꾸만 반대편 벽 너머의 상황을 궁금해 하지만 이내 잘 들리지도, 보이지도 않는 벽 너머의 이야기는 체념한 채 자신들 앞에 펼쳐지는 이야기에 집중하게 된다.

'룸 서울'은 1987년 시위도중, 전경들에 쫓겨 작은 서점의 지하 방으로 피신한 학생들과 시위를 진압하기 위해 폭력을 행사하도록 조직된 전투조, 하얀 헬멧을 쓴 '백골단'의 에피소드로 시작된다. 학생운동에 참여했던 동생을 둔 서점주인은 쫓기는 학생들을 지하로 안내하지만 이내 그들을 쫓아온 백골단 전경들을 내보내기 위해 지하 공간을 둘로 나누며 벽을 세운다. 벽에는 1986년 개봉된 영화 <에이리언 2(Aliens, 1986)>의 포스터가 붙어 있고, 포스터에는 보이지 않는 작은 구멍이 나 있는데, 비밀공간에 숨어 있는 학생들은 이 구멍을 통해 다른 쪽 방의 상황을 엿볼 수 있다.

어떻게든 백골단을 빨리 내보내려고 애를 쓰는 서점주인, 좀처럼 나갈 생각을 하지 않고 이야기를 늘어놓는 흰색 헬멧의 전경들, 그리고 숨어있음에도 조용히 할 줄 모르고 끊임없이 수다를 떨며 초조함에 실수를 연발하는 신참내기 여학생, 그 여학생을 구하려다 다리를 다친 탓에 제대로 움직일 수 없는 고참 남학생…. 의심과 확신을 숨긴 채 계속 벽 주위를 어슬렁거리며 자신이 백골단이 된 이유를 설명하는 두 남자, 벽 뒤쪽에서 간혹 흘러나오는 소리 때문에 진땀을 흘리며 맞장구를 치고 시선을 돌리려 분투하는 서점주인, 그리고 각자 자신이 시위에 참여하게 된 이야기를 서로에게 풀어놓는 두 학생….

'룸 알레포'는 시리아 내전 속 알레포의 한 방에서 시작한다. 스마트폰으로 축구경기를 관람하고 있는 남자에게 같이 축구를 하자며 찾아와 문을 두드리는 옆집 아이. 하지만 군인으로 임무를 부여받아 알레포에 잠입한 남자는 아이를 쫓으며 외친다. "절대 밖으로 나가면 안된다!" 얼마 전 폭격으로 아이와 가족을 모두 잃은 남자는 이 모든 비극의 원인이 민간인을 구조하는 '화이트 헬멧'에게 전 세계의 관심이 쏠린 탓에 정부가 전쟁을 빨리 끝낼 수 없었기 때문이라고 생각한다. 그는 시리아 민방위대에게 최대한 많은 피해를 입히기 위해 광장에 나가 자살 폭탄 테러를 할 계획을 세운다. 남자가 폭탄 조끼를 입고 타이머를 맞추는 순간 갑자기 포탄에 맞아 무너져 내린 건물은 두 개의 공간으로 분리된다.

건물의 잔해로 뒤덮인 폐허 위로 생존자를 찾아 헤매는 시리아 민간 구조대 '화이트 헬멧', 이들을 촬영하는 영국 종군기자, 그리고 그들에게 구조된 폭탄조끼를 입은 남자… 한편, 축구선수를 꿈꾸면서도 늘 폭격이 두려워 혼자 방에만 머물러야 했던 옆집 아이는 폐허 속에 묻힌 채 다른 쪽 공간에 갇혀 있다. 옆집 아이 앞에 또 다른 아이가 나타난다. 유령인 듯 환영인 듯 비눗방울을 불며 아무 말 없이 등장한 아이는 어딘가 슬퍼 보인다.

연극에 있어 형식 파괴의 문제는 비단 어제 오늘의 일이 아니다. 19세기 사실주의 극들을 통해 '제4의 벽'처럼 인식되던 관객들이 더 이상 무대 위에서 벌어지는 '환상'을 지켜보기만 하는 수동적인 관객이 아닌 '참여하는 관객'이 되어야 할 필요성은 일치감치 제기되었고, 이를 위한 피나는 노력들은 20세기를 넘어 현재에까지 이르고 있다. 베르톨트 브레히트(Bertolt Brecht), 앙토냉 아르토(Antonin Artaud), 그리고 포스트드라마(Postdramatic Theatre)를 거치면서도 여전히 제기되고 있는 문제는 언제나 '관객의 참여'와 '인식의 전환', 그리고 '현재 삶의 변화'이다.

눈앞에 펼쳐지는 무대를 다른 누군가의 세상이 아닌 나의 세상으로 받아들이도록 유도하는 일, 무심코 지나쳤을 일들에 관심을 기울이도록 길을 열어주는 일, 한 가지 일에는 또 다른 측면이 있음을 깨닫고 보다 깊은 사유의 장으로 나아가도록 인도하는 일…. 고대 그리스 시대 이래로 연극은 언제나 같은 목표를 향해 달려왔다. 단지 그 목표에 이르는 다른 방식을 각기 주장했을 뿐 '공동체의 번영과 평화를 위한 사유의 장'이라는 연극 고유의 기능은 변한 적이 없다.

'새로운 연극방식'을 주장한 탓에 늘 논란의 중심에 섰던 극작가 에드워드 본드는 이렇게 말한다. "연극은 상상력을 통해 현실을 더 꽉 붙들 수 있도록 만들어 준다. 연극은 현재에 관한 것이 아닌 미래를 위한 것이 되어야 한다. (…) 극작가에게는 오직 두 개의 주제만이 있을 뿐이다. 미래와 과거, 즉 미래의 근원이 될 수 있는 과거를 다루어야 한다." 그리고 또 이렇게 말한다. "연극은 반드시 인간다움에 관한 질문을 던져야 하며 진정한 이해에 도달할 수 있어야 한다. (…) 폭력을 우리 안에 살고 있는 '악마'로 인정할 경우, 폭력은 심지어 숭고하게 여겨지며 아우슈비츠의 변명거리를 제공하는 일에 쓰이게 될 것이다."

  연극 <더 헬멧>은 세상을 향해 '비명을 지르고 있는 사람들'의 모습을 각기 다른 공간에서 다른 관점으로 바라볼 수 있도록 만든다. 각기 나름의 이유로 상처받은 사람들, 그 분노를 다른 누군가를 향해 분출하고 있는 사람들, 잘못된 것을 바로잡기 위해, 다른 누군가를 구하기 위해 자신을 던지는 사람들, 미움이 자신을 잠식하지 않도록 내 안에 있는 미움과 싸우는 사람들, 그리고 그러한 어른들의 세상에서 자신의 꿈조차 펼쳐보지 못한 채 희생되는 아이들… 머나먼 시리아 땅에 있는 아이가 타국의 아이가 아니라 현재의 세상이 품고 있는 우리 모두의 아이임을 깨달을 때, 내 앞에 놓인 나의 문제만이 아닌 다른 사람의 문제, 아픔을 향해 도움의 손길을 내밀 수 있는 용기를 획득할 때, 그제야 우리는 '세상'을 바로 볼 수 있게 되는 것이 아닐까?

  영국의 시인 존 던(John Donne)은 말한다. "어떤 사람도 섬일 수 없다. 그 자체로 전부일 수 없다. 모든 사람은 대륙의 한 부분이다. 주된 어떤 것의 한 부분인 것이다"라고. 두 공간을 채우는 4개의 에피소드, 연극의 새로운 형식이 제공하는 각기 다른 체험은 새로운 관점을 제공하고 서로 연관이 없다고 생각했던 모든 것들을 하나로 연결한다. 모든 사람들은 결국 하나의 '섬'이 아닌 '대륙의 한 부분'으로 서로에게 연결된다.

* 본 글은 2017.12.19-2018.03.04까지 대학로 아트원씨어터 3관에서 공연된 연극 <The Helmet(더 헬멧)-Room's Vol.1>을 보고 작성된 칼럼입니다.

'예술'이 아닌 소통을 위한 '기술'

🎭 연극 <아트>

우정이란 무엇일까? 우정이라는 관계에 작용하는 감정은 무엇이며, 그 시작과 끝은 어디일까? 독일의 철학자 프리드리히 니체는 "사랑은 눈이 머는 것이고, 우정은 눈을 감는 것이다"라고 말했다. 프랑스의 철학자 미셸 몽테뉴(Michel de Montaigne)에 따르면, 보통 '친구' 혹은 '우정'이라 규정하는 것은 "우연한 기회에 서로의 이익을 위해 맺어진 친교"를 의미하지만, 진정한 우정이란 "우리의 영혼이 서로 연결되어 있는 것"이라 할 수 있다. 분명 우정은 가족이나 직장 동료와 같이 혈연이나 사회적 목적으로 맺어진 강제적 관계와 다르게 자발적인 의지로 창조된 '호혜성에 입각한 네트워크'임에 틀림이 없다. 어쩌면 삭막한 세상 한 가운데에서 우연히 발견하게 된 유사함 혹은 친밀함을 발판으로 관계가 돈독해지고, 시간 속에서 어느 덧 견고한 성을 쌓아 서로에게 쉼터가 되어주는 '우정'은 인간과 인간 사이에서 발견할 수 있는 가장 '호혜로운 관계'인지도 모른다.

프랑스 극작가 야스미나 레자(Yasmina Reza)의 1994년 연극 <아트(ART)> 속에는 15년에 걸친 세 남자의 우정이 '하얀 판때기'로 보이는 한 유명 화가의 그림으로 인해 망가지고, 상처입고, 폭발하고, 봉합되는 과정이 드라마틱하게 펼쳐진다. 현재까지 약 30개의 언어로 번역되어 57개의 나라에 소개된 연극 <아트>는 작가의 머릿속에 순간적으로 떠오르는 생각이나 기억의 파편을 새로운 형식으로 재현하는 '누보로망(Nouveau roman)'의 영향을 받은 작품이다. 일상의 평범한 사건 속에서 현대인의 고독한 삶, 소통의 부족, 몰이해, 그리고 인간의 관계적 측면에 대한 깊은 고찰을 이끌어내는 연극 <아트>는 1995년 프랑스에서 '몰리에르상'을 수상했을 뿐 아니라 1998년 영국에서 '로렌스 올리비에상'을, 그리고 같은 해 미국에서 '토니상'을 수상하였다. 또한, 2005년에는 야스미나 레자의 전체 작품이 독일의 '벨트문학상'을 수상하는 영예를 안았다.

실제로 하얀 캔버스에 하얀 물감이 칠해진 그림을 산 친구와의 일화에서 영감을 얻었다고 밝힌 야스미나 레자는 <아트>가 사실상 '희극'이 아닌 '비극'이라고 말한다. '친구가 산 말도 안 되는 그림'이라는 사소한 사건이 오랜 기간 지속되어 온 우정 속에 숨겨져 있던 '불만'이라는 갈등요소를 자극하여 관계가 해체되고 공격이 난무하는 총체적 난관의 결과를 낳게 되기 때문이다. 그림을 바라보는 세 사람의 각기 다른 시각과 가치관, 태도는 오히려 그들의 삶 속에 자리하고 있던 불안과 걱정, 문제들을 노출시키며 서로를 향해 감추고 있던 비난과 경멸, 원망의 민낯을 드러낸다.

《보스턴 글로브(The Boston Globe)》는 연극 <아트>에 대해 "명백한 이유도 없이 오랜 우정이 붕괴된다는 점에서 혼란스러움과 슬픔을 느끼게 된다"고 평했으며, 영국 《더 타임즈(The Times)》는 친구관계를 유지함에 있어 갈등을 일으킬 수 있는 "지배와 통제, 불안, 타협, 거짓"과 같은 요소들을 다룬다는 점에서 "우정의 정치학"을 보여준다고 평했다. 물론 연극 <아트>에서 실질적인 갈등의 원인을 제공하는 것은 현대예술을 바라보는 '관점의 차이'이기 때문에 극이 '예술의 가치와 평가'라는 문제 또한 제기하고 있는 것이 사실이다. 하지만 그보다는 '현대인의 삶 속에 자리한 진정한 인간관계'라는 보다 근원적인 영역의 탐구를 위해 '그림'이라는 예술을 소재로 삼고 있다고 볼 수 있다.

연극 <아트>는 일반적으로 막이나 장으로 구분되는 극과는 달리 처음부터 끝까지 '아파트의 거실'이라는 하나의 무대 공간에서 세 인물들이 속사포처럼 쏟아내는 독백과 방백, 대화로 모든 상황이 설명되는 독특한 형식의 극이다. 무대 위의 세트는 변하지 않으나 각기 '마크(Mark)', '세르주(Serge)', '이반(Yvan)'의 아파트 공간을 구분하기 위해 그들의 거실에 걸려있는 '그림'이 활용된다. 마크의 풍경화, 이반의 정물화, 그리고 세르주의 추상화는 장소를 구분하는 역할도 하지만 그들이 대변하는 가치와 성격, 삶을 표현한다. 마크의 풍경화는 현실 속 장소를 눈에 보이는 대로 그려낸다는 측면에서 '재현'을 강조하는 전통적 가치관 혹은 과거의 삶을 의미하고, 세르주의 추상화는 예술가가 추구하는 세계를 함축적으로 표현하는 '새로운 스타일'이라는 측면에서 변화하는 삶, 새로운 가치관을 의미한다. 한편, 그림에 대한 취향 때문이 아니라 '아버지의 그림'이기에 거실의 벽면을 채우고 있는 이반의 정물화는 어떤 예술적 경향이 아닌 개인적인 의미를 담고 있다는 점에서 '관계 속에 있는 인간'을 의미하게 된다. 원작에서는 아버지가 그린 "서투른 그림(some daub)"으로 설정되어 있지만 본 공연에서는 아버지가 그린 '정물화'로 제시된다.

막이 열리면 마크가 등장해 자신의 친구 세르주가 최근에 하얀 바탕에 하얀 대각선이 그려진, 자세히 들여다보면 맨 아래 하얀 가로줄도 있다는 "가로 150cm, 세로 120cm의 그림"에 관한 이야기를 늘어놓는다. 온통 '하얀 판때기'로만 보이는 그림을 '앙트르와(Antrios)'라는 유명화가의 작품이란 이유로 2억원이나 주고 구매했다는 세르주는 "헌팅던 갤러리라면 2억 4천만원을 주고도 샀을 그림"이라면서 원래 "현대미술을 잘 모르는 사람 눈에는 가치가 안 보이는 법"이라고 말한다. 마크는 실제로 그림의 작품성이나 가치에 대해 제대로 이해하고 있지도 못하면서 미술품의 가격을 올리는 방법을 설명하거나 현재 유행하는 미술경향을 선호하는 자신의 우월함을 내세우는 세르주의 태도가 불편하고 못마땅하다. 그는 유머를 가장해 세르주가 자랑스럽게 내놓은 앙트르와의 그림을 "하얀 판때기(a piece of white shit)"라고 부른다. 얼굴이 붉어진 세르주가 마크를 향해 따져 묻기 시작한다. "무슨 말이야? 판때기라니. 넌 현대 회화에 도통 관심이 없잖아. 애초에 네가 모르는 분야라고. 그런데 어떻게 화법도 모르면서 이걸 판때기라고 단정 짓지?"

극은 이 '하얀 판때기'로 인해 감정이 상한 두 사람이 서로를 공격하며 자신들의 의견이 옳다는 것을 지지해 줄 다른 친구 이반을 끌어들이면서 점점 더 깊은 갈등을 향해 나아간다. 당연히 자신을 지지해 줄 것이라 생각했던 이반이 "세르주만 행복하면 됐지 뭐!"라고 말하며 그림에 큰 의미를 두지 않자 마크는 짜증을 내기 시작한다. 피부과 의사로 성공하더니 속물의식에 젖어 다른 계층의 사람들과 어울리느라 분별력을 잃었다고 세르주를 비난하는 '마크', 알랑거리는 말투로 비웃음을 숨긴 채 자신만 옳다고 주장하는 그가 자기도취에 빠진 가식덩어리일 뿐이라고 반격하는 '세르주', 누구의 의견에 동의하는지 확고한 생각을 피력하지 못하는 우유부단함 때문에 오히려 둘 사이의 분쟁을 조장하고 있다고 비난받는 '이반'…. 아무런 생각도 의견도 없이 심판만 보지 말고 둘 중 하나를 선택하라는 두 친구를 향해 이반은 외친다. "나를 여기 끌어들이고 싶은가본데 난 그럴 생각이 없어. 근데 우리 왜 만나니? 이렇게 서로 싫어하는데 왜 만나? 나는 너희를 싫어하지 않아. 그런데 너희 둘이 서로를 싫어하잖아. 그리고 나를 싫어하잖아. 그런데 왜 만나는 거냐고?"

핵심은 바로 여기에 있다. 이반의 표현대로 "서로를 잡아먹지 못해 안달이 난 두 사람"이 자신들의 수준에 맞지도 않는 "밸도 없는 아메바 같은" 자신과 셋이서 계속 만남을 이어가는 이유는 도대체 무엇이란 말인가? 연극 <아트>의 흥미로운 점은 그 답을 가장 잘 알고 있는 사람이 다름 아닌 '관객'이란 사실이다. 서로의 대화와 말싸움, 몸싸움이 벌어지는 무대 사이사이에 인물들이 각기 내면을 드러내는 순간이 오면, 어김없이 '땡'하는 벨소리가 울리며 마치 시간이 멈춘 듯 그들은 관객을 향해 속마음을 털어놓는다. 모든 상황은 정지되고 한 인물에게만 조명이 비춰진 채 관객들에게 상황의 속사정이나 마음을 털어놓는 구조는 관객들이 마치 정신과 상담 의사라도 된 듯 착각에 빠지도록 만든다. 하지만 관객들은 이내 곧 남의 집 거실에서 벌어지는 '싸움'을 바라보는 구경꾼의 위치로 되돌아가게 된다. 관객과 인물 간의 거리는 자연스럽게 때로는 비밀을 공유하는 가까운 사이로, 때로는 사건의 전말을 멀리서 지켜보는 방관자로 바뀌며 각 인물들의 성격과 상황, 그들이 처한 문제를 판단하고 해석하도록 만든다.

자신을 우상으로 따르던 세르주가 사회적 성공을 거두며 독립해버린 탓에 더 이상 자신이 '특별한 존재'라는 확신을 얻을 수 없게 되어버렸다는 '마크', 상대가 좋아하는 것이 마음에 들든 아니든 그냥 있는 그대로를 인정하고 수용해주기를 바라는 '세르주', 매일 조금씩 지쳐가는 일상 속에 잠시 웃음을 나누고 싶을 뿐 서로에게 어떤 대단한 영향을 끼치고 싶지 않다는 '이반'…. 세르주는 마크와의 관계가 더 중요함을 보여주기 위해 자신의 '하얀 판때기'를 희생하기로 결심한다. 마크는 이반의 지워지지 않는 펜으로 "스키를 타고 내려오는 한 남자"를 하얀 캔버스에 그려 넣는다.

고대 그리스의 철학자 아리스토텔레스(Aristoteles)는 『니코마코스 윤리학』에서 우정을 세 가지로 분류했다. '효용'을 추구하는 우정, '즐거움'을 추구하는 우정, 그리고 상대를 존중하고 수용하는 '선'을 추구하는 우정! 그는 이렇게 말한다. "우리는 원한을 품지 않고, 불만을 키우지 않으며, 언제나 화해할 준비가 되어 있는 사람들, (…) 타인을 비방하지 않는 사람들, (…) 자신의 결점까지도 고백하며 속마음을 감추지 않는 사람들을 좋아한다."

'체험 기간'을 통해 자신들의 관계를 재정립하기로 결정한 마크와 세르주는 하얀 그림위에 그려진 '스키 타는 남자'를 열심히 지운다. 세르주는 관객들을 향해 사실 지워지는 펜임을 알고 있었다고 고백하며 "거짓말로 다시 시작하는 관계"에 대한 우려를 남기지만, 마크는 '하얀 그림'을 이렇게 설명한다. "하얀 구름도 보이지 않습니다. 눈도 보이지 않습니다. 차가운 공기도 땅도 보이지 않습니다. 한 남자가 홀로 스키를 타고 내려오고 있습니다. 눈이 내리고 있습니다. 그 남자가 풍경 속으로 사라질 때까지 눈이 내리고 있습니다."

어쩌면 그들에게 하얀 그림은 '예술'이 아니라 타인과 진정으로 소통할 수 있는 '기술'을 연마하기 위한 '도구'가 아니었을까? 이반의 말처럼, 우리 삶에서 진정 아름다운 것들은 이성적인 논쟁을 통해 규정된 적이 없다. 우리의 마음이 그저 그렇게 움직였을 뿐!

* 본 글은 2018.02.08-2018.03.04까지 드림아트센터2관 더블케이씨어터에서 공연된 연극 <아트 ART>를 보고 작성된 칼럼입니다.

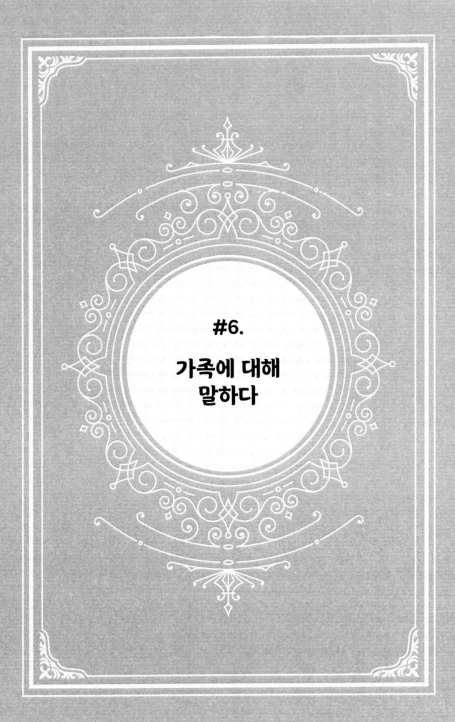

#6.

가족에 대해
말하다

허위와 위선, 그리고 포용

🎭 연극 <뜨거운 양철지붕 위의 고양이>

뜨겁게 달구어진 양철 지붕 위에 네 발을 딛고 있는 고양이를 상상해본 적이 있는가? 지붕은 뾰족하고 발은 너무 뜨거워서 끊임없이 발을 바꿔가며 펄쩍펄쩍 뛸 수밖에 없는 고양이. 뜨거움에 비명을 지르면서도 고양이는 지붕 위에서 뛰어내리지를 못한다. 뛰어내려도 죽지 않는다는 사실을 알고 있더라도 고양이는 지붕을 포기할 수 없다. 어떻게 올라온 지붕인데, 얼마나 힘들게 버려온 지붕 위인데, 고양이는 절대로 지붕을 떠날 수가 없다.

20세기 미국의 대표적인 극작가이자 1948년과 1955년 두 번의 퓰리처상을 수상한 테네시 윌리엄스(Tennessee Williams)는 소외와 고통 속에 허덕이는 인물들의 내면을 시적인 색채로 드러낼 뿐 아니라 자전적인 삶을 많이 반영한 작가이다. 인간의 본질적인 외로움, 서로에게 닿을 수 없는 슬픔, 누구에게도 이해받을 수 없는 고통과 같은 문제들은 그의 작품 속에 보편적으로 등장하는 주제이다. 2017년 문삼화 연출의 번역으로 새롭게 탄생한 테네시 윌리엄스의 극 <뜨거운 양철지붕 위의 고양이(Cat on a Hot Tin Roof)>가 소개되었다. 문삼화 연출은 프로그램북을 통해 드라마적인 효과를 위해 윌리엄스의 연극 초연을 맡았던 엘리아 카잔(Elia Kazan)의 무대화를 기본으로 했지만 '빅대디(Big Daddy)'가 암으로 인해 고통에 몸부림치는 장면을 강조한다거나 '마가렛(Maggie)'이 아닌 '브릭(Brick)'의 대사로 막을 내리는 선택을 함으로써 극작가인 윌리엄스의 시선을 유지하기 위해 노력했다고 말했다. 실제로 문삼화 연출의 연극 <뜨거운 양철지붕 위의 고양이>는 3막에서 빅대디의 존재감을 살릴 필요를 제안했던 '카잔의 해석'과 브릭의 도덕적 마비가 모든 비극의 원인임을 강조했던 '윌리엄스의 시선'을 둘 다 잘 수용하고 있는 것으로 보인다. 또한, 극 속에서 실제 '뜨거운 양철지붕 위의 고양이'로서 지칠 줄 모르는 안타까운 노력을 이어가는 마가렛(매기)의 캐릭터도 훨씬 부각되었다.

한 때 유명했던 축구 스타였으나 친구 '스키퍼(Skipper)'가 자살한 이후부터 현실을 외면하고 술로 도피하고 있는 남편 브릭은 아내 마가렛과 표면상의 부부관계를 유지하고 있다. 브릭은 아내의 몸에 손도 대지 않지만 마가렛은 끊임없이 남편의 사랑을 되찾기 위한 노력과 간청을 다한다. 마가렛은 남편과의 관계회복을 위해 '진실'과 직면할 필요를 느끼지만 진실을 말하려 할 때마다 브릭은 날카롭게 반응하며 오히려 더 멀어져 갈 뿐이다. 하지만 말기 암 선고를 받고도 아직 그 사실을 모르고 있는 아버지 빅대디의 생일파티가 벌어지는 대저택의 2층 '브릭 부부의 침실'에서 가족들 간의 모든 갈등과 진실이 점차 그 모습을 드러내며 탐욕과 위선, 그리고 허위를 관객 앞에 모두 폭로하게 된다.

허위와 위선, 그리고 탐욕과 같은 단어들은 사실상 가족과 쉽게 연결되는 말들이 아니다. '가족'이란 단어는 일반적으로 사랑, 이해, 그리고 위로와 같은 따뜻한 말들과 연결된다. 하지만 현실 속 대부분의 가족은 사랑하면서도 미워하고, 비난하면서도 안타까워하며, 이해하면서도 수용하지 못한다. 어쩌면 '갈등', 그것이 가족과 가장 근접한 단어인지도 모른다. 그리고 가족 간의 갈등의 출발은 언제나 '소통의 부재'에서 비롯된다.

빅대디를 둘러싼 가족들은 서로 소통하지 못한다. 브릭의 알코올 중독과 동성애적 성향이라는 핵심을 건드리지 못하는 피상적인 대화들, 유산상속을 향한 탐욕을 숨긴 채 생일을 맞이한 빅대디에게 건강을 기원하는 위선들, 곳곳에서 벽에 귀를 들이밀고 옆방에서 벌어지는 일을 염탐하면서도 모르는 척 가장하고 상처를 건드릴 만한 뾰족한 말들을 실수인 척 던지는 가족 구성원들… 그들은 모두 자신만의 욕망과 탐욕에 치중한 채 상대를 무너뜨려야 할 '적' 혹은 넘어야 할 '장애'로 간주하고 원하는 결과를 얻기 위해 '뜨거운 양철지붕 위'에서 펄쩍대는 일을 계속한다.

브릭은 외친다. "허위는 우리가 살아가는 시스템이에요!" 더 이상 혐오스러움을 참을 수 없다는 브릭에게 빅대디가 말한다. "나는 평생을 허위와 함께 살아왔어! 왜 너는 그걸 참지 못하니? 허위를 빼고 나면 남는 게 뭐가 있겠니? 우리는 허위와 더불어 살아가야 해!" 하지만 브릭이 답한다. "네, 아버지! 우리가 더불어 살아가야 할 게 하나 있긴 하죠. 바로 '술'이에요!"

프랑스 철학자 장 폴 사르트르에 따르면, 상황을 무비판적으로 수용하고 문제를 묵인하거나 체념한 채 살아가는 것은 '자기기만' 혹은

'허위'에 해당한다. 브릭은 사실상 자신을 향한 혐오에 빠져 허덕이고 있다. 술에 취한 채 장애물을 넘다 쓰러져 한쪽 다리가 부러진 채 목발을 짚은 브릭의 모습은 자신에게 닥친 삶의 장애를 극복하지 못한 '불구의 인생'을 상징한다. 브릭은 사랑의 감정을 품었던 친구인 스키퍼를 자살로 몰고 간 책임이 자신의 '허위'에 있음을 받아들이지 못한다. 동성애적 성향을 가진 자신을 향한 혐오, 거짓을 말함으로써 친구를 죽음으로 몰고 간 위선에 대한 죄의식, 진실과 대면하고 앞으로 나아가길 갈망하는 마가렛을 향한 적대감과 연민은 브릭으로 하여금 감당할 수 없는 현실에서 벗어나 술이 선사하는 망각이라는 '짧은 여행'으로 계속 도피하도록 만든다.

브릭 역시 뜨거운 양철지붕 위에 올라가 있다. 단지, 지붕 위에서 뛰어내릴 용기도 펄쩍거리며 고군분투할 의지도 없기 때문에 모든 노력을 포기한 채 술에 취해 비틀거리다 떨어질 때를 기다리고 있을 뿐이다. 어쩌면 브릭이라는 고양이는 술에 너무 취한 채 거꾸로 떨어져 목이 부러져 죽게 되기를 기다리고 있는 것인지도 모른다.

평생 불안증에 시달리며 현실로부터 도피하고자 술에 탐닉했고, 결국 술에 취한 채 쓸쓸히 호텔 방에서 죽음을 맞이해야 했던 윌리엄스가 가장 사랑한 작품 <뜨거운 양철지붕 위의 고양이> 속 브릭은 윌리엄스 자신과 많이 닮아 있다. 그러나 우리 모두가 "자신의 피부 속에 갇혀 있는 고독한 존재"라 생각했던 윌리엄스가 보다 연민하고 매력을 느꼈던 인물은 '마가렛'이었다. 마가렛은 빅대디 가족 일원 중 가장 살기 위해 분투하는 인물이며, 스스로에게 정직하기 위해 애쓰는 인물이기 때문이다. 스키퍼와 브릭이 감추고 있는 '허위'를 참지 못해 둘

사이에 끼어든 마가렛은 자신의 실수가 치명적인 것이었음을 인정하고 진실한 대화를 나누려 하지만 브릭은 온몸을 던져 혐오를 드러낸다. 마가렛은 "불 난 집에 들어앉아 살려달라고 외치는" 자신을 향해 브릭이 손을 내밀어 주기를 기대하지만, 이미 사회가 규정한 가치의 틀과 내밀한 자신의 욕망 사이에서 설 곳을 찾지 못한 브릭이 다른 누군가를 구원하는 일은 가능하지 않다. 마가렛이 말한다. "어떤 땐 혼자 사는 것보다 둘이 사는 게 더 힘들다는 생각이 들어요. 특히 자신을 사랑하지 않는 사람과 같이 살아야 할 때는 말이죠."

허위와 가식으로 점철된 세상 속에서 그나마 우리가 품을 수 있는 희망은 "사랑과 정직을 통한 포용"이라고 생각했던 윌리엄스는 마가렛으로 하여금 브릭의 아이를 가졌다는 거짓을 선포함으로써 가족 간의 모든 갈등을 종식시키도록 만든다. 남편의 허위와 위선을 벗겨내고 진실과 직면토록 함으로써 새로운 삶을 이어가고자 애쓰던 마가렛이 정작 가장 큰 '거짓'을 말하고, 가족들 모두 그것이 거짓임을 알면서도 믿는 척 넘어가는 아이러니는 관객들에게 씁쓸함을 남긴다. 하지만 희망은 남는다. '뜨거운 양철지붕 위의 고양이'인 마가렛이 '거짓을 진실로 만들기 위한 노력'을 결코 포기하지 않을 것이기 때문이다. 마가렛은 브릭을 향해 말한다. "당신과 같이 연약하고 아름다운 사람들, 포기하는 사람들에게 필요한 것은 그들을 붙잡아 줄 누군가예요. 부드럽게 사랑으로 안아줄 사람 말이에요! 사랑해요, 브릭!" 브릭은 대답한다. "그게 사실이라면 너무 웃기지 않아?"

서정성이 가득한 윌리엄스의 극에 익숙한 관객이나 사랑을 애원하면서도 우아함을 잃지 않던 동명 영화 속 엘리자베스 테일러(Elizabeth Taylor)의 마가렛을 기억하는 관객들에게는 다소 실망스러울 수 있지만 문삼화 연출의 <뜨거운 양철지붕 위의 고양이>는 고전극에 익숙하지 않은 관객들을 끌어안기 위해 한국식 해석을 더한 가족의 모습을 담아낸다. 욕망과 위선, 갈등으로 얽힌 한 가족의 모습은 TV 드라마 속에서 반복적으로 등장하는 여러 에피소드들을 연상시킨다. 아버지와 아들 사이의 갈등, 유산을 둘러싼 형제의 갈등, 사랑을 둘러싼 부부의 갈등, 서로를 신뢰하지 않는 고부간의 갈등, 그리고 몰래 숨어서 대화를 엿듣고 상대의 '흠'을 찾기 위해 고군분투하는 사람들….

갈등의 극복과 화해는 가족이기에 더욱 어려울 때가 있다. 언제나 우리가 가족에게 기대하는 것은 이해와 응원, 도움의 손길이지 진실, 혹은 조언이나 충고가 아니기 때문이다. 그러나 현실에서 우리는 늘 정반대로 행동한다. 가족이기 때문에 진실을 요구하고, 가슴에 비수가 되어 꽂힐 줄 알면서도 충고를 말하며, 조언이라는 옷을 걸친 비난의 화살을 던진다. 우리는 잊고 있는 것인지도 모른다. 가족으로서 우리가 보여줄 수 있는 최선의 사랑은 '견뎌주는 것'이라는 사실을 말이다. '견뎌주는 것'이 곧 함께 하는 것이며, '인정하는 것'이 곧 수용하는 것임을 이해할 때 비로소 가족은 평화를 찾을 수 있다. 어쩌면 뜨거운 양철지붕 위에 앉아 있는 고양이들이 떨어지지 않고 견뎌낼 수 있는 유일한 방법은 서로의 손을 잡고 서로의 등에 기대어 끊임없이 펄쩍거리는 노력을 계속해 나가는 것, 그 뜨거움을 '견뎌내는 것'인지도 모른다.

* 본 글은 2017.10.18-2017.11.05까지 예술의전당 CJ토월극장에서 공연된 연극 <뜨거운 양철지붕 위의 고양이>를 관람한 후 작성된 칼럼입니다.

가족의 소중함을 선물하는 달콤한 동화

발레 <헨젤과 그레텔>

지붕에서부터 굴뚝, 창문과 문고리에 이르기까지 모두 과자로 만들어진 집. 달콤한 사탕 손잡이가 달려 있고 벽에는 사람 모양의 진저브레드 쿠키가 붙어있으며, 굴뚝에서 나오는 연기마저 솜사탕이 아닐까 싶어 손을 뻗어 그 맛을 보고 싶어지는 집. 하나씩 모두 먹어 보고 싶지만 또 한편으로는 너무 예뻐서 손을 댈 수 없는 집. 어린 시절 누구나 한번쯤 동경했을 법한 동화 <헨젤과 그레텔>의 '과자로 만든 집'이 현실에도 존재한다면 얼마나 좋을까?

2018년 스코틀랜드 국립발레단(Scottish Ballet)은 "다채로움으로 빛나는" 애니메이션 만화와 같은 발레 <헨젤과 그레텔(Hansel and Gretel)>을 국내에 선보였다. 1957년에 설립되어 60년 동안 지속되어 온 스코틀랜드 국립발레단의 내한 공연은 1992년 영국 찰스 왕세자와 다이애나비의 방한 이후 26년 만에 처음이었다. 2012년 새로운 예술감독 크리스토퍼 햄슨(Christopher Hampson)을 맞이한 스코틀랜드 국립발레단은 2013년 발레 <헨젤과 그레텔>을 초연했다. <헨젤과 그레텔>은 환상적인 세트와 화려한 의상, 잘 조합된 스토리와 아이디어,

새로운 해석의 인물구현이 돋보인다는 평을 받으며 많은 관객들의 주목을 받았다. 발레를 사람들이 좀더 가깝게 느끼고 발레가 지닌 열정과 창의성에 동참할 수 있었으면 좋겠다는 햄슨은 새롭게 선보이는 발레 〈헨젤과 그레텔〉을 위해 스코틀랜드 전역을 돌며 아이들과 어른들을 아우르는 다양한 프로그램들을 진행하였고, 그 의견들을 작품에 반영하였다. 이 때문에 그는 "〈헨젤과 그레텔〉은 스코틀랜드 사람들로부터 영감을 받아 완성된 작품이자 말 그대로 그들에게 속해 있는 작품"이라고 설명한다. 그는 시즌 프로그램북을 통해 "우리는 무대 위에서 혁신을 추구한다. (…) 새로운 작품들과 선도적 노력들은 창의력을 적극적으로 활용하려는 우리의 목표 중 하나이고, 삶을 변화시키기 위한 노력의 일환이라 할 수 있다"고 덧붙였다. 실제로 발레 〈헨젤과 그레텔〉에는 이러한 '창의력과 삶의 변화를 위한 노력'이 고스란히 담겨 있다.

햄슨은 발레 〈헨젤과 그레텔〉의 제작 과정을 소개하는 동영상을 통해 "아주 오래된 이야기지만 어떤 세대든, 어떤 시대든 적용될 수 있는, 현대인에게 '의미'로 다가올 수 있는 작품을 만들고 싶었고, 교육과 관련된 것이길 원했다"고 말했다. 작품 속에서 부모는 아이들을 사랑하지만 고된 생활과 삶에 지쳐 애정을 제대로 표현할 수 없는 '현대의 부모'로, 아이들은 호기심과 모험심이 넘치지만 곳곳에 도사리고 있는 위험과 유혹으로 인해 빠져나올 수 없는 위기에 처하는 '현대의 아이들'로 표현된다. 무대 및 의상 디자이너인 개리 해리스(Gary Harris)는 헨젤과 그레텔의 부모에 대해 "아주 피곤한 상태에 있는, 아무리 열심히 일을 해도 나아지지 않는 형편"에 완전히 지쳐버린 "술을 너무 많이 마시는 아빠와 담배를 너무 많이 피는 엄마를 표현하려고 했다"고 덧붙였다. 하지만 한국 공연의 경우, '담배를 너무 많이 피는 엄마'는 표현되지 않은 것으로 보인다.

1812년에 출판된 그림 형제(Brothers Grimm)의 동화 <헨젤과 그레텔>은 사실상 '식인주의'와 '납치와 감금', 그리고 '유기'와 같은 끔찍한 범죄들을 담고 있는 잔혹 동화였다. 그림 형제의 《어린이와 가정을 위한 민담집》 서문에는 굶주림으로 인해 부모가 아이들을 버리거나 계모가 아이를 학대하는 일이 빈번했음에 대한 안타까움이 피력되고 있는데, 이는 1315년부터 1321년까지 유럽대륙을 휩쓸고 지나간 '대기근'을 원인으로 들 수 있다. 유럽 전체 인구의 3분의 1을 죽음으로 몰아넣었던 '대기근'이 몰고 온 공포와 끔찍함, 광기와 혐오는 15세기로 이어지면서 "아이를 잡아먹는 매부리코의 늙고 추한 여인"을 '악'의 이미지로 규정하고 '마녀사냥'이 시작되는 결과를 낳았다. 많은 학자들은 동화 <헨젤과 그레텔>에 등장하는 허리가 굽고, 눈이 잘 보이지 않으며, 늙고 추한 얼굴로 절룩거리는 마녀의 괴이한 모습이 그러한 시대적 배경에 기인한 것이라 말한다.

사실상 동화 <헨젤과 그레텔>의 해석에 있어 가장 많이 언급되는 부분은 '마녀와 계모 사이의 연계성'과 아이들을 과자의 집으로 이끄는 '새의 존재'에 관한 것들이다. 학자들은 아이들이 기지를 발휘해 마녀를 처치하고 집으로 돌아오자마자 그들을 괴롭히던 계모의 존재 역시 사라지고 없다는 점에서 '마녀의 존재'는 아이들을 학대하고 괴롭히는 부모 혹은 어른을 의미할 수 있다고 말한다. 또한, '헨젤(Hansel)'과 '그레텔(Gretel)'이 길을 잃도록 만든 새들이 그들을 마녀의 집으로 인도하고, 또 숲을 벗어나 다시 집으로 돌아가도록 도와준다는 점에서 '새'는 "자유, 쾌락, 욕망, 인간 정신"과 같은 여러 해석이 가능하다고 말한다. 스코틀랜드 국립발레단의 발레 <헨젤과 그레텔>의 경우, '마녀'는 과도한 업무와 육아, 맞벌이, 개선되지 않는 경제 형편과 같은 21세기 현대인의 삶에 드리워진 '어두운 그림자'를 상징한다. 또한, 많은 가정이 품고 있는 아이들에 대한 '무관심'과 '가족이 함께하는 시간의 부족' 같은 문제를 의미화 함으로써 아이들이 진정 원하는 것은 부모의 '따뜻한 관심과 애정'이라는 근본적인 메시지를 전달한다.

막이 오르면, 마을 학교에 새로 부임한 예쁜 선생님이 아이들에게 달콤한 막대 사탕을 나눠준다. 아이들은 마법에 걸린 듯 영혼 없는 걸음으로 마을에서 사라져버리고, 유일하게 남은 헨젤과 그레텔은 하루 종일 집에 갇혀 지낸다. 호기심과 에너지가 넘치는 헨젤은 식탁 위에 남겨진 단 하나 남은 빵을 먹지 못하게 하는 그레텔을 피해 어떻게든 빵에 손을 대려 하지만 헨젤이 무척 아끼는 곰인형을 그레텔이 빼앗아 버리자 주춤한다. 헨젤이 곰인형에게 보이는 집착은 엄청나다. 한시도 곰인형을 손에서 떼어놓지 않으며, 심지어 마녀가 도끼로 곰인형의 목을 쳐서 떨어뜨린 후에도 몸만 남은 인형을 다시 손에 움켜잡는다. 헨젤의 인형에 대한 집착은 부모의 무관심으로 인한 '애정결핍'을 상징한다.

끝없는 맞벌이에도 나아지지 않는 생활형편에 피로와 스트레스가 쌓인 엄마는 집에 돌아오자마자 자신을 향해 달려드는 아이들을 귀찮다는 듯 떼어놓으며, 그레텔에게 부츠를 벗기고 실내화를 신겨줄 것을 지시한다. 실망한 표정으로 엄마의 신발을 벗기는 그레텔의 모습은 과자의 집으로 들어서자마자 가발과 옷을 벗어 던지고 흉측한 마녀의 모습으로 변해 신발을 벗기라고 다리를 들어올리는 '마녀'의 장면에서 반복된다. 엄마는 아이들을 사랑한다. 하지만 삶이 너무 버겁다. 아무리 열심히 일해도 냉장고는 텅 비어 있고, 술에 취해 비틀거리며 들어오는 남편은 실질적인 해결책을 제시하지 못한다. 이 때문에 엄마의 '꿈'은 자신이 욕망하던 삶을 반영한다. 한껏 치장한 아름다운 숙녀의 모습으로 남편과 우아하게 왈츠를 추는 엄마의 손에는 긴 담뱃대가 들려있다. 긴 담뱃대는 과자의 집에서 아이들에게 일을 시켜놓고 화덕이 뜨거워지기를 기다리는 마녀의 손에도 들려있다. 지루하고 배가 고픈 아이들은 하루 종일 부모를 기다리지만 막상 집으로 돌아온 부모는 피곤한 표정으로 자신들에게 방으로 들어갈 것을 요구할 뿐이다. 헨젤과 그레텔은 부모가 잠든 틈을 타 숲 속으로 친구들을 찾아 나선다.

독문학자 데이비드 루크(David Luke)는 "거의 모든 설화에 등장하는 '숲'은 단테가 영혼의 시련을 시작하는 어두운 숲과 같은 진지한 장소"라고 말한다. '숲'은 길을 잃고 헤매며 자신을 찾아가기 위한 시험장이자, 인간의 내면에 도사리고 있는 깊은 두려움의 표상이라는 것이다. '숲'으로 떠난 아이들은 길에서 '까마귀들'과 아름다운 여인으로 변장한 '마녀'를 만난다. 검은 가죽점퍼를 입고 아름다운 여인을 에스코트하는 까마귀들은 마치 길거리의 불량 청년들과 같다. 엄마의 따스한 품을 그리워하는 헨젤은 아름다운 여인에게 안기려고 하지만 왠지 불안한 그레텔은 헨젤을 저지한다. 까마귀들은 두 남매를 떼어놓는다. 까마귀는 그레텔을, 아름다운 여인은 헨젤을 유혹한다. 여인은 사랑을 건네고, 아이들은 기뻐하며 사랑을 손에 쥔다.

사랑, 달콤함, 음식은 모두 '숨겨진 욕망과 바람'을 의미한다. 마녀는 사람들이 내면에 품고 있는 욕망과 바람, 그리고 손 안에 넣고 싶지만 잡을 수 없는 꿈과 같은 소망을 이용한다. 이 때문에 발레 <헨젤과 그레텔>에는 사람들의 눈에 마법의 모래가루를 뿌려 꿈과 잠을 관장하는 모래의 요정, '샌드맨(Sandman)'이 등장한다. 모래의 요정은 햄슨의 표현대로 "깨어있지도, 잠들어 있지도 않은, 어딘가 굉장히 으스스한" 모습으로 등장한다. 샌드맨이 뿌린 금빛 모래로 인해 숲 속에서 잠이 들어버린 헨젤과 그레텔은 다양한 음식과 케이크, 춤과 음악이 있는 화려한 연회장에서 우아한 왈츠를 즐기는 엄마와 아빠의 모습을 보게 된다. 아이들이 사라진 것을 깨달은 부모는 아이들을 찾아 곳곳을 헤매지만, 까마귀들과 아름다운 여인으로 변장한 마녀는 부모에게 아이들을 보지 못했다는 거짓말을 한다.

절망한 부모들이 아이들을 찾아 헤매는 동안 잠에서 깨어 난 헨젤과 그레텔은 과자의 집을 발견한다. 아름다운 여인에서 등 굽은 늙은 여인으로 변한 마녀는 아이들의 불안을 잠재우기 위해 인형으로 가득한 창고를 보여주며 아이들과 노는 것을 즐기기라도 하듯 숨바꼭질을 제안한다. 처음엔 경계를 늦추지 않던 그레텔마저 놀이에 푹 빠지자 마녀는 헨젤을 철창에 가두고 그레텔에게 화덕에 불을 지피도록 시킨다. 살을 찌워 헨젤을 잡아먹으려는 마녀로부터 시간을 벌기 위해 그레텔은 동물의 뼈를 헨젤의 손가락으로 속인다. 잠든 척 마녀를 속인 그레텔에 의해 헨젤이 풀려나지만 또 다시 그레텔이 잡혀 철창에 갇히자 헨젤은 몸싸움 끝에 마녀를 화덕에 밀어 넣어버린다. 두 남매는 사라졌던 친구들과 재회하고 아이를 잃었던 모든 부모들이 아이들을 되찾는다. 안도의 숨을 내쉬며 따뜻하게 꼭 안아주는 엄마에게 안긴 두 남매는 이전보다 훨씬 성숙해져 있다. 헨젤은 더 이상 곰 인형을 찾지 않으며, 어른들은 두 아이의 용기와 기지를 칭송한다.

　정신분석학적 관점에 따르면, 거의 모든 설화들은 "오랫동안 잠재 되어 있던 욕망의 상상적 만족을 추구하는 마법의 이야기"이다. 루크 는 영문학자 J.R.R. 톨킨(J.R.R. Tolkien)을 인용하며, 이러한 마법의 이 야기가 여전히 우리의 삶에 정신적으로 작동하고, 여전히 커다란 위 로와 안식을 가져다준다는 점에서 '현재성'을 가진다고 말한다. 어쩌 면 그의 말처럼 설화 속에 등장하는 "모든 일들은 현실적인 동시에 비현실적인 세계에서 일어나는 일"인지도 모른다. 비현실 세계는 현실 세계를 반영하고, 현실은 그러한 비현실 세계를 통해 보다 올바르게 수정되고 개선될 수 있다. 스코틀랜드 국립발레단의 발레 <헨젤과 그 레텔>은 아름답고 환상적인 비현실 세계를 통해 관객들에게 묻는다. '자신의 삶에서 가장 소중한 '꿈'은 바로 '가족'이 아닐까?'라고.

　우리의 삶 곳곳에 도사리고 있는 수많은 위험과 유혹에 넘어지지 않고 슬기롭게 헤쳐가기 위해 가장 필요한 것은 가까이에 있는 부모, 자식, 형제, 자매가 아닐까? 우리는 모두 서로에게 자식이고 부모이며, 형제이고 자매이다. 우리에게 동화는 '교훈'이고 '경고'이며, 우리가 삶 에서 진정으로 꿈꾸는 것은 다름 아닌 '따스함과 사랑이 넘치는 가 족'이다.

---

* 본 글은 2018.5.23-5.27까지 LG아트센터에서 공연된 '스코틀랜드 국립발레단'의 발레 <헨젤과 그레텔>을 관람한 후 작성된 칼럼입니다.

인간으로서 '옳은 선택'이란 어떻게 결정되는가?

🎭 연극 <피와 씨앗>

인간을 인간으로 만드는 것은 무엇일까? 인류의 역사를 돌이켜보면, 인간이 '선'이라고 믿는 것과 '악'이라고 믿는 것의 구분이 항상 일치했던 것은 아니었다. 인류는 문화마다 각기 다른 가치와 다른 삶의 방식을 '옳은 것'으로 주장했고, 그로 인한 갈등이 수많은 사람들의 목숨을 빼앗는 전쟁의 원인이 되곤 했다. 인간은 늘 예상치 못한 '행동'을 통해 '인간이란 어떤 존재인가'에 대한 질문을 불러일으킨다. 인간은 자신이 믿는 바를 위해 상상할 수 없는 범죄를 저지르기도 하지만 한 번도 본 적 없는 다른 누군가나 인류를 위해 자신의 목숨을 기꺼이 바치기도 한다. 무엇이 인간을 '행동'하도록 만드는 것일까? 우리는 명확한 정의를 갖지도 못한 채 '인간이라면 당연히 해야 할 일'이라는 말을 내뱉는다. 대체 '인간이라면 당연히 해야 할 일'이란 무엇을 기준으로 어떻게 규정되는 것일까?

2010년부터 2016년까지 <미스터 라이트(Mr. Write)>, <퀴즈 쇼(Quiz Show)>, <언캐니 밸리(Uncanny Valley)>와 같은 작품들로 세 번에 걸쳐 스코틀랜드 연극 비평가상(CATS award)을 수상한 영국 극작가 롭 드러먼드(Rob Drummond)는 2016년 자신의 연극 <피와 씨앗(Grain in the Blood)>을 통해 관객들이 '인간다운 행동'이란 무엇인지, 의무와 책임, 그리고 종교에 작용하는 윤리와 도덕은 어떻게 결정되는 것인지에 대해 보다 깊이 생각할 수 있는 기회를 제공했다. 극작가이자 배우, 연출가로서 새롭게 선보이는 무대마다 놀라움을 안겨주며 '깊이 고민해봐야 할 문제'를 던져주는 작가로 인식되는 드러먼드는 트래버스 극장(The Traverse)과의 인터뷰에서 "나는 지금 알아야 한다는 강박관념에 빠져 있다. 때로는 알아야 할 것들이 너무 많다는 사실이 걱정스럽다. 평생 애를 써도 결국 다 알 수는 없기 때문이다"라고 말했다. "명확하게 정의내릴 수 없는 애매한 영역들"에 관심이 있다는 드러먼드는 자신조차 확신할 수 없는 것에 대한 극이 관객들에게 같은 문제를 제기할 수 있다는 점에서 훨씬 흥미롭고 극적이라고 덧붙였다. 이 때문에 그의 극들은 플롯이 명확하지 않게 제시되는 경우가 많고, 관객들은 플롯과 인과관계를 맞추어 나가는 과정에서 질문들을 스스로 생산하고 답을 찾기 위해 고민하게 된다. 그는 이렇게 묻는다. "사실 우리는 모두 인간으로서 그러한 문제들을 해결하려고 애쓰면서 살아가고 있다. 그러한 과정을 연극을 통해 하면 안 될 이유가 뭐가 있겠는가?"

"12년 전 어느 날 밤, 위대한 희생의 외침 속에서 한 아이가 태어나기 전까지", 즉 '어텀(Autumn)'이라 불리는 아이가 태어나기 전까지, 사람들은 해마다 추수기의 달(the harvest moon)이 뜰 때면 '밀알의 여신(the Grain Mother)'에게 바치는 '밀짚 인형(the grain dolly)'이라는 희생 제의를 통해 건강과 행복을 기원했다. 거친 자연 속에서 밀농사를 통해 마을 사람들의 삶이 유지되는 공동체에서 '풍요'를 약속하는 민간의식이 생겨나고 그 주술적 힘을 믿는 기도문이 생겨난 것은 그리 놀랄 일이 아니었다. 아이들은 자신들의 부모로부터 정확한 의미도 모르는 기도문을 배웠고, 제의적 의식은 그 속에 담겨있는 폭력적 의미를 간과한 채 오랜 세월 해마다 반복되며 이어졌다. 공동체의 번영과 행복, 건강을 위해 살아 있는 어린 여자아이의 피를 흘리게 해 그 피를 추수기 때 남은 마지막 '밀'로 만든 밀짚 인형의 배에 집어넣는 고대의 '희생제의'는 세대를 거치며 동물의 피로 바뀌었고, 어느 순간 "윤리적 진보(ethical progression)"라는 이름하에 피를 상징하는 '잼(jam)'으로 변하게 되었다. 어려서부터 두려운 일이 생길 때면 밀알의 여신에게 바치는 기도문을 수없이 반복해서 외쳤던 '섬머(Summer)'는 '아이작(Isaac)'과의 사이에서 아이를 임신하게 되자 다가오는 추수기에 태어날 아기의 건강과 행복을 기원하기 위해 고대의 희생제의를 실제로 실행한다. 살짝 손목을 그으려던 계획은 어긋나고 피를 흘리며 소리를 지르는 섬머를 어찌해야 좋을지 몰라 패닉에 빠진 아이작은 그만 섬머를 향해 칼을 휘두르고 만다. 그날 밤, 어리고 무지한 부모에게 잉태된 씨앗 '어텀'은 비극 속에서도 피로 얼룩진 세상으로 '탄생'의 발을 내딛는다.

프랑스의 문학 평론가 르네 지라르(Rene Girard)는 고대의 신화와 제의의 분석을 통해 초기 인류가 일탈을 이끌어내는 '희생양'에게 폭력을 가함으로써 공동체 내부의 갈등을 제어하는 법을 인식하고 있었으며, '초석적 폭력'에 '성스러움'이란 옷을 입혀 희생제의라는 형식을 만들어냈음을 주장했다. 그는 『폭력과 성스러움』에서 "제의는 공동체 내부에 질서를 회복시킨 최초의 자연발생적인 사형의 되풀이"라 할 수 있으며, 희생물의 죽음이 공동체의 모든 불행을 안고 떠남으로써 공동체가 '정화'되는 결과를 낳는다는 점에서 제의가 "폭력의 피해를 간과하고 치유책에 보다 중점을 둔 종교적 예방책으로 변모"했음을 강조했다. 원시 사회부터 인간은 규율과 법칙, 보상과 처벌을 통한 통제와 믿음을 기반으로 한 종교 체제 안에서 인간의 규범과 가치를 결정하고 정당화했다. 이스라엘의 역사학자 유발 하라리(Yuval Noah Harari)의 말처럼, "종교를 창조한 것은 신이 아니라 인간이고, 종교를 규정하는 것은 신의 존재 여부가 아니라 사회적 기능"이었던 것이다.

　연극 <피와 씨앗>은 이러한 종교와 사회, 제의와 믿음, 폭력과 윤리와 같은 문제들을 비극 속에서 탄생한 아이 어텀이 12년이 지나 마지막으로 생물학적 아버지인 아이작으로부터 '신장 이식'을 받을 수 있는 '기회'를 놓고 벌이는 논쟁을 통해 구체화해 나간다. 12년 동안 수감생활을 해 온 아이작은 어머니 소피아(Sophia)의 요청으로 딸 어텀을 만나기 위해 집에 도착한다. 아이작은 단 한 번도 딸 어텀에 관한 소식을 들은 적이 없다. 바이올렛(Violet)은 엄마와 아빠를 모두 잃은 어텀의 곁을 떠날 수 없기에 여동생을 죽인 살인범의 방에 기거하며 그의 어머니인 소피아와 함께 살아가고 있다. 태어날 아기의 '건강'을 기원하던 '희생제의'의 무모함과 어리석음을 비난하기라도 하듯 어텀은 열 살이 되던 해부터 앓기 시작했다. 이모처럼 농부가 되고 싶었던 어텀은 처음엔 살고 싶어서, 아직은 삶을 끝낼 준비가 되어 있지 않기에, 할머니와 이모, 자기 자신을 위해 병과 싸우기로 마음먹었다. 두 번의 이식 수술과 거부 반응으로 인해 이제는 고통으로 잠조차 이룰 수 없게 된 어텀 앞에 자신을 구원해줄지 모른다는 한 남자가 나타났다. 어텀은 그 남자가 자신이 다섯 살 되던 해부터 그토록 궁금해 하던 '아버지'일지도 모른다는 사실을 직감한다.

보호관찰관 '버트(Burt)'가 아이작을 데리고 소피아의 집에 도착한 날부터 어텀의 생일이자 추수기의 달이 뜨는 날까지 3일 동안 그들은 애써 묻어두었던 과거의 고통과 분노, 원망에 노출될 뿐 아니라 인간으로서 해야 할 가장 기본적인 의무와 책임, 이해, 그리고 삶에 대한 '질문'과 '선택'의 순간에 놓이게 된다. 소피아는 온통 어텀을 살려야 한다는 생각 뿐이다. 그녀는 12년 만에 집으로 돌아온 아들이 마주하게 될 트라우마나 생전 처음 딸을 만나게 되는 낯선 느낌 따위를 배려할 여유가 없다. 그녀는 오직 아버지로서 자식이 필요로 하는 '신장'을 제공해야 할 아이작의 '의무'를 강조한다. 그런 어머니를 향해 아이작은 외친다. "난 살려준다고 말한 적 없어요. 와서 만나 본 다음 결정하겠다고 했지!"

집으로 돌아온 첫날 밤 환각에 사로잡혀 부엌에서 칼을 손에 든 채기도문을 외우던 아이작은 버트에 의해 제지당한다. 버트는 말한다. "과거가 끔찍하다고 해서 미래도 그럴 필요는 없어!" 자신이 사랑했던 섬머와 똑같이 닮은 어텀과 마주한 아이작은 그동안 두려움으로 인해 외면해왔던 과거와 현재를 직시한다. 그는 자신이 잃어버린 삶이 무엇인지, 자신이 원하는 삶이 무엇인지 인식하기 시작한다. "선한 사람이 되기 위해 노력하는 중"이라고 말하는 아이작은 이전의 "사랑하고 사랑받던 삶"을 되찾기 위해 어텀에게 신장을 이식하겠다고 말한다.

바이올렛은 여동생을 죽음에 이르게 했을 뿐 아니라 자신의 삶 또한 송두리째 망쳐버린 아이작을 향해 들끓는 '분노'를 가라앉힐 수가 없다. 오로지 어텀을 살리기 위해 아이작의 신장이 필요하다는 사실만이 그녀의 고통과 분노를 통제한다. 하지만 어텀의 생일날, 아이작에게 다가간 어텀이 무언가를 귓속말로 속삭이고 난 후부터 아이작이 갑자기 딴소리를 하기 시작한다. "엄마는 왜 나를 보러 오지 않았어요? 날 수치스러워했어. 날 위해 싸우지도 않았고. 그래서 내가 어텀에게 갈 수 없었던 거야. 모든 걸 가르쳐 준 건 엄마였잖아요. 엄마가 내 모든 걸 빼앗아 갔어. 이제 내가 엄마의 전부를 가져갈 거예요. 전부를 잃는다는 게 어떤 건지 한 번 느껴 봐요!" 이식을 하지 않겠다는 아이작을 향해 총을 겨눈 바이올렛이 외친다. "네가 옳은 선택을 하지 않으면 내가 어떻게 할지 말했지?"

소피아는 결국 아들에게 마취제를 주사한다. 저녁식사를 하던 식탁 위에 의식을 잃어가는 아들을 눕히고 옷을 벗기며 아들의 배를 가르려는 소피아는 자신을 저지하는 버트를 향해 외친다. "만일 버튼 하나로 당신이 구하지 못했던 죄수의 생명을 몇 년 줄이고, 살해당한 그 사람 딸을 다시 살아 돌아오게 할 수 있다면 그 버튼을 누를 건가요? 내가 어떻게 그 버튼을 안 누를 수가 있겠어요?" 의식을 잃어가는 아이작을 두고 수술을 감행하려는 소피아, 옳지 않은 방법이라면서 막아서는 버트를 향해 총구를 겨누는 바이올렛…. 그 혼란을 뒤로하고 '마지막 밤'을 보내는 어텀은 '밀알의 여신'에게 바치는 자신이 새롭게 고친 '기도문(the verses)'을 외우기 시작한다.

어텀은 세상의 삶과 죽음이 인간의 의지대로 결정되지 않는다는 사실을 받아들이지 못하는 어른들의 무지함을 슬퍼한다. 세상에 '마법'과 같은 일은 없음에도 누군가가 지어낸 어리석은 이야기들을 '희망'으로 믿으며 비극을 만들고, 고통을 만들고, 서로를 미워하고 밀쳐내는 사람들을 비난한다. "자연 속에 발생하는 많은 일들은 아무런 이유 없이 그냥 그렇게 일어나고, 때로는 인간으로서 할 수 있는 일이 아무것도 없음"을 받아들이지 못하는 어른들이 또 다시 어리석은 일을 벌이지 않기만을 바라는 어텀은 말한다. "나는 내 가장 어두운 비밀을 차마 말할 수 없었어. 모두들 너무 희망에 차 있어서. 그래서 나는 대신 아버지에게만 말했어. (…) '나는 더 이상 고쳐지길 원하지 않아. 나는 지쳤고, 이제는 끝내기를 원해.' 아버지는 자신이 무엇을 해야 하는지 깨달았어. 그가 대신 그들의 마음을 무너뜨려야 했지. 어텀이 할 수는 없을 테니까. 아버지는 자신이 '희생양(the sacrifice)'이 되어야 했음을 이해했던 거야."

삶, 선택, 의무와 책임, 고통과 분노, 이 모든 것 사이에서 자신이 옳다고 믿는 것을 향해 무조건 직진할 수밖에 없는 사람들… 무엇이 옳고 무엇이 그른 것일까? 죽음보다 더한 고통 속에서도 삶은 소중한 것이니까 가족을 위해, 생명을 위해 모든 걸 인내해야 하는 것이 옳은 것일까? 아들이 겪어 온 아픔이나 고통은 외면한 채 오로지 어린 손녀딸의 생명을 구할 가능성을 놓칠 수 없기에 아들의 신체 장기만을 탐하더라도 생명을 살리는 선택을 하는 것이 옳은 것일까? 아니면 어떤 선택이든 자신의 삶 속에서 주체적으로 행해져야 하고 그에 따른 책임 또한 고스란히 떠안아야 하므로 바이올렛이 총을 발사할 것을 알면서도 소피아를 막기 위해 발걸음을 옮기는 버트가 옳은 것일까? 이 모든 일에 과연 '정답'이란 존재하는 것일까?

드러먼드는 연극 <피와 씨앗>을 통해 관객들에게 묻는다. '자신이 믿는 것을 위해 움직여 온 인간들, 여전히 자신이 믿는 것을 위해 살아가는 인간들… 하지만 우리가 옳다고 믿는 것들은 정말로 어떤 기준에 의해 정의된 것일까? 인간다운 행동, 인간다운 가치, 인간으로서의 의무란 도대체 어떤 기준에 의해 탄생하는 것일까?'

* 본 글은 2018.05.08-2018.06.02까지 두산아트센터 Space111에서 공연된 연극 <피와 씨앗 (Grain in the Blood)>을 관람한 후 작성된 칼럼입니다.

음식이 품은 사랑의 기억, 삶, 그리고 죽음

🎭 연극 <가지>

"아버지는 반찬으로 고등어가 나올 때면 항상 가운데 부분을 발라서 저에게 주신 후 꼬리와 머리 부분을 드시곤 했어요. 어느 날 제가 아버지께 고등어를 발라드리고 싶어서 꼬리와 머리를 먼저 드렸죠. 그랬더니 아버지가 웃으며 말씀하셨어요. '나는 꼬리와 머리를 좋아하는 게 아니라 너에게 맛있는 부분을 주고 싶었던 거란다.' (⋯) 나는 고등어를 보면 항상 아버지가 떠오르곤 해요."

연극 <가지(Aubergine)>에 등장하는 재미교포 2세대 '코넬리아(Cornelia)'는 자신의 어린 시절을 회상하며 이렇게 말한다. 한국인의 정서에 깊이 자리하고 있는 이러한 기억들은 '고국'에 대한 명확한 기억이 없는 사람들의 마음에 뿌리를 내리고 감성을 자극한다. 따뜻한 정(情), 그리운 손길, 맛있는 음식, 정겨운 냄새…. 한국인에게 고향 혹은 고국이 불러오는 이미지는 사실상 소중한 사람과 음식을 함께한 기억으로 형성되는 경우가 많다.

음식은 인간이 생명을 유지하기 위해 섭취하는 영양분이지만, 늘 삶 속에서는 그 이상을 차지한다. 맛있는 음식을 보면 누군가가 떠오르고, 추억의 음식을 봐도 누군가가 떠오른다. 음식은 언제나 '기억'을 소환한다. 그 음식이 있던 자리, 함께한 사람, 그 사람의 미소, 따스함, 그리고 사랑까지도. 물론 아픔과 상처를 떠올리게 하는 음식도 있겠지만 우리가 보다 많이 기억하는 것은 위로와 사랑을 남긴 음식들이다. 이 때문에 음식은 추억이고, 사랑이다 음식의 맛을 그리워한다 말하지만 실제로 우리가 그리워하는 것은 그 음식이 품고 있는 사랑, 기쁨, 그리고 따스함이다. 코끝에 닿는 냄새와 혀에 닿는 촉감, 씹는 기쁨과 삼키는 만족감, 먹고 난 후의 포만감에 이르기까지 우리가 기억하는 음식의 맛은 사실상 그 음식이 품고 있는 감정이고 삶이며, 소통이고 사랑이다.

2018년 1월 제54회 동아연극상 작품상을 수상한 줄리아 조(Julia Cho)의 연극 〈가지〉의 앙코르 공연이 있었다. 줄리아 조는 현재 미국에서 활발하게 활동하고 있는 재미교포 2세 극작가로, 2010년 '수잔스미스블랙번상'을 수상한 바 있다. 2016년 3월 캘리포니아 버클리에서 첫선을 보인 후, 9월 오프 브로드웨이에서 호평을 받은 연극 〈가지〉는 2017년 해외에서 활동하고 있는 한인 작가 5명의 작품을 선별해 국내 무대에 선보였던 '한민족 디아스포라전'의 일환으로 소개되어 많은 사랑을 받았다. '디아스포라(diaspora)'는 원래 팔레스타인을 떠나 세계 여러 곳에 흩어져 살고 있음에도 여전히 자신들의 생활관습과 규범을 유지해 온 유대인을 지칭하는 말이었지만 이제는 더 이상 특정 민족을 겨냥하지 않는다. '흩뿌리거나 퍼트리는 것'이라는 의미의 그리스어에서 유래한 '디아스포라'는 자의에 의해서든, 타의에 의해서든 자신들의 땅을 떠나 새로운 땅에 뿌리를 내리는 현상, 즉 다른 문화권에서 자신들의 문화를 유지하며 섞여 살아야 하는 사람들의 '상태'를 의미한다.

해외에서 살아본 경험이 있는 사람이라면 누구나 명확하게 어느쪽에도 속하지 않은 채 표류하는 느낌을 이해할 것이다. 새로운 공동체의 문화에 완벽하게 합일될 수도, 원래 속해 있던 공동체의 문화를 지속적으로 고집할 수도 없는, 어딘가 아귀가 맞지 않는다고 느끼는 불안감과 불편함 말이다. 해외로 이민을 떠났지만 한국의 기억을 고스란히 간직하고 있는 교포 1세대들, 그들에게서 태어났지만 해외에서 줄곧 자란 탓에 한국에 대한 기억이 없는 2세대들, 이들은 종종 새로운 사회에 완벽히 적응하려는 젊은 세대와 자국의 문화를 잊지 못하는 이전 세대 간의 몰이해로 인해 대화의 단절과 소통의 부재라는 갈등을 겪는다. 줄리아 조는 한국 교민이 겪는 타국에서의 삶 속 갈등 뿐 아니라 모든 인간이 겪게 되는 소통의 부재와 상처를 '죽음'과 '음식'이란 소재를 통해 펼쳐 보인다.

연극 〈가지〉에는 여러 인물들이 기억하고 있는 '음식'이 등장한다. 어떤 이에게는 사랑으로, 아픔으로, 또 어떤 이에게는 삶으로, 죽음으로 연결되는 음식은 인물들의 삶을 설명하는 매개체로 활용된다. 프롤로그와 에필로그에 등장하는 백인 여성 '다이앤(Diane)'은 남편과 함께 전 세계를 돌아다니며 온갖 맛있는 음식을 맛보는 식도락가로서의 삶을 즐기고 있다. 하지만 아무리 맛있는 음식을 먹어도 자신의 수술 전날 딸을 위해 뜨거운 '파스트라미 샌드위치(hot pastrami sandwich)'를 만들어 주었던 아버지의 손맛을 잊을 수가 없다. 어쩌면 영원한 이별을 하게 될지도 모를 사랑하는 딸에게 정성과 마음을 담아

따뜻한 한 끼를 만들어주고 싶었던 아버지의 마음을 기억하고 있기 때문인지도 모른다. 마치 다이앤의 프롤로그의 이야기가 재미교포 2세인 '레이(Ray)'에게 그대로 이어지기라도 하듯 무대는 간경화 말기로 의식을 회복하지 못하는 아버지와 그 곁을 지키는 아들 레이가 있는 병원 중환자실로 옮겨진다.

더 이상 병원에서 할 수 있는 일이 없음을 전해들은 레이는 임종을 위해 아버지를 집으로 모신다. 어린 나이에 어머니를 사고로 잃고 아버지와 단 둘이 살아온 레이가 기억하는 아버지는 따뜻하고 애틋한 사람이 아니다. 늘 무뚝뚝하고 무관심한 반응으로 자신을 못마땅하게 여겨 온 아버지를 향해 레이가 품고 있는 감정은 상처로 인한 '미움'과 '원망'이다. 아들이 '요리사'라는 직업을 선택한 것이 달갑지 않았던 아버지는 레이가 직업상 꼭 필요한 칼을 사는데 비싼 값을 지불했다는 이유만으로 그의 신용카드를 잘라버린다. 레이가 아버지에 대해 가장 섭섭함을 느낀 순간은 요리사 자격증을 따고 18코스의 프랑스식 정찬 요리를 자랑스럽게 선보였을 때 아버지가 보였던 반응이었다. 테이블을 가득 채운 화려한 요리들을 보고도 "좋아 보이는구나!"라는 한 마디를 반복할 뿐 거의 손도 대지 않던 아버지가 한밤중에 혼자 라면을 끓여먹고 있는 것을 목격했던 레이는 죽고 싶을 만큼의 창피함과 실망감, 좌절감을 느낀다.

한국말을 하지 못하는 레이는 헤어진 여자 친구 코넬리아의 도움으로 수십 년 동안 연락하지 않고 지내던 삼촌에게 전화를 건다. 형님이 위독하다는 소식에 한 걸음에 달려온 삼촌은 한인 타운에서 사온 자라를 들이밀며 '자라탕'을 끓여달라고 부탁한다. 삼촌은 말한다. "기가 막히게 만들어서 울 형님이 더 달라고 하시게, 이번에는 떠나지 못하게." 레이는 생전 듣도 보도 못한 살아있는 식재료를 가져와 자라탕을 끓여 달라는 삼촌도 어이없지만 자신이 만든 음식을 좋아하지 않는 아버지에게 드시지도 않을 음식을 해드려야 할 이유를 찾을 수가 없다. 혼수상태에 빠진 아버지와 마지막으로 소통을 하고픈 레이, 몇 십 년 만에 다시 만난 형을 그냥 보낼 수는 없는 삼촌, 어쩌면 두 사람에게 필요한 것은 '마지막 노력'인지도 모른다. '죽어가는 자'를 위한 것이 아닌 그의 죽음을 안고 '살아가야 할 자'를 위한 마지막 최선, 사랑하는 이의 죽음에 함몰되지 않고 나의 삶 속에 그를 품을 수 있도록 만들기 위한 '마지막 인사' 혹은 '기억'인 것이다.

　삼촌은 '뭇국'을 통해 레이가 모르는 아버지에 대한 기억을 소환한다. 미국으로 떠나는 아들을 붙잡고 싶은 마음에 어머니가 끓여 내온 가장 완벽한 음식 '뭇국'을 앞에 두고 목메어 울던 감성적인 아버지. 레이는 늘 자신을 부끄러워만 한다고 생각했던 아버지가 삼촌에게는 아들의 자랑을 늘어놓았다는 것과 경제적으로 궁핍한 시절의 절약 습관이 깊이 베인 탓에 아버지가 마음껏 음식을 즐길 수 없었다는 것, 그리고 무엇보다도 자신이 아버지에 대해 제대로 알지 못했다는 것을 깨닫는다. 아버지의 호스피스 간병인 '루시앙(Lucien)'은 죽음이 불러오는 '용서'와 '화해'에 대해 이렇게 말한다. "인간으로서 우리는 대부분의 시간을 혼자라고, 동떨어져 있다고, 늘 다른 주파수에 반응하고 있다고 느끼며 살아가죠. 하지만 죽음 앞에 서게 되면, 모든 주파수들은 하나가 돼요."

　늘 외롭다고 생각했던 인간이 정작 혼자 남겨지는 순간은 죽음의 순간이다. 죽음과 사투를 벌이는 건 죽어가는 사람의 생명력일 뿐 아무리 사랑한다한들 그것을 대신할 수도 붙잡을 수도 없다. 죽음은 애초에 삶과 함께 탄생했고, 삶의 뒤편에 늘 거울처럼 존재해왔다. 루시앙은 말한다. "사람은 자신이 떠날 때를 정해요. 만약 당신이 없을 때 아버지가 돌아가신다면, 그건 그 분이 혼자 떠나시길 원한 거예요." 결국 어렵게 끓여낸 자라탕을 드시지도 못한 채, 아들과 마지막 대화를 나누지도 못한 채 돌아가신 아버지의 장례식을 치른 후, 레이는 살아생전 아버지가 늘 서서 자신을 바라보던 좁고 긴 전신 거울 앞에서 아버지가 보았을 '죽음', 아니 '삶'의 모습을 직면한다. 거울은 식탁이 되고, 아들과 아버지는 마침내 마주앉아 서로의 삶을 나눈다.

살아가기 위해, 에너지를 얻기 위해 우리가 섭취하는 음식은 삶을 위한 식사이지만, 거듭될수록 시간의 흐름 속에 우리를 '죽음'에 가깝게 끌고 간다. 먹고 살기위해 애쓰는 우리의 거센 노력은 언제나 삶을 위한 것이지만 동시에 죽음을 향한 행보이다. 삶은 새로운 땅에서 고향의 음식을 그리워하며 더 이상 자라지 않는 "작은 품종의 가지"를 텃밭에서 가꾸듯 늘 앞으로 나아갈 것을, 변화에 적응할 것을 요구한다. 어쩌면 루시앙의 말처럼, "산 사람이 죽은 이의 손을 잡아주는 것이 아니라 죽은 이가 산 사람의 손을 잡아주고 있는 것"인지도 모른다. 가난한 고학생이던 젊은 시절의 아버지가 좁고 긴 거울을 마주한 채 '라면'을 먹으며 허기를 달래던 자신에게서 '죽음과 함께 상실될 삶'을 발견했던 것처럼, 삶 속에서는 제대로 소통하지 못했던 아버지가 아들에게 전하고픈 메시지는 단 하나였는지도 모른다. '매 순간 우리는 죽어가고 있단다. 그렇대도 살아야 하지 않겠니?'

지금은 내 곁에 자리하고 있지 않은 누군가와 함께했던 '한 끼 식사', 그 음식이 그리워진다면 지금 내 곁에 있는 누군가와 또 다른 삶의 기억을 품어봄이 어떨까?

* 본 글은 2017.06.22-2017.07.02까지 백성희장민호극장에서 공연된 '국립극단'의 연극 <가지(Aubergine)>를 보고 작성된 칼럼입니다.

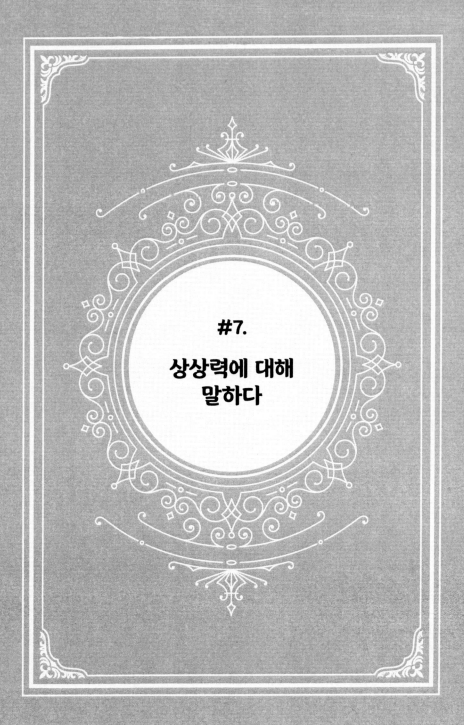

#7.

상상력에 대해
말하다

인간의 '골렘화' 이대로 괜찮은가?

🎭 영국 극단 '1927'의 연극 <골렘>

현재 세상은 '스마트 앓이'를 하고 있다. 스마트 폰, 스마트 TV, 스마트 카, 스마트 홈…. 세상은 온통 조금 더 '스마트'해지기 위해 새로운 기술을 개발하고 모든 것이 하나로 연결된 '스마트 세상'을 건설하기 위해 박차를 가하고 있다. 미래학자들은 기술과 융합된 새로운 인간 상으로 '포스트 휴먼(posthuman)'이나 '트랜스 휴먼(transhuman)'과 같은 개념들을 제시한다. 과학자들은 인간의 뇌를 업로드 할 수 있는 인공지능 로봇은 물론, 인간 정신을 복제하여 홀로그램 인간으로 영원히 존재할 수 있도록 하는 새로운 인간 유형에 대해 말한다. 뇌 과학, 생명 공학, 나노 의학, 로봇 공학과 같은 기술 발전의 속도는 이제 앞으로 다가올 '새로운 인간을 어떻게 받아들이고 적응해 나갈 것인가'에 대한 답을 현 인류가 더 이상 미룰 수 없도록 만들고 있다.

2017년 애니메이션과 라이브 음악, 연기가 어우러진 독특한 스타일의 무대로 전 세계 프로듀서들과 프로모터들의 관심을 사로잡으며 극찬을 받아 온 영국 극단 '1927'의 새로운 연극 한 편이 국내 무대에 소개되었다. 극단 1927은 <골렘(Golem)>을 통해 "시간이 남아돌고 어떤 꿈이든 이루어지며 모든 욕망이 충족되고 부족함이 전혀 없는" 스마트한 세상에서 "미소 띤 얼굴로 여가와 쾌락"을 누리고 "화려한 컬러의 패션과 생산성, 진보"를 외치는 '신인류'에 대해 피할 수 없는 질문들을 아주 효과적으로 제시하였다.

2007년 첫 작품으로 에든버러 프린지 페스티벌에서 '프린지 어워드 5관왕'을 차지하며 화려하게 데뷔한 극단 1927은 당시 《가디언》으로부터 "들어본 적도 없는 극단"이라 지칭될 정도로 알려지지 않은 신생 극단이었다. 2010년과 2012년에 연달아 작품을 성공시키며 유명 극단으로 성장한 '1927'은 애니메이터이자 일러스트레이터인 '폴 배릿(Paul Barritt)'과 작가이자 퍼포머인 '수잔 안드레이드(Suzanne Andrade)'에 의해 2005년 창단되었다. 두 사람은 무성영화와 애니메이션을 좋아하는 자신들의 성향을 반영한 전혀 새로운 형태의 공연을 선보이기로 마음먹고 "최초로 유성 영화가 발표된 해인 1927년"을 기념해 극단 이름을 '1927'로 정했다.

비평가들로부터 "애니메이션에 라이브 퍼포먼스를 더해 연극에서 매체와 기술을 어떻게 활용할 것인가에 대한 새로운 방향을 제시했다"고 평가받은 작품 <골렘>은 극단 1927의 네 번째 작품이다. 2014년에 제작되어 오스트리아 잘츠부르크 페스티벌에서 선보인 연극 <골렘>은 런던의 영 빅 씨어터(Young Vic)에서 8주간 전석 매진을 기록했을 뿐 아니라 프랑스, 러시아, 미국, 중국, 호주 등 세계무대에 소개되며 《더 타임즈》로부터 "21세기의 프랑켄슈타인", 《옵저버(The Observer)》로부터 "미래 연극의 얼굴"이라는 평을 받았다.

유대인의 신화 속에 등장하는 '골렘'은 한 유대인 랍비가 유대인들을 보호하기 위한 목적에서 진흙으로 빚어 만들었다는 "영혼 없이 움직이는 인형"이다. 1920년 파울 베게너(Paul Wegener) 감독의 무성 판타지 영화 <골렘(Der Golem, 1920)>은 수호신으로 만들어진 거대한 진흙 인형인 '골렘'이 점차 흉포해져 오히려 유대인들을 죽이고 파괴하는 리물로 변하는 이야기를 담고 있다. 반면 1915년 오스트리아 작가 구스타프 마이링크(Gustav Meyrink)의 소설 『골렘』은 골렘의 입에서 마법의 숫자가 적혀 있는 부적을 빼내는 것을 깜빡 잊고 잠든 랍비로 인해 통제할 수 없게 된 골렘이 모든 것을 파괴하고 결국 "출구 없는 골방"에 갇히게 되었다는 전설을 바탕으로 한다. 소설은 '골렘'을 프라하의 게토 지역에 출몰해 인간의 영혼을 급습하는 "범죄의 유령"으로 그리고 있다. 수잔 안드레이드는 《가디언》과의 인터뷰에서 오래 전에 읽은 마이링크의 소설 『골렘』에서 영감을 받았음을 밝히며, "모든 사람들이 인터넷으로 연결되어 있고, 다른 사람과 만나고 있으면서도 끊임없이 휴대폰으로 인해 주의력이 분산되며, SNS 세상에 자신들의 삶을 재창조하느라 분주한 모습이 마이링크가 말하는 세상과 닮아있다고 느꼈다"고 말했다.

눈에는 보이지 않는 범죄의 유령들이 이 골목 저 골목을 누비고 자신들을 전염시키고 있음에도 사람들은 전혀 눈치 채지 못한다. 한 세대에 한 번씩 일종의 정신병처럼 번개 같이 지역을 훑고 지나감에도 사람들은 그것의 존재에 대해 전혀 무감각하다. 마이링크의 소설 속 '유령'은 나름의 목적을 위해 끊임없이 사람들의 영혼을 습격하고 침범한다. 수잔 안드레이드의 지적처럼, 스마트폰에 두 눈을 고정시킨 채 구부정한 자세로 앞으로만 걸어가는 사람들이 가득 찬 21세기 도시의 모습은 신기하리만큼 마이링크의 '프라하 게토 지역'의 모습과 닮아 있다. 극단 1927의 연극 <골렘>은 기술의 발전을 통해 더 많은 소비를 조장하고 이윤을 창출하려는 자본주의 시스템에 이용당하는 사람들의 모습을 보여주고, 편의를 위해 개발된 기술이 오히려 인간을 지배하는 위험성을 경고한다.

주인공 '로버트(Robert)'는 하루 종일 연필로 0과 1의 숫자를 빼곡히 적으며 언젠가 암흑으로 변할지 모를 세상을 위해 컴퓨터에 저장된 모든 정보의 "백업을 백업하는 일"을 한다. 그는 서른이 넘었으나 아직도 자립하지 못한 누나 '애니(Annie)'와 여전히 손뜨개질을 하며 손주들을 위해 점심도시락을 싸주는 할머니와 함께 살고 있다. 애니와 로버트는 사회적 약자들을 위해 저항의 목소리를 높이는 펑크밴드를 결성하고도 지하실에서 연습만 할 뿐 세상에 나서는 것이 두려워 한 번도 무대에 서보지 못한 "Everybody"이기보다는 "Nobody"에 가까운 인물들이다. 어느 날 천재 친구 '실로케이트(Phil Sylocate)'를 찾아간 로버트가 코드만 입력하면 뭐든 명령하는 대로 따른다는 점토인형 '골렘'을 구입하면서 로버트 가족의 삶은 통째로 바뀌게 된다.

골렘은 로버트의 백업하는 일을 대신할 뿐만 아니라 입고 먹고 마시는 모든 일에 관련하기 시작한다. 골렘은 할머니 대신 집안을 청소하고 장을 보며 도시락을 챙기고 가족들이 무엇을 읽어야 할지 무엇을 봐야할지 결정한다. 얼마 지나지 않아 골렘은 '골렘2'로 업그레이드된다. 골렘2는 로버트의 이력서를 업데이트 할 것을 요구하고, 심지어 연애 문제까지 개입하여 여자 친구 '조이(Joy)'와의 관계를 훼방 놓는다. 골렘2는 심지어 원하는 조건에 맞는 여자를 찾기 위해 데이트

앱을 활용해 두 명의 여자와 동시에 사귈 것을 주장한다. 한편, 시대에 뒤떨어지고 싶지 않은 할머니는 손뜨개를 대신할 '뜨개머신(knitting automochine)'을 홈쇼핑에서 구입하고, "패션이 모든 것을 결정한다"는 골렘2의 외침은 로버트로 하여금 현란한 컬러의 판타스틱한 옷을 입고 길을 나서도록 만든다. 말없이 로버트의 뒤를 따르던 점토인형 골렘은 이제 현란한 컬러의 우주복을 입은 '미니미(mini-me) 사이즈'의 최신 버전으로 바뀌어 로버트를 선도한다.

분명 기술은 사람들에게 편리함을 선사한다. 하지만 기술이 가져다준 편리함과 여유분의 시간만큼 세상은 속도를 높인다. 세상은 점점 더 빨리 돌아가고 그 속에 살고 있는 사람들은 속도에 맞춰 움직인다. 자신만 뒤처질 수는 없다고 생각하기 때문이다. 삶을 스스로 통제하고 나름의 속도를 유지하고픈 사람이 있다 해도 세상은 이를 허락하지 않는다. 이미 세상은 구 버전을 사용할 수 없는 시스템으로 바뀌어 있고, 소비자들의 눈을 현혹하면서 반짝거리는 새로운 버전들로 가득 차 있다. 사람들은 새로운 기기로 옮겨가고 끊임없이 소비하며 흐름에 발맞추기 위해 있는 힘을 다한다. "흐름에 발맞추지 않는다면 뒤처지고 말 것"이기 때문이다.

기술이 문제가 아니다. 기술을 통제하는 자본의 흐름에 이윤추구 외에 어떠한 인간적인 가치도, 윤리도 없다는 게 문제이다. 자본은 오로지 이윤만을 목적으로 삼기 때문에 기술의 발전이 인간의 삶에 가져올 해악에 대해 고민하지 않는다. 자본을 연료로 삼아 움직이는 공동체라는 기계는 오로지 앞으로 나아가는 것, 즉 '성장'만을 목표로 삼는다. 폴 배릿은 《쇼디치 매거진(Made in Shoreditch)》과의 인터뷰에서 이렇게 말한다. "이 극은 멈출 수 없을 것처럼 보이는 소비주의에 관한 것입니다. (…) 문제는 기술이 통제의 도구로서 사용되는 공격적인 방식에 있습니다."

또 한 번 업그레이드 된 '골렘3'은 귀 속에 꽂을 수 있는 이어폰 사이즈가 되어 이제 모든 인간의 두뇌를 조종한다. "당신은 그저 인간일 뿐"이며 더 이상 "선택에 운명을 맡길 필요가 없음"을 강조하는 골렘3은 말한다. "우리는 새로운 것을 추구합니다. 시간은 우리 손 안에 있죠. 진보에겐 무조건 '예스!'를 외치세요!"

그러한가? '진보'를 위한 것이라면 무조건 '예스!'를 외쳐야 하는가? 무엇을 위해, 누구를 위해 이 세상이 존재하는 것인가? 우리는 정말 모든 인간의 '골렘화'를 향해 나아가고 있는 것인가? 극단 1927의 연극 <골렘>은 우리에게 묻는다. '이 모든 것을 통제하는 자는 도대체 누구여야 하는가?'라고.

* 본 글은 2017.11.16-2017.11.19까지 LG아트센터에서 공연된 영국 극단 '1927'의 연극 <골렘>을 관람한 후 작성된 칼럼입니다.

AI의 예술, '오류'인가? '진화'인가?

🎭 신창호X국립무용단 <맨 메이드>

인간은 언제부터 예술을 했던 것일까? 선사학자 앙드레 르루아-구랑(André Leroi-Gourhan)의 말처럼, 예술의 첫발을 뗀 것은 '호모 사피엔스'였을까? 아니면, 프랑스의 사상가이자 소설가인 조르주 바타유(Georges Bataille)의 말처럼, "라스코 동굴 이후" 인류는 비로소 예술품을 만들 수 있는 능력을 가지게 된 것일까?

『예술의 기원』의 저자 미셸 로르블랑셰(Michel Lorblanchet)는 방사성 탄소를 이용한 연대 측정에 따르면 후기 구석기 시대의 예술인 라스코 동굴은 "예술의 출발점이라 볼 수 없다"고 말한다. 현생 인류의 출현과 예술의 출현은 어느 날 갑자기 창조력이 폭발하는 '혁명'처럼 등장한 것이 아니라 "조각조각 생겨난 현상"이기 때문에 "예술은 인류와 함께, 즉 인류의 직계 조상인 오스트랄로피테쿠스와 함께 시작되었다"는 것이다. 예술의 역사와 인류의 역사는 뒤섞여 있고, 인간은 예술적 충동과 그 실현을 통해 생명력을 표출하며, 자신의 주변 환경과 자신의 관계에 대한 '이로운 관점'을 설정해왔다. 이 때문에 "예술의 행위가 인류의 진화에 유리한 요소로 작용"하여 인간을 "호모 에

스테티쿠스(Homo aestheticus), 즉 '미학적 인간'이라는 용어에 완벽히 부합하는 존재"로 만들었다.

　로르블랑셰의 결론대로 예술이 인간이 처음부터 가지고 있던 정신적 능력이며, 우연히 "창조 행위가 가져다주는 뜻밖의 환희와 감탄"을 통해 시작된 것이라면, 인간의 두뇌 능력을 따라잡으려는 기술의 발전이 낳은 AI 역시 '예술적 영감'을 통해 '예술을 창조'할 수 있는 것일까? 이미 AI가 작곡한 음악과 그림이 소개되고, 소설 공모전에서 입상을 하는 등 인공지능이 인간의 마음을 움직이는 듯 보이는 시대에 AI가 '무용'을 창작한다면 어떤 모습일까?

　2018년 국립무용단은 '인간과 인간이 만든 매체가 공감한다'는 주제로 안무가 신창호가 6개의 장면으로 구성한 파격적인 무용 작품 <맨 메이드(Man Made)>를 선보였다. 한국적인 전통을 고수하는 '국립무용단'과 역동적 에너지의 춤을 선보이며 해외에서 이름을 알린 현대무용가 '신창호'와의 협업이라는 사실만으로도 작품은 많은 사람들의 관심을 모았다. 신창호는 프로그램북의 <안무 노트>에서 "'인간미와 인공미란 무엇인가'라는 질문으로 시작된 <맨 메이드>는 인간이 자연스럽다고 느끼는 미적 기준에 대한 호기심에서부터 시작된 것"이라고 밝히며, 자연 발생적인 것들을 제거하고 나면 모든 것들은 인간이 만들어 낸 것, 즉 '맨 메이드(man-made)'라고 볼 수 있으므로 "자연의 관점에서 본다면 인류는 바이러스와 같은 존재"라고 설명했다. 이러한 관점의 전환은 어쩌면 '오류'였을지 모를 인간 존재가 문제가 되는 요소들을 극복해나가면서 새로운 문명으로 '진화'해왔다는 점에서, "인간적 오류는 새로운 환경이 도래하기 위한 변화의 시작"이라는 결론에 이르도록 만든다. 그는 작품의 주요 모티브인 '글리치 (glitch)'가 이러한 '변화의 시작'을 의미한다고 덧붙였다.

시스템 속에서 돌발 사고처럼 발생하는 "짧은 순간의 오작동 혹은 오류"를 의미하는 '글리치'는 자체적으로 수정되는 '일시적인 오류'로 서 컴퓨터에 불필요한 장애를 잠시 일으킬 뿐이지만 소프트웨어가 아니라 하드웨어적 문제라는 점에서 근본적인 문제해결이 어렵다. 하지만 소프트웨어에 발생하는 '버그'와 다르게 기능을 손상시키는 것이 아니라 "예기치 못한 입력이나 코드 영역 밖의 요소들로 인해 더 놀랍고 신비로운 것들을 제시"한다는 측면에서 훨씬 더 발전적인 영역으로 나아갈 수 있는 요소가 된다. 컴퓨터 용어인 '글리치'는 보다 일반적인 개념으로 확장되어 "인간 조직과 자연 속에서 발생하는 모든 시스템적 결함"을 의미하는 단어로 사용되는데, 신창호 안무가는 〈맨메이드〉를 통해 앞으로 도래하게 될 '인공지능이 구현하게 될 예술' 역시 하나의 '글리치'에서 출발해 보다 발전된 영역으로 진화하는 것으로 인식했다.

〈맨 메이드〉의 1장은 영상에서 이미지를 이루는 가장 작은 단위인 네모 모양의 점 '픽셀(Pixel)'이 무대 뒤 스크린에 투사된 가운데 무용수가 움직임의 기본단위라 할 수 있는 팔을 좌우로 흔들며 지속적으로 반복하는 '동작'으로 시작된다. 무용수의 숫자는 점점 더해져 총 24명의 무용수가 5열로 맞추어 늘어선 상태에서 각자 나름대로의 비슷해 보이지만 다른 '픽셀 동작'들을 반복한다. 신창호 안무가는 국립극장 《미르》와의 인터뷰에서 "기계가 춤 동작을 만든다면 춤이 어떻게 추어질까 생각해보았다"면서, "맥박의 움직임이나 관절의 기초적인 반응들"에서 아이디어를 얻어 '춤'으로 표현하려고 노력했고, "24명의 무용수가 늘어서면 가운데 한 명의 자리가 비게 되는데, 그 공백이 작품에 더 맞는 해석이 된다"고 말했다. 따라서 '정체성'을 제목으로 하는 1장은 "픽셀로 이루어진 구조의 인위적인 통일감"을 드러내게 된다.

<맨 메이드>는 "인공미도 인간이 만든 것의 아름다움이라는 측면에서 '인간미'라고 할 수 있다"는 신창호 안무가의 생각을 반영한다. 그는 '선택'이라는 제목의 2장에서 각기 다른 동작들을 연습하는 두 명의 무용수를 등장 시켜 서로 질문과 답을 하며, 무용 무대에 '연극적 서사'를 입히는 시도를 감행한다. 로봇의 어원이 노동력을 대신하는 '노예'라는 뜻의 체코어 '로보타(robota)'에서 유래한 것임을 밝히는 남자무용수는 이제 노동력이 아닌 인간의 '지능'을 대신하는 것으로 발전해버린 '기술'을 지적하며 "스마트폰이 생긴 이후 점점 더 바보가 되어가는 것 같은 자신"을 인식한다. 그는 인공지능에 관한 공연을 하느라 과다하게 관절을 사용한 탓에 손상된 육체와 고통에 대해 불평하며, 언젠가는 로봇이 대신 춤을 추게 될 미래를 암시한다. 멀리 떨어진 두 공간을 쉽게 연결하는 SNS 시대에 각기 다른 곳에 사는 두 명의 남자친구와 일주일에 한 번씩 영상통화를 한다는 여자 무용수는 그러한 만남이 '진정한 만남'인지에 대해 질문을 던진다.

모든 사람들이 네트워크로 연결된 관계망은 눈에는 보이지 않으나 명백하게 존재하는 새로운 세상을 열어보였다. 관계와 공유, 커뮤니케이션을 주요 기능으로 하는 이 세상은 인간이 두 발을 붙이고 살아가는 '물리적 세상'과 정신적 능력을 통해 구축한 '가상적 세상'의 경

계에서 어느 쪽을 선택해야 할지 모를 위치에 놓이도록 만들었다. <맨 메이드>는 3장 '순리'에서 인간이 "자연 선택적인 진화의 과정"을 통해 역사 속에서 발전해 온 것처럼 이 또한 '진화의 과정'일 수 있음을 암시한다. 또한 '집합체'를 제목으로 하는 4장에서는 인간이 만들어 낸 인공적인 것과 인간의 '경계 혼합적인 무대'를 통해 인류가 진화하는 과정에서 오류라고 여겨졌던 것들을 극복하고 더 발전된 것으로 진보해 온 과정을 보여준다. 《서울경제》와의 인터뷰에 따르면, 인공적 구조의 장면을 형상화하기 위해 '글리치 효과'를 춤으로 표현한 4장의 안무는 한국 무용에서 흔하게 쓰이는 "잔걸음 동작의 변형된 형태"이다. 신창호는 "한국 무용수들은 장구나 북과 같은 악기의 장단에 맞추어 정확한 이해를 바탕으로 춤을 출 수 있는 유일한 이들"이기 때문에, 디지털 신호만으로 구성된 음악에 맞추어 버그에 걸려 정체된 이미지를 반복하는 '글리치 효과' 장면을 "통일된 군무로 표현하기에 가장 적절하다"고 말한다.

'경계'라는 제목의 5장은 고글 형태의 VR기기를 쓰고 나온 무용수와 그녀가 보고 있는 가상현실의 모습이 관객들에게 스크린을 통해 투사되는 가운데 관객들이 바라보고 있는 두 명의 무용수가 어느 쪽이 '현실'이고 '가상'인지 구분할 수 없는 혼란에 빠지도록 만듦으로써 "가상과 현실 공간의 분리와 접점"을 표현한다. 5장의 끝부분에서 무대의 양 옆에 드리워져 있던 스크린 막이 떨어지고 철제 골조가 드러난 건물 벽이 보이게 될 때, 관객들은 그 '접점'을 이해하게 된다. 이어지는 6장은 무대 위에 남은 한 명의 무용수를 중심으로 24명의 무용수가 점점 하나로 연결되어 모두 함께 움직이는 거대한 '네트워크'와 같은 장면이 연출된다. 프로그램북에 따르면, '해체'를 제목으로

하는 6장은 "새로운 '반향'을 다루는 장면"이기 때문에 모두 하나로 연결되어 움직이던 무용수들이 하나씩 둘씩 떨어져 나가며 '해체'되고 다시 하나로 되돌아오면서 끝이 난다.

무표정의 부자연스러운 동작들을 반복하는 무용수들, 인간이 로봇이 춤을 추는 상황을 재현해야 하는 상황들, 현실과 가상의 경계가 불분명한 상태에서 펼쳐지는 상징이 가득한 무대와 패턴들…. 무대를 바라보는 관객들은 끊임없이 이성을 사용해 기호를 분석해야만 한다. 감성이 아닌 이성을 통해 바라봐야 하는 무용, 그것이 AI가 구현하게 될 예술의 모습일까? AI가 만든 예술을 소비하게 되는 주체는 인간일까, 아니면 AI일까? 21세기는 분명 인간과 기계가 하나로 연결되어 '나'가 아닌 '우리'에 대해 이야기해야 하는 '포스트 휴먼 시대'이다. 하지만 무용이라는 예술은 인간의 언어가 대신하지 못하는 인간의 감정 혹은 의미를 표현하는 '몸의 움직임'이라 할 수 있다. 이제 우리는 인간의 감정이 느껴지지 않는 예술을 '혁신'이라는 이름으로 소비해야 하는 상황에 놓인 것일까?

인류가 남겨놓은 최초의 예술들이 "우주체제 중심에 놓여 있는 인간 자신에 대한 과감하고 새로운 사고방식들의 표현"이었다고 한다면, AI가 그려낼 예술들 역시 세상 중심에 놓여 있는 AI 자신에 대한 '이해'에 관한 것이 될 것이다. 우리는 과연 이러한 '발전' 혹은 '진화'를 감당할 준비가 되어 있는 것일까? 로르블랑셰가 지적하듯 인간이 예술을 통해 생명력을 표출하고 주변과의 관계 설정을 통해 자연을 인간화할 수 있는 능력을 보여준 것이라면, AI 역시 자신의 생명력을 표출하는 방식으로 '자연의 기계화' 능력을 보여주게 되지 않을까?

인공지능의 모델은 처음부터 인간의 두뇌였고, 이제 인간의 두뇌를 앞설지 모를 상황에 도래해 있다. 초기 인류의 동굴벽화와 같은 예술이 보여주던 '세상을 지배하고자 하는 인간의 의지'는 어쩌면 이제 '세상을 지배하고자 하는 AI의 의지'로 변하게 될지도 모른다. AI는 우리에게 극복하고 진화해야 할 오류일까? 아니면 인류 파괴의 전조일까? <맨 메이드>는 묻는다. 우리는 '인간미와 인공미의 혼합을 새로운 예술의 방식으로 받아들일 준비가 되어 있는가?'라고. 우리는 정말 새로운 시대를 맞을 준비가 되어 있는 것일까?

* 본 글은 2018.5.10-5.12까지 LG아트센터에서 공연된 신창호 x 국립무용단의 무용 <맨 메이드>를 관람한 후 작성된 칼럼입니다.

상상력이 낳은 아름다운 변주

🎭 로베르 르빠주X엑스 마키나 <달의 저편>

상상력은 인간만이 지닌 유일한 능력이다. 상상력은 매번 인간을 놀라운 세계로, 한 번도 꿈꿔보지 못한 신비로운 세상으로 인도하고 무언가를 창조한다. 독일의 물리학자 알버트 아인슈타인(Albert Einstein)은 스스로를 "상상력을 자유롭게 사용하는 데 부족함이 없는 예술가"라 칭하며 이렇게 말했다. "지식보다 상상력이 중요하다. 지식은 한계가 있다. 하지만 상상력은 세상의 모든 것을 끌어안는다. (…) 논리는 당신을 A에서 B로 인도하지만, 상상력은 당신을 어디로든 데려갈 것이다."

드럼세탁기의 투명한 둥근 창문이 비행기 창문으로 바뀌고, 시계로 바뀌고, 아기가 태어나는 어머니의 자궁으로 바뀌며, 뇌를 스캔하는 MRI 장치, 안과의사가 환자의 동공을 들여다보는 현미경, 금붕어가 헤엄치는 커다란 어항, 우주비행사들이 우주선 밖으로 나서는 출입문으로 변화하는 무대를 상상해 본 적 있는가?

다림질을 위해 펼쳐놓은 다리미판과 다림질대가 피트니스 센터의 각종 운동기구로 변하고, 스쿠터가 되기도 하며, 세워놓은 채 옷을 입히고 모자를 씌워 특정 인물이 되기도 하는 놀라운 무대를 상상해 본 적이 있는가? 바닥에 드러누운 배우가 '우주를 유영하는 인간의 모습'을 베토벤의 <월광 소나타>에 맞추어 바닥을 휩쓸며 뒹구는 동작들로 완벽하게 표현하는 무대를 본 적 있는가? 거울의 착시효과를 통해 바닥을 뒹구는 배우가 '우주를 떠도는 인간'이 될 때 관객들은 그저 놀라움의 감탄사를 반복할 뿐이다. 변화하는 오브제가 생산하는 의미를 끊임없이 탐색해야 하는 놀라운 무대는 인간을 어디로든 이끌고 가는 '상상력의 확장'을 통해 우주와 인간, 존재, 삶과 같은 철학적 주제에 대해 생각해 보도록 만든다.

"21세기의 연극적 상상력"의 새로운 길을 열었다고 평가받는 '무대 위의 마술사' 로베르 르빠주(Robert Lepage)의 2000년 작품 <달의 저편(The Far Side of the Moon)>은 인간의 상상력이 낳을 수 있는 최고치의 놀라움을 선사한다. 2003년 첫 내한공연에 이어 2018년 두 번째로 한국을 찾은 <달의 저편>은 캐나다 퀘벡 출신의 세계적인 연출가이자 극작가, 영화감독, 배우인 르빠주를 대표하는 상징적인 작품이다. 2007년 <안데르센 프로젝트(2005)>, 2015년 <바늘과 아편(2013, 리마운트 버전)>에 이어 네 번째로 한국 관객들과 만나게 된 르빠주는 전통적인 연극 문법에서 벗어나 시청각적 요소를 극대화하는 멀티미디어 기술을 적극적으로 활용하고 관객들로 하여금 "순수한 연극적 마술"을 경험하도록 만드는 것으로 유명하다. 2001년 《가디언》의 린 가드너(Lyn Gardner)가 "우주에 지적인 생명체가 정말로 존재한다면 인간에 대해서는 시원찮게 여길지 몰라도 이 연극에 대해서만큼은 감탄을 금치 못할 것이다"라고 평했던 <달의 저편>은 2018년 호주 퍼스 페스티벌에서도 관객들의 많은 사랑을 받으며, 《데일리 리뷰(The Daily Review)》에 의해 "로베르 르빠주의 시그니처라 할 수 있는 특징을 가장 잘 담고 있는 작품"이란 평을 받았다.

연극의 '치유 효과'를 믿는 르빠주는 "가장 자전적인 작품"이라 알려진 <달의 저편>을 통해 유년기 시절의 기억을 되돌아본다. 그뿐만 아니라 과학 발전에 앞장서기 위해 서로 경쟁하고 분투했던 서구의 20세기 역사를 점검하고, 더 나아가 새로이 발견된 세상이라 할 수 있는 우주와 인간의 관계에 대한 질문을 던진다. 그는 인간이 호기심과 모험심이 아닌 이성을 맹신하고 "지식의 축적을 통해 모든 것을 통제할 수 있다고 믿었던 나르시시즘(narcissism)"으로 인해 치열한 경쟁을 펼쳤던 미국과 소련의 '우주개발 경쟁의 역사'를 동전의 양면과 같이 다른 삶을 영위하고 있는 '필립(Philippe)'과 '앙드레(Andre)'라는 두 형제의 이야기와 연결시킨다. 르빠주는 자신의 분신이라 할 수 있는 필립이 펼쳐 보이는 삶과 생각들을 통해 자기 자신에 대한 탐구도 제대로 하지 못하면서 저 멀리 우주에 있을지 모를 "새로운 지적 생명체"를 찾아 끊임없이 두 팔을 벌리고 소통하려는 인간의 어리석음을 지적한다.

막이 오르면, 필립은 관객들을 향해 이렇게 말한다. "갈릴레오가 망원경을 통해 달을 관측하기 전까지 사람들은 달이 '지구를 비추는 거울'이라 믿었습니다. 달의 어두운 부분들과 신비로운 윤곽들은 지구의 산과 바다가 비춰진 것이라고 생각했죠. 20세기에 이르러 소련이 먼저 발사한 달 탐사선이 돌아왔을 때, 거기에는 달의 숨겨진 얼굴들, 지구에서는 결코 볼 수 없었던 모습들이 담겨 있었습니다. 인간들은 끊임없이 쏟아지는 운석과 천체의 파편들로 인해 찢기고 긁히고 파인 상처들로 가득한 달의 흉측한 모습에 충격을 받았죠. 수년 동안 미국의 과학자들은 이것을 '달의 추한 면'이라 불렀습니다."

1957년 소련은 인류 최초의 인공위성 스푸트니크 1호(Sputnik 1)를 발사하였고, 이로 인해 촉발된 미국과 소련의 우주개발경쟁은 1969년 미국이 아폴로 11호(Apollo 11)를 보내 인류 최초로 달의 표면을 걷게 된 역사를 기록할 때까지 계속되었다. 르빠주는 이러한 경쟁적 관계를 서로 각자 다른 삶을 살아오다 '어머니의 죽음'이라는 사건을 계기로 다시 만나게 된 필립과 앙드레의 갈등으로 연결시킨다. 나이가 마흔이 넘도록 박사학위 논문을 통과시키지 못한 필립은 주말마다 파트타임 텔레마케터로 일하며 어렵게 생계를 꾸려나가고 있다. 반면, TV 기상캐스터로 성공한 앙드레는 세련된 아파트에서 동성 연인과 함께 화려한 삶을 살고 있다. 대조적인 두 형제의 삶은 주로 동생 앙드레에게 자격지심을 품고 있는 필립의 관점에서 전달된다.

모든 것은 보이지 않는 측면을 갖고 있다. 이브 자끄(Yves Jacques)는 관객과의 대화에서 '달의 저편(the far side of the moon)'은 "우리가 보고 싶어 하지 않는 면"을 뜻하며, "달의 저편에 도달해야 비로소 지구가 보이게 되듯 우리가 끊임없이 자신만을 들여다보던 나르시시즘적인 태도를 버리고 주변을 바라볼 때에야 비로소 화해가 가능하다"고 말했다. '달의 저편'은 인간의 숨겨진 내면이며, 어두운 트라우마의 기억이고, 그 누구에게도 들키고 싶지 않은 진실이 자리하고 있는 상처의 공간이라 할 수 있다. 하지만 더 넓은 우주로 나아가기 위해서는 반드시 그 공간에 빛을 비추어 무엇이 자리하고 있는지 들여다봐야만 하고, 그 추함을 인정해야만 자신과 상대를 왜곡되지 않은 눈으로 바라볼 수 있다.

존재 의미란 '세상 속 자신의 위치에 대한 확고한 인식'이다. 십대 소년이었던 필립은 달을 바라보며 모든 것이 "혈연관계"로 연결되어 있을지 모른다는 느낌에 도달하고, "무한한 우주 속 어딘가에 나의 역할도 있겠지"라는 인식에 이른다. 존재의 이유와 목적에 대한 그의 관심은 '지구 밖에 있을지 모를 외계 생명체'에 관심을 가지도록 만들고, 그는 '우주로 보낼 지구인 설명서'를 공모하는 외계생명연구소에 출품하기 위해 셀프 비디오 영상을 찍기 시작한다. 자신의 삶을 찍는다는 것은 자신의 삶을 돌아본다는 것을 의미하고, 다른 누군가에게 나의 삶을 설명한다는 것은 그동안 보지 못했던 새로운 측면을 인식하도록 한다. 셀프 비디오 촬영은 그가 애써 오랫동안 외면해왔던, 기억 저 너머의 삶의 장면들과 직면하도록 만든다.

빨래방의 세탁기가 돌아가는 모습을 바라보다 '우주인'이 된 자신을 상상하듯 카메라 렌즈로 들여다보는 삶의 모습들은 파편처럼 많은 기억들을 불러온다. 때로는 MRI로 뇌를 스캔하듯, 때로는 눈을 검사하는 현미경을 들여다보듯, 미처 깨닫지 못한 감추어진 진실들과 직면하는 과정은 필립이 "지구라는 요람"에서 벗어나 새로운 세상으로 한 걸음 나아가도록 만든다. 사람들은 지구라는 "어항 속에 갇힌 금붕어"처럼 매일 새로운 지평을 발견한다는 환상을 품은 채 자신들이 원을 그리는 줄도 모르고 앞으로 나아간다고 착각하며 살아가고 있다. 필립은 자신을 가두고 있던 어항에서 벗어나 새로운 세계로 한 발 딛기 위한 시도의 일환으로 모스크바행 비행기에 오른다. 비록 그의 시도는 시간을 착각하는 어이없는 실수로 실패로 끝나지만 이미 자신의 두 발을 묶어 놓았던 사슬을 풀었다는 점에서 '시작'이라 할 수 있다.

무대는 놀랍다. 모든 인물은 1인 다역을 맡은 배우 이브 자끄에 의해 완벽하게 표현된다. 형 필립과 동생 앙드레는 각기 다른 복장 스타일, 수염, 자세로 구분되며, 스카프와 신글라스, 원피스를 차려입고 하이힐을 신은 채 우아한 걸음을 내딛는 '어머니'도, 러시아 군복을 차려입고 파이프 담배를 손에 든 채 우주선에 대한 설명을 이어나가는 과학자 '치올롭스키'도 완벽하게 구현된다. '퍼펫티어(Puppeteer)'가 조종하는 인형이 등장해 환상과 같은 장면을 연출하는가 하면 대형 스크린을 통해 투사되는 우주개발과 관련된 흑백 뉴스들은 역사적 맥락의 이해를 돕는다. 무엇보다 놀라운 점은 누구나 일상에서 경험할 수 있는 '빨래방' 장면을 전혀 관련이 없는 '우주 탐사'와 '우주인', '비행기'와 같은 문제로 연결시킨다는 것이다. 어린 아이라면 한번쯤 빨래가 돌아가는 드럼세탁기의 창문을 바라보며 신기한 상상을 했을 법한 상황을 르빠주는 연극의 주제와 연결시킨다.

르빠주는 알렉산더 던예로비치(Aleksandar Dundjerović)와의 인터뷰에서 이같이 말한다. "세탁기의 둥근 창문은 우주의 중심적인 힘, 구심력의 소형화된 오브제라 할 수 있다. 둥근 창문은 우주선의 출입구와 허블망원경을 의미하기도 하지만 동시에 나의 어린 시절 경험과 관련이 있다. 어렸을 때 나는 바지 주머니에 대리석 조각들을 모아두곤 했고, 그 대리석 조각들이 세탁기 모터에 끼여 고장을 일으키자 어머니는 나를 빨래방에 데려갔다. 드럼세탁기 창문으로 빨래를 바라보

앉던 경험은 나로 하여금 그것이 우주선을 상징할 수 있다는 사실을 깨닫도록 만들었다."

르빠주는 자신이 연극을 통해 관객들에게 선사하고 싶은 것은 자신이 제시하는 '상상력의 놀라움'이 아니라 관객들의 '상상하려는 능력에 대한 자각'임을 강조한다. 그는 "관객들은 진화와 변형, 새로운 발견을 보기 위해 내 공연을 찾는다고 말하지만 사실상 그들이 내 공연을 통해 발견하게 되는 것은 스스로에게 내재되어 있는 무언가를 발견하려 애쓰는 에너지"라고 말한다. 그는 전혀 연계되지 않는 장면들을 서로 연결하면서 '이해'를 위해 노력하고, 숨겨진 의미를 찾아 헤매는 관객들의 '몰입된 에너지', 즉 상상하기 위해 적극적으로 무대와 소통하는 내재된 에너지를 깨닫는 것에 그 핵심이 있음을 강조한다. 상상의 에너지는 연관이 없는 것들을 하나로 연결하고, 새로운 사실들을 깨닫도록 만들며, "호기심과 모험심이라는 용기"를 통해 자신을 가두고 있던 '어항'에서 벗어나 새로운 세상으로 나아갈 수 있도록 만든다.

'달의 저편'으로의 여행은 위험할지 모른다. 그 여행은 아픔을 가져오거나 충격을 안겨줄지도 모른다. 하지만 필립의 말처럼, 인간이 영원히 요람에 있을 수만은 없다. 상상하려는 에너지와 자신의 추함을 바라볼 수 있는 용기가 합쳐질 때 인간은 진화하고 한 걸음 더 나아갈 수 있다. 상상력은 우리를 어디로든 인도한다.

---

* 본 글은 2018.5.16-5.19까지 LG아트센터에서 공연된 '로베르 르빠주 x 엑스 마키나(Robert Lepage & Ex Machina)'의 연극 <달의 저편>을 관람한 후 작성된 칼럼입니다.

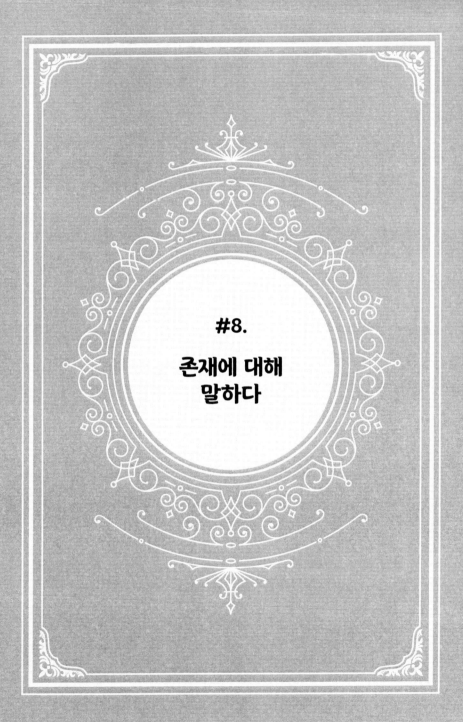

#8.

존재에 대해
말하다

나는 살아있는가, 죽어있는가?

🎭 뮤지컬 〈햄릿·얼라이브〉

역사란 무엇일까? 인류가 이 땅에 발을 딛기 시작한 이래 사회를 구성하고 발전해 온 전체의 과정, 그 변천과정의 기록을 우리는 보통 '역사'라고 부른다. 하지만 기록이란 누군가의 시점을 포함하게 마련이고, 인간에게만 있는 고유한 언어를 통해 기록된 이야기는 진실을 전달하기 위해 애쓰는 누군가의 '거울에 비친 세상'이라 할 수 있다. 영국의 역사학자 에드워드 카(E.H. Carr)는 역사란 과거의 사실을 현재의 역사가 자신만의 관점에서 구성한 이야기일 수 있기 때문에 "과거와 현재의 대화"이며, 시대의 가치관과 기준에 따라 재평가될 수 있는 것이라고 말한다.

예술도 마찬가지이다. '세상을 비추는 거울'이라고 할 수 있는 예술 역시 수행하는 예술가의 관점에 따라 각기 다른 빛깔을 뽐내며 진실과 허구의 대화, 그리고 원작과의 새로운 소통을 이어나갈 수 있다. 고대 로마의 저술가 키케로(Marcus Tullius Cicero)의 말처럼 예술은 "자연을 관찰하고 탐구하는 데서 탄생"하며, 프랑스 소설가 오노레 드 발자크(Honore de Balzac)의 말처럼 예술의 사명은 "자연을 모방하는 것이 아니라 자연을 표현하는 일"이다. 일본의 영문학자 오다시마 유시는 한 발 물러서서 세상과 인간을 바라보는 셰익스피어의 "자유로운 눈"을 강조하며, "백 명의 사람이 햄릿을 연기하면, 백 명의 인물이 표현된다"고 말한다. 수많은 해석이 가능한 '햄릿'이야말로 정답 없는 인간의 삶을 단적으로 대변하는 '페르소나(persona)'라 할 수 있다는 것이다.

2017년 '죽음이라 쓰고, 삶이라 부른다'는 부제와 함께 셰익스피어의 가장 유명한 희곡 《햄릿(Hamlet)》이 창작 뮤지컬 <햄릿:얼라이브(Hamlet is Alive)>라는 이름으로 재탄생했다. 연출 아드리안 오스몬드(Adrian Osmond)는 현대에 맞게 왕족을 걷어내고, 아버지를 땅에 묻자마자 어머니 또한 재혼으로 잃어야 했던 '한 청년의 이야기'를 그리고 싶었다고 밝혔다. 그는 원작은 "참고해야 할 매우 중요한 서적"일 뿐 필요로 하는 모든 답을 주진 않기 때문에 맞지 않는 게 있다면 과감히 생략하고, 꼭 필요한 것들만 선택했음을 강조했다. 더불어 그는 "모든 것은 사라지게 마련이고, 존재는 유한하다"는 사실을 중심으로 관객들이 "삶과 죽음이 서로의 대척점에 있는 것이 아니라 함께 공존하는 것"이며, "죽음에 대한 고뇌가 곧 삶에 대한 고뇌임을 인식"할 수 있게 되기를 바란다면서, 관객들 모두가 각자 자신만의 거울을 들어 <햄릿:얼라이브>와의 '연결점'을 찾기를 희망했다.

인간이라면 누구나 자신의 존재 의미를 확인하고자 갈망한다. 의미는 인간이 살아가는 방식이고, 각 개인이 부여하는 자신의 존재 의미는 곧 삶을 창조한다. 매 순간 자신이 살아있음을 느끼고 싶어 하는 것이 인간이고, 그 누구보다 힘차게 현재를 살고 있음을 확인하기 위해 끊임없이 무언가를 추구하며 앞으로 나아가고자 애쓰는 것이 인간이다. 인간은 어디에서도 자신이 살아있음을 확인할 수 없고 살아야 할 의미를 발견할 수 없을 때 '죽음'을 떠올리는 존재이며, '무의미함'과 '무가치함'으로 인해 존재론적 고통에 직면했을 때 가장 절망하고 괴로워한다.

뮤지컬 <햄릿:얼라이브>는 햄릿이 숙음을 맞이하게 되는 비극의 마지막 장면에서 시작해 '호레이쇼(Horatio)'의 기억을 통해 그의 역사를 되짚어가는 구조를 설계함으로써 죽은 햄릿이 다시 되살아나 자신의 삶 속에 숨겨진 음모와 계략, 거짓과 배신을 파헤치며 진실의 고리를 찾아나가는 '과정의 기록'을 보는 듯한 인상을 남긴다. 마지막 숨을 거두는 햄릿으로부터 후세에 '진실'을 전해 줄 것을 부탁받은 호레이쇼는 햄릿의 친구라는 원작의 설정과는 달리 죽은 선왕의 오랜 친구이자 스승, 철학자로 등장하며, "진실을 전달해야 하는 자의 무게"를 토로한다. '햄릿이라는 한 사람의 진실을 어떻게 써내려가야 하는가?' 하는 무거운 역사의 질문은 침묵으로 외면하고픈 갈등을 야기하지만 다시 되살아 일어나는 유령 같은 햄릿과 그를 한쪽 구석에서 걱정스러운 눈빛으로 지켜보는 호레이쇼를 통해 무대는 '햄릿의 진실을 전달하려는 호레이쇼의 이야기'라는 구조를 완성한다.

누구나 경험할 테지만 그 누구도 정확히 알 수 없고, 누구도 제대로 전달할 수 없는 진실이라 할 수 있는 '죽음', 가늠조차 할 수 없는 인류 최대의 미스터리인 죽음은 "또 다른 악몽"이 되어 관객들 앞에 자신만의 이야기를 펼쳐 보인다. 선왕을 독살하고 형수인 '거트루드(Gertrude)'와 결혼한 숙부 '클로디어스(Claudius)'는 왕관으로 상징되는

'권력'에 눈이 먼 '맥베스(Macbeth)'와 같은 인물로 그려진다. 왕비 거트루드는 아들을 지키기 위해 어쩔 수 없이 정치적 선택을 한 나약한 '모성의 여인'으로 해석된다. '오필리어(Ophelia)'는 가혹한 운명의 얽힘 속에서 희생당하는 '가엾은 여인'으로, 그녀의 아버지 '폴로니어스(Polonius)'는 실세를 알아보고 권력에 기생하는 '기회주의 정치인'으로 등장한다. 한편, 햄릿의 어린 시절 친구들인 '로젠크랜츠(Rosencrantz)'와 '길든스턴(Guildenstern)'은 부와 성공을 위해 우정 같은 인간적 가치를 가차 없이 버리는 '냉혈한'으로 표현된다. 그 한가운데 누군가의 잘못과 죄악을 밝히기 위해 자신의 삶을 희생해야 했고, 자신이 사랑하는 모든 사람들에게 원치 않는 상처를 입혀야 했으며, 자기 자신조차 잃어야 했던 '비극 속의 인간' 햄릿이 있다.

뮤지컬 <햄릿:얼라이브>는 권력을 탐해 살인을 저지른 숙부의 죄악을 만천하에 폭로하고 아버지의 억울한 죽음의 '진실'을 밝히기 위해 투쟁하다 스러져간 '평범한 소시민의 숭고한 삶'으로 햄릿의 비극을 읽어낸다. 그가 복수를 할 수 있는 절호의 기회를 나중으로 미룬 것은 진실을 세상에 공표하기 위함이다. 그는 자신의 삶이 오직 '복수'를 위해 존재하는 것인가에 대한 회의 섞인 질문을 던진다. 그에게 찾아온 유령은 죽은 아버지의 '환영'이라기보다는 자신의 내면에 자리한 의심의 목소리가 불러낸 '환각'에 가깝다고 볼 수 있다. 그는 의심을 확신할 살인의 증거를 찾기 위해 '광기'라는 탈을 쓰고, "자연을 비추는 연극"을 통해 클로디어스를 향한 자신의 의심을 진실로 분별해낸다. 진실을 향해 다가가는 햄릿을 경계하는 클로디어스는 자신의 죄를 감추기 위해 계략을 세우고, 어머니 거트루드 왕비를 포함해 주변의 모든 사람들이 자신을 배신했다고 생각하는 햄릿은 아무도 믿지 못한다. 광기를 가장해 진실에 가까이 다가가기 위한 노력을 계속하는 햄릿은 매번 '배신'으로 상처 입을 때마다 주변 사람들을 죽음으로 몰고 가며 '불행'을 야기한다.

<햄릿:얼라이브>의 햄릿은 '죽느냐, 사느냐'의 질문을 던지고 있지 않다. 그는 지금, 현재 '살아있는가, 죽어있는가'의 질문을 던지고 있다. 햄릿은 누구보다 힘차게 자신의 삶을 살아간다. 객석으로 울려 퍼지는 심장 박동 소리는 관객들로 하여금 그의 거친 '삶의 숨결'을 느끼도록 만든다. 호레이쇼가 전달하는 그의 삶의 이야기는 하늘 위에 드리워진 거대한 구름 모양의 '거울'을 통해 연극으로, 음악으로, 노래로 비추어져 관객들에게 전달된다. 아버지의 유품이었던 '칼'은 복수를 위해, 왕의 인장이 찍힌 '반지'는 위험을 모면하기 위해, 역사를 기록할 '책'은 진실을 남기기 위해 무대에서 사용된다. 이제 '책'은 햄릿에 의해 호레이쇼에게 남겨지고, 호레이쇼는 이 모든 진실을 자신만의 '거울'에 비추어 전달하기 위해 오롯이 무대 한 구석에 서있다. 햄릿의 이야기가 끝나는 순간 무대 위의 인물들은 하나씩 쓰러지고, 무대 위의 세상은 '신기루'처럼 사라져 버린다. 호레이쇼는 진실을 전달해야 하는 사람의 책임과 그 무게를 깊이 인식한다. 그의 고민과 사유는 관객들에게 묻는다. "당신은 이 이야기를 어떻게 전달할 것인가?"라고.

연극계에 큰 업적을 남긴 영국의 연출가 피터 브룩(Peter Brook)은 『빈 공간(The Empty Space)』에서 "공연이 끝나고 나면 남는 것이 무엇인가?"라고 자문했다. 그는 결국 "재미와 감동, 논쟁의 실마리"까지 모두 사라지겠지만 윤곽, 자취, 그리고 형상에 대한 기억이 "희미한 실루엣"으로 남겨질 수만 있다면, 어쩌면 그 '실루엣(silhouette)'이 횃불

이 되어 기억을 비추고, 삶을 향한 생각을 수정할 수 있도록 만들지 모른다고 답했다. 뮤지컬 <햄릿:얼라이브>가 남기는 화려함과 강렬함의 여운 역시 현실로 돌아오는 순간 모두 사라질 것이다. 하지만 적어도 관객들이 햄릿의 다시 뛰기 시작했던 '심장 박동소리'와 무대를 비추던 거대한 구름모양의 '거울'만이라도 실루엣으로 남길 수 있다면, 진실을 밝히고자 했던 한 청년의 살아남기 위한 힘찬 노력과 그 '숭고함'을 기릴 수 있지 않을까?

* 본 글은 2017.11.23-2018.01.28까지 예술의전당 CJ토월극장에서 공연된 창작 뮤지컬 <햄릿:얼라이브>를 관람한 후 작성된 칼럼입니다.

'자기기만의 늪'에 빠진 한 남자의 비극

 토마스 오스터마이어 연출 <리처드 3세>

"연극은 고양이처럼 여러 개의 목숨을 가지고 있다. 작가의 원고로서 연극으로 상연되기 이전의 극본의 삶, 연출가와 배우 혹은 다른 작가에 의해 읽혀지고 수정된 공연 대본의 삶, 반복되는 리허설과 연습을 통해 변화된 삶, 그리고 마침내 무대 위에 올라 관객들 앞에 펼쳐지며 공연되는 삶... 하지만 연극은 또 다시 배우와 관객의 상호작용 속에 다른 삶을 맞이하게 된다."

연극 기호학자인 케어 엘람(Keir Elam)은 셰익스피어의 극작품들이 오랜 세월 '생산'과 '수용'의 과정을 거치면서도 꾸준히 관객들의 사랑을 받으며 생명을 이어 나가고 있음과 관련해 '해석'의 중요성을 강조한다. 엘람에 따르면, 공연은 그 자체로 생명력을 가지며 공연을 관람한 관객들에 의해 개별적으로 묘사되고 논의되며 해석되는 과정 속에서 또 다시 '새로운 텍스트'들을 생산한다. 결국 처음 연극으로 상연되기 위해 만들어진 극본은 수많은 해석과 의견을 반영한 새로운 공연들로 반복적으로 재탄생하며 끝없는 "사후의 삶"을 누리게 된다.

1999년부터 독일 베를린 샤우뷔네 극장(Schaubühne Berlin)의 예술 감독으로 재직하며 수많은 화제작을 통해 젊은 관객들을 현혹시켜 온 토마스 오스터마이어(Thomas Ostermeier) 연출의 2015년 연극 <리처드 3세(Richard III)>가 2018년 한국을 찾았다. 윌리엄 셰익스피어의 희곡 《리처드 3세》를 독일의 극작가 마리우스 폰 마이엔부르크(Marius von Mayenburg)가 새롭게 독일어로 번역하고 각색한 대본에 기반했다. 오스터마이어는 이에 관해 "인물들의 심리를 더욱 잘 파고들 수 있도록 운문이 아닌 산문을 사용"했으며, 원전의 40%를 들어내는 과감한 시도에도 불구하고 "좀 더 이해하기 쉽고 중대한 일이 무엇인지 명쾌하게 드러날 수 있도록" 새로운 텍스트는 추가하지 않았다고 밝혔다. 오스터마이어는 힙합과 랩, 록 음악을 활용한 신세대적인 연출과 스탠드 업 코미디언처럼 배우가 끊임없이 관객과 소통하는 '리처드'의 구현을 통해 완전히 새로운 연극을 탄생시켰다.

2016년 아비뇽 페스티벌(Festival d'Avignon)을 위해 프랑스에 방문했을 당시 오스터마이어는 "왜 <리처드 3세>를 선택했는가?"라는 질문에 우선 리처드를 연기하기에 가장 적합한 배우 라르스 아이딩어(Lars Eidinger)가 있었고, "선과 악의 경계가 분명하게 드러나지 않는 작품을 연출하고 싶었기 때문"이라고 답했다. 그는 주인공 리처드가 이미 극 초반에 자신이 사악한 인물임을 관객들에게 솔직하게 밝히고 있음에도 어째서 관객들이 그에게 빠져들게 되는 것인지 알고 싶었다면서, "우리 자신이 인간으로서 각자의 내면에 존재하는 깊은 심연과 마주할 수 있도록 하려면 철저하게 도덕적 관념이 없는 작품을 선택할수밖에 없었다"고 덧붙였다.

극은 '헨리 6세(Henry VI)'의 죽음으로 리처드의 형 '에드워드 (Edward IV)'가 왕위에 오르고 30년간 이어져 온 전쟁의 종식을 축하하는 요란한 파티장면으로 시작된다. 검은 턱시도와 드레스를 차려입은 배우들이 술잔을 든 채 객석의 통로로 입장하고, 시끄러운 음악소리와 함께 금색과 은색의 색종이 조각들이 공중에 날리는 가운데 관객들을 향해 샴페인이 뿌려진다. 무대와 객석의 경계는 없다. 셰익스피어 시대의 글로브 극장(Globe Theatre)을 느낄 수 있도록 중앙으로 통하는 무대입구와 계단, 기둥으로 구성된 '2층 구조물'과 객석과의 거리를 가능한 좁힐 수 있도록 설계된 '반원형 무대'가 있을 뿐이다. 극은 관객들이 "연기하는 인물들과 함께 하고 있음"을 느낄 수 있도록 "매우 친밀한 환경"을 유지하며, 배우는 객석의 빈 좌석에 앉거나 호응을 유도하고, 관객을 향해 즉석에서 질문을 던지는 등 영어와 독일어를 넘나들며 극본에 없는 대화를 이어나간다.

정신없고 현란한 파티 속으로 멜빵이 달린 검은 바지와 흰 셔츠 차림에 검은 가죽 머리띠로 두개골을 감싼 한 남자가 불편한 걸음걸이로 등장한다. 유난히 커 보이는 한쪽 발을 질질 끌며 어깨 위로 툭 불거져 나온 커다란 혹을 달고 있는 남자는 주변을 둘러보며 무엇이 그렇게 즐거운지 이해할 수 없다는 표정을 짓는다. 치아교정기가 드러나는 어색한 미소 뒤로 불안함을 감추지 못하는 그의 모습은 요란한 파티와 전혀 어울리지 않는다. 술을 진탕 마시고 짝을 이루어 향락을 즐기는 파티 가운데 그는 소외된 '부적응자'로 자리한다. 남자는 갑자기 무대 중앙에 길게 매달려 있는 줄 달린 마이크를 낚아채더니 아무도 자신을 볼 수 없다는 듯 관객들을 향해 낮은 목소리로 읊조리기 시작한다. "어차피 세상의 주목을 받으며 사랑 속에 군림할 수 없다면 차라리 악당이 되어 모든 즐거움이 헛된 것임을 증명하고야 말겠다!"

오스터마이어의 '리처드'는 정치적 욕망과 권력이 아닌 주변 사람들의 관심과 사랑, 존중에 굶주려 있다. 무기를 들던 손에 술잔을 들고, 전쟁터의 트럼펫 소리 대신 음악을 들으며, 근심어린 표정 대신 미소를 띠고 서로를 유혹하는 속에서 그는 자신만이 외롭게 남겨졌음을 인식한다. 전쟁터라면 갑옷 속에 자신의 흉물스러움을 감추고 절름거리는 두 다리 대신 말을 달렸을 테지만, 평화의 시기에 그가 할 수 있는 것이라고는 그저 거울에 비친 자신의 그림자를 들여다보며 자작시를 읊는 것 뿐이다. 그는 상처입고 비뚤어졌다. 사람들은 '굴욕'의 겨울이 지나갔다고 말하지만, 그에게 '굴욕'은 여전히 지속되는 단어이다. 마이엔부르크는 '불만'이 아닌 '굴욕'이란 단어를 사용한다. 거짓과 기만을 통해 모두를 자신과 같은 어둠 속으로 끌어내리겠다는 리처드의 결심은 분명 잘못된 것이지만 관객들은 왠지 한 쪽 눈에 눈물마저 맺힌 리처드를 비난할 수 없는 자신을 발견한다. 이미 관객들은 그에게 매료되어 있다. 그런 까닭에 관객들은 극을 관람하는 내내 때로는 과장되고 성가시며 우스꽝스럽고 혐오스러운 리처드의 당황스러운 행동에 웃음으로 반응하고, 알지도 못하는 독일어의 대사를 무작정 따라하는 적극성을 보인다.

오스터마이어는 조셉 피어슨(Joseph Pearson)과의 인터뷰에서 "나는 매우 매력적인 리처드를 만들기를 원했고, 사람들이 연민을 품고 동정할 수 있는 인물로 표현되길 바랐다"고 말했다. 그는 누구에게나 있는 핸디캡과 콤플렉스, 어두운 욕망과 탐욕, 삶 속에서 마주하게 되는 "실연이나 개인적, 직업적 좌절과 같은 괴로운 순간들이 내면에 쌓아놓은 것들"에 대해 이야기할 필요가 있음을 강조했다. 이 때문에 아이딩어가 연기하는 리처드는 끔찍하고 그로테스크하면서도 코믹하고, 비도덕적이고 통제 불능이면서도 연민을 불러일으킨다. 그는 고통 속에 놓여 있다. 그는 세상을 두고, 더 정확히 말하자면 '세상 속 사람들'을 두고 장난질을 치고 있지만, 사실상 사람들은 자신의 깊은 곳에 내재한 욕망의 속삭임에 따라 움직이고 있을 뿐 실제로 리처드의 계획대로 움직이는 것은 아니다. 그는 거짓을 설파하고 음모를 꾸미지만 예측하지 못한 반응과 결과들을 통해 행동이 강화될 뿐 모든 것을 진두지휘하고 있지 않다.

그는 자신의 논리가 세상을 움직일 수 있음을 확인하기 위해 제일 먼저 '앤(Lady Anne)'을 공략한다. 시아버지와 남편을 죽음으로 몰아넣은 원흉인 리처드 앞에서 힘없이 무너져 내리며 반지를 손에 끼우고 입맞춤을 하는 앤은 리처드에게 자신이 나아가야 할 방향에 대한 확신을 심어준다. 리처드의 구애는 그야말로 절실하다. 그는 애초에 모든 비극의 원인이 앤의 지나친 '아름다움'에 있었음을 강조하며, 모든 것이 자신의 간절한 사랑의 왜곡된 방식이었음을 눈물로 호소한다. 자신을 향해 침을 뱉고 저주를 퍼붓는 앤에게 정말로 상처를 입은 양 눈물을 훔치며 뒤돌아서던 리처드는 갑자기 자신을 감싸고 있던 모든 옷을 벗어 던지고 알몸의 상태가 되어 그녀 앞에 무릎을 꿇고 긴 칼을 자신의 가슴에 찔러 넣을 것을 요구한다. 그의 간절함이 절대 불가능해 보이는 앤을 함락시켰다는 점은 리처드로 하여금 왜곡된 자신의 사고방식을 긍정하고 '자기기만'의 늪에 빠지도록 만든다.

진화 생물학자 로버트 트리버스(Robert Trivers)에 따르면, '자기기만'은 인류가 생존을 위해 작동시켜 온 일종의 '인간 본능'이다. 동물이 낯선 상대를 만나면 털을 곤두세워 자신의 몸을 부풀리거나 강렬한 보호색을 띠는 것과 같이 인간은 자신을 보호하기 위해 '자기기만'이라는 '심리적 방어기제'를 발동시킨다. 트리버스는 '자기기만'의 경향은 타인과의 비교에서 불평등을 느끼는 편차에 따라 다르며, "편차의 기울기가 가파를수록 자신의 지위를 경쟁적으로 상대와 비교하고 남을 폄하한다"고 말한다. 상대를 깎아내리는 일은 만족감을 높여주고, 자연스러운 우월감에 빠지도록 만든다. 이 때문에 관객들을 향해 비스듬히 경사진 반원형의 무대는 이미 기울어진 리처드의 세상을 보는 관점, 타인과 자신을 바라보는 관점을 의미하게 된다. 흙으로 뒤덮인 황폐한 바닥, 화려함이나 따스함이라곤 찾아볼 수 없는 차가운 철제의 기둥, 온 세상에 목소리를 들려주려는 듯 허공에 매달려 흔들리고 있는 소형카메라와 조명이 달린 마이크, 관객들이 바라보는 무대 위의 세상은 리처드의 내면이 만들어 낸 세상, 즉 그의 깊은 의식이 반영된 세상이라 할 수 있다.

대중문화의 아이콘이라 불리는 래퍼, 타일러 더 크리에이터(Tyler, The Creator)의 랩 가사 "악마는 프라다를 입지 않는다. 나는 분명 흰 티셔츠를 입고 있다(The devil doesn't wear Prada. I'm clearly in a fucking white tee)"를 인용하거나 거짓말 논란으로 스캔들을 불러왔던 테일러 스위프트(Taylor Swift)의 노래 '네가 한 짓을 봐(Look what you made me do)'의 가사를 차용한 랩은 리처드의 내면의 많은 부분을 설명한다. 자신을 비난하던 적들에게 힐난과 분노를 날리며 자신조차 조롱하는 시니컬함과 코믹함을 담았다는 스위프트의 가사는 "나를 이렇게 만든 것은 다름 아닌 너희들, 즉 세상"이라는 점을 강조한다. 자신의 심리 치료사이자 또 다른 자아, 양심이라 할 수 있는 Dr. TC와의 대화를 담고 있다는 타일러의 앨범 <고블린(Goblin)>은 자신과 다르다는 이유로 타인을 혐오하고 비방하는 사람들의 '악의'를 비난한다. 거짓과 가장, 탐욕 그것은 리처드의 삶 뿐만 아니라 모든 이의 삶을 파멸로 몰고 가고 있다. 하지만 리처드는 '자기기만'에 빠진 채 점점 폭주하는 자신의 실체와 대면하지 못한나.

리처드의 또 다른 자아, 즉 '양심'은 형 '클라렌스(Duke of Clarence)'를 죽이고, 어린 조카들을 죽이고, 앤을 죽인 자신이 스스로를 파멸로 이끌어 가고 있음을 인지한다. 그러나 그는 여전히 코르셋으로 허리를 곧추세우고 목에 보호대를 끼운 채 자신을 꼿꼿이 지탱하려 애쓴다. 하지만 결국 그 모든 '받침'을 내려놓아야만 침대에 누울 수 있고 잠들 수 있다는 점에서 그의 '왕관'은 무거운 짐이자 불편한 족쇄라 할 수 있다. 그는 "자신조차 연민할 수 없는 자아"를 인식하고 있다. 이 때문에 그는 어린 조카들의 시체를 보고 난 후 자신의 입 속에 집어넣던 스프(soup)를 온 얼굴에 하얗게 바른 채 석고처럼 굳어가는 '죽음의 가면'을 쓴 그로테스크한 모습으로 자리한다.

꿈속에서 자신이 저지른 모든 악행의 결과인 유령들과 마주한 리처드는 허공을 향해 칼을 휘두르며 휘청거린다. 치열한 보스워스 전투(Battle of Bosworth Field)는 그의 내면에서 벌어지고 있는 '자아와의 전쟁'이 되며, 그의 죽음은 스스로조차 연민할 수 없는 자신에 대한 '응징'이 된다. 마치 도살된 가축처럼 한쪽 발목만이 줄에 매달린 채 공중 위로 끌어올려지는 리처드의 육체가 관객들에게 전하는 메시지는 헛된 삶이 주는 '허망함', 그리고 자신을 기만한 자에게 내려지는 비극적 현실, 즉 '차가운 응징'이다.

오스터마이어의 연극 <리처드 3세>는 '자기기만의 늪'에 빠진 한 남자의 비극을 여실히 보여준다. 관객들이 그를 향해 알 수 없는 연민을 품는 것은 "세상에 나를 사랑하는 존재는 없다"는 그의 마지막 외침이 공허하고 외롭기 때문이다. 해석은 다양할 수 있다. 셰익스피어의 《리처드 3세》는 또 한 번의 '사후의 삶'을 누렸을 뿐, 그 해석을 수용하고 받아들이는 것은 오직 관객의 선택이다.

* 본 글은 2018.6.14-2018.6.17까지 LG아트센터에서 공연된 '독일 베를린 샤우뷔네 극장'의 연극 <리처드 3세>를 관람한 후 작성된 칼럼입니다.

존재의 무거움을 일깨우는 사람

🎭 연극 <애도하는 사람>

존재의 무게를 잴 수 있을까? 존재의 무게를 느낀다는 건 인생에 단 한 번뿐인 삶을 무겁게 받아들인다는 뜻일까? 아니면 어떤 삶이든 죽음에 이르고 망각된다는 점에서, 그 가벼움을 허무로 받아들인다는 뜻일까? 존재의 가벼움과 무거움, 육체와 영혼, 우연과 필연에 대한 성찰을 이어온 체코 출신의 소설가 밀란 쿤데라(Milan Kundera)는 "인생을 짓누르는 공허함의 억압적인 가벼움", 즉 '참을 수 없는 존재의 가벼움'이 삶에 대해 무력감을 느끼도록 만들고 그 무력감이 커질수록 인간은 "존재의 가벼움에 점점 더 짓눌리게 된다"고 말한다. 그는 『웃음과 망각의 책』에서 "뱃속의 공허한 느낌, 그 참을 수 없는 무게의 결핍"이 어느 순간 무시무시한 '가벼움의 짐'이 되고 더는 한 순간도 그 가벼움을 지탱할 수 없는 때가 온다는 점을 묘사한다.

2009년 나오키상을 수상한 일본 작가 렌도 아라타(天童荒太)의 소설을 오오모리 스미오(大森寿美男)가 각색한 연극 <애도하는 사람(悼む人)>이 2018년 김재엽 연출에 의해 국내 무대에 올랐다. 연극은 2012년 일본 파르코 극장에서 초연되었고, 2015년에 영화로도 제작

되었다. 연극 <애도하는 사람>은 전국을 떠돌며 죽음의 경중을 따지지 않고 모든 사람을 '애도'하려는 한 남자 '시즈토'를 중심으로 삶과 죽음, 사랑이라는 주제에 대해 깊은 철학적 접근을 시도한다. 소설 『애도하는 사람』은 나오키상 심사위원이었던 이노우에 히사시(井上ひ さし)로부터 "도스토옙스키에 견줄만한 문학적 모험"이라는 평가를 받았다. 평범한 의료기기 제조회사 영업사원이었던 청년 사카츠키 시즈토는 어느 날 갑자기 회사를 그만두고 얼굴도 모르는 타인들의 죽음을 '애도'하기 위해 여행을 떠난다. 직장생활을 하며 모아둔 돈을 아껴 쓰며 신문, 라디오, 잡지를 통해 접할 수 있는 모든 이들의 사망 기사와 부고(訃告)를 점검하고 '죽음'이 지나간 자리라면 어디라도 찾아가 '애도'한 후 죽은 이의 '생전의 삶'을 자신의 '기억'에 새기는 남자는 벌써 5년째 이 일을 계속해오고 있다.

가까운 사람의 죽음마저 '일상'이라는 삶 속에 파묻히고 흐르는 시간과 함께 '망각'되는 삭막함 가운데 타인의 죽음을 '애도하는 사람'이라니, 그 '숭고함'에 감사와 존경을 표해 마땅할 테지만 세상은 그에게 그리 관대하지 않다. 사람들은 모든 죽음의 무게를 똑같이 인식하며, 고인의 삶에 대한 명확한 지식도 없이 자신이 기억할 수 있는 방식대로 나름의 규칙을 정해 '애도'라는 행위를 이어나가는 그를 이해하지 못한다. 죽음의 언저리를 떠도는 그를 불편하게 느끼는 사람들은 함부로 타인의 죽음을 애도하는 것은 무례한 일이고, '애도할 가치'를 따지지 않는 일은 옳지 않다고 비난한다. 그가 죽은 이를 애도하면서 기억하고자 하는 것은 오직 세 가지 뿐이다. "당신은 누구에게 사랑을 받았으며, 누구를 사랑했고, 어떤 일로 사람들에게 감사를 받았습니까?"

자극적이고 충격적인 기사들로 잡지의 지면을 채우며 인간에 대한 혐오, 세상에 대한 불신을 키워 온 주간지 기자 '마키노 코우타로'는 극 초반부터 관객들을 향해 핵심적인 질문을 던진다. "소중한 사람의 죽음과 생판 모르는 타인의 죽음, 사람의 죽음이란 그렇게 나뉘게 마련이야. 크나큰 공헌을 한 사람의 죽음과 극악무도한 자의 죽음, 사고로 죽은 아이와 집단자살에 동참한 아이의 죽음이 어떻게 같을 수 있지? 애도할 가치가 있는 죽음, 그렇지 않은 죽음, 삶이 제각가이라면 죽음도 제각각이어야지!" 시즈토처럼 죽음에 차이를 두지 않고 애도한다면, 자신과 같은 기자들의 밥줄은 끊기고 말거라 외치는 마키노는 죽은 이를 애도함에 있어 왜 죽었는지, 어떻게 죽었는지보다 어떤 삶을 살았는지에 초점을 맞춰 좋은 기억만을 남기려는 시즈토를 맹렬히 비난한다. "그건 전부 자네 혼자만의 생각이잖아? 재밌어? 이게 다야?" 몰아붙이는 마키오를 향해 시즈토가 말한다. "어차피 처음부터 제 마음대로 하는 일이었습니다. 폐가 될까요?"

한쪽 무릎을 꿇고 오른손은 머리 위로 높이 들어 올렸다가 가슴 앞에 모으고, 왼손을 지면에 대었다가 가슴으로 가져가 두 손을 포개고는 "당신이 이 세상에 살아 있었다는 사실을 기억하겠습니다!"라고 속삭이는 남자 시즈토를 사람들은 '애도하는 사람'이라 부른다. 죽은 이에 대해 주변 사람들에게 묻고 다니거나 일반적이지 않은 '애도'의 행위로 의심을 사 종종 경찰로부터 신원 확인을 요청받는 시즈토에게는 위암 말기로 호스피스 케어를 선택한 어머니 '준코'와 수상쩍은 여행을 하는 오빠를 둔 탓에 약혼자로부터 버림받은 여동생 '미시오'가 있다. 하지만 처음 몇 년을 제외하고 집으로 되돌아가지 않았던 시즈토는 어머니를 향해 다가오는 죽음과 여동생을 향해 다가오는 생명의 탄생에 무지한 채 오늘도 잊혀져가는 수많은 타인의 '죽음'을 향해 발걸음을 내딛는다. 조금이라도 더 많은 죽음을 가슴에 새기기 위해, 아니 가능한 더 많은 사람들의 삶을 기억하기 위해 그는 내일도 모레도 그 끝을 알 수 없는 '애도의 여정'을 이어나간다.

애도란 '사람의 죽음을 슬퍼함'을 뜻한다. 연극 <애도하는 사람>의 드라마투르그(dramaturg)인 이시카와 쥬리에 따르면, 일본어의 '애도 (悼む)'의 독음 '이타므'는 '통증을 느끼다, 아프다'는 뜻의 '痛む'와 '물건이나 음식이 상하다'는 뜻의 '傷む'의 경우에도 같다고 한다. 이 때문에 일본어로 '이타므'라는 말은 자연스레 어원이 같은 동사들의 모든 뜻을 합해 "누군가의 죽음을 아파하고 마음이 상한다"는 의미를 담는다고 할 수 있다. 영어의 경우에도 '애도'는 'Mourning'과 'Grief'를 혼용해서 쓰는 경향이 있다. 'Grief'는 사랑하는 이의 죽음을 슬퍼하는 감정, 때로는 무감각하고 분노와 후회에 시달리며 폐부 깊숙한 곳을 내리누르듯 하나로 뭉쳐져 한 곳에 쌓이는 '고통', 그리고 가슴이 뻥 뚫린 것과 같은 '허전함'과 '공허함'을 의미한다. 'Mourning'은 그러한 감정들을 가슴 밖으로 내보내기 위해 어떻게든 '슬픔을 표현하는 방식'을 의미한다.

상실의 고통에서 벗어나지 못하는 이들을 치료하는 심리전문가들은 애도에 진심을 다한 사람은 '치유'를 경험할 수 있으며, 죽은 이가 남긴 사랑의 가치와 기억을 가슴에 소중히 간직한 채 다시 삶으로 나아갈 수 있다고 말한다. 단, '애도의 여정'은 각자 자신의 속도와 단계, 보조에 맞춰 움직여야 하고 각기 다른 방식으로, 자신만의 독특한 모습과 형태로 이어져야만 한다. 전문가들에 따르면 '애도의 여정'에는 필요한 몇 가지 과정이 있다. 먼저 죽음이라는 현실을 받아들이고 '상실의 고통'을 인정하는 과정이다. 다음으로는 자신이 죽은 이를 기억할 수 있는 일종의 기념 혹은 상징, 즉 '메멘토(memento)'가 될 수 있음을 인지하는 과정이다. 그 다음으로는 '새로운 의미'를 찾아 '새로운 자아'를 발전시킬 수 있는 과정이 필요하다. 죽음에 대해 계속 말할 수는 있지만, 슬픔을 극복하거나 견뎌야 한다는 생각은 버려야 한다. 또한, 자신과 같은 무게와 감정으로 타인 역시 애도할 거라는 '기대'를 가져서는 안 된다. 죽은 이를 기억하기 위한 자신만의 '미션'을 수행하되, 시간의 흐름 속에 무뎌지는 자신을 비난하지 말아야 한다. 그리고 무엇보다 '치유는 천천히 온다'는 사실을 받아들여야 한다.

'애도하는 사람' 시즈토는 이 모든 과정을 자신만의 방식대로, 자신만의 속도에 맞추어 실행한다. 하지만 그가 끝까지 놓지 못하는 것은 시간의 흐름 속에 무뎌지는 자신, 삶 속에 망각되는 죽은 이에 대한 '기억'이다. 그는 '망각'으로 사라지는 존재의 '참을 수 없는 가벼움'을 견딜 수 없어하며, 사랑하는 이들의 죽음을 끝까지 애도할 수 없는 자신을 용서하지 못한다. 그에게 애도는 '참을 수 없는 가벼움'을 '견딜 수 있는 무거움'으로 만드는 행위이며, '죽음'이 아닌 '삶'과 '존재'를 기억할 수 있는 유일한 방법이다.

죽음을 애도함으로써 '삶'의 실루엣을 기억하는 시즈토는 죽음을 피하려 하지만 함께할 수밖에 없어 좌절하거나 고통 받는 인물들과 대척점에 서 있다. 사랑하는 이에게 자신의 사랑을 증명하기 위해 죽음을 선물하고 그 죽음의 실루엣에 사로잡혀 벗어나지 못하는 '나기유키요', 수많은 살해의 기사들을 써오며 인간의 잔인함과 냉소, 무관심과 무책임에 지쳐 죽음과 직면하지 못하고 아버지의 임종을 끝까지 거부하는 '마키오', 위암 말기로 점점 더 심해지는 육체의 고통에 몸부림치며 아들이 돌아올 때까지, 딸이 출산할 때까지, 끝없이 죽음이 유예되기만을 기대하는 '준코', 자신의 아이가 태어날 때까지만이라도 엄마의 죽음이 다가오지 않기를 기도하며 집에서 출산하겠다는 결심을 굳히는 '미시오', 그리고 애도의 여정 속에서 시즈토가 만난 수많은 죽음과 사연으로 연결된 사람들… 죽음을 향해 흐르는 삶 속에서 그들은 사랑하는 사람들의 '상실'을 통해 끝없는 후회와 상처, 그리움, 혹은 분노와 원망, 아픔에 노출된다.

죽음은 상대의 '끝' 뿐만 아니라 나의 '끝' 또한 인식시킨다. 나의 '끝'이 어떻게 읽힐지, 나의 모든 것이 어떻게 사라져갈지, 나의 삶이 어떤 의미를 남길 것인지, 죽음은 그렇게 나의 '사후'를 설명한다. 이 때문에 가까운 이의 죽음을 경험한 사람들에게 삶은 '기억'을 의미하고, 죽은 이의 기억이 아닌 남은 이의 기억만이 그의 삶을 설명한다는 사실을 인식시킨다. 두 사람이 함께 공유했던 기쁨과 슬픔, 아픔만이 그 삶을 지속시킨다는 사실은 가르침을 남긴다. 내가 떠난 자리에 남겨지게 될 흔적, 나를 두고 추억하게 될 사람들의 기억과 마음, 그러한 것들의 소중함을 깨달을 때 삶은 전혀 다르게 읽힌다. 삶은, 즉 존재는 '의미'로 귀결된다. 그리고 우리는 소중한 사람들과 조금이라도 더 많은 시간을 보내기 위해, 조금이라도 더 기쁨으로 충만한 기억을 만들기 위해 최선을 다하게 된다. 죽음은 그렇게 다른 이에게 교훈과 새로운 삶을 남긴다.

자신의 죽음을 애도해 줄 사람이 단 한 명도 없다고 생각하는 외로운 사람들에게, 상처입고 버림받은 아픈 사람들에게 '애도하는 사람'의 존재는 엄청난 '위로'가 된다. 내가 누군가를 사랑했으며, 누구에게 사랑받고, 누구에게 감사를 받았는지 기억해 줄 세상의 단 한 사람, 내가 이 땅에 존재했음을 증명하는 유일한 사람…. 어쩌면 정말로 죽은 사람들은 자신을 애도해 줄 그런 사람을 기다리고 있는지도 모른다. 누군가의 기억 속에 '불멸'이 되고 그의 가슴 속에 살아 숨쉬기 위해서 말이다.

원작 소설의 내밀함은 담지 못할지 모른다. 죽음을 경시하는 사회와 언론, 사람들의 무감각한 삶 속 사랑과 연민의 부족, 폭력이 폭력을 부르는 비극, 존재에 대한 무거운 고민과 같은 원작이 지닌 많은 문제들을 제시할 수 없을지도 모른다. 하지만 연극 <애도하는 사람>은 가장 핵심적인 질문을 던지고 있다. 어쩌면 지금 우리에게 가장 필요한 것은 타인의 죽음을 무겁게 받아들이고, 모든 존재에게 연민을 느끼며, 한없이 가벼운 존재의 무게를 도저히 참을 수 없어 기꺼이 '애도의 길'을 떠나는 누군가, 바로 그 '애도하는 사람'이 아닐까? 만약 모든 사람이 서로에게 '애도하는 사람'이 되어줄 수 있다면, 세상은 그제야 비로소 존재의 무게를 설명할 수 있을지 모른다. 그의 존재가 '위로'가 된다고 느낀다면 다른 누군가에게 '애도하는 사람'이 되어 주면 어떨까?

* 본 글은 2018.06.12-2018.07.07까지 두산아트센터 Space111에서 공연된 연극 <애도하는 사람>을 관람한 후 작성된 칼럼입니다.

주체적인 소녀 '빨간 망토'의 발칙한 이야기

🎭 신(新)창극시리즈1 <소녀가>

　동화의 기원은 무엇일까? 동화는 언제부터 존재했으며, 왜 생겨난 것일까? 어릴 적 잠자리에서 듣거나 읽던 그 많은 이야기들은 도대체 어디서 온 것이며, 누가 만들어낸 것일까?

　샤를 페로(Charles Perrault)의 동화집에 등장하는 <푸른 수염>이 15세기 프랑스 귀족의 실화를 바탕으로 하고 있음을 알린 작가 발레리 오그덴(Valerie Ogden)은 사실상 많은 동화들이 "불편하고 잔혹한 역사적 사건들을 상당 부분 희석시켜 어른들에게 전달하던 이야기에 근거하고 있음"에 주목한다. 그녀는 동화 속 이야기들의 근원을 들여다보면 종종 "강간, 근친상간, 고문, 식인주의와 같이 끔찍한 사건들을 담고 있는 경우가 많음"을 경고한다. 동화가 담고 있는 메시지들이 긴 세월 아이들의 무의식에 작용하면서 성장하는 동안 겪게 될 세상의 불공정과 모순, 위험에 맞서 보다 현명하게 대처할 수 있는 지혜와 교훈을 제공해 온 것은 사실이다. 하지만 오그덴은 "동화는 구전을 바탕으로 한 전설에 기원을 두고 있기 때문에 해당 전설이 유래한 문화권의 관습과 믿음, 정신과 같은 사고들을 담기 마련"이고, 일종의 가치 판단의 기준을 제공함으로써 '억압'으로 작용하고 있다는 사실을 간과해서는 안 된다고 조언한다.

2018년 국립창극단 '신(新)창극시리즈'의 첫 번째 공연인 이자람의 창극 <소녀가>는 주체적인 소녀 '빨간 망토'의 발칙하고 도발적인 이야기를 5일간의 짧은 공연을 통해 선보였다. 프로그램북에 따르면, '신창극시리즈'는 창극을 찾는 관객층의 다변화에 부응하고자 젊은 예술가들의 감각과 아이디어의 '협업'을 통해 시대의 감수성에 기민하게 적응하려는 목적에서 시도된 새로운 프로젝트이다.

창극 <소녀가>의 작창과 작곡, 음악 감독, 극본, 연출까지 도맡은 이자람은 일반 대중에게 "내 이름 예솔아"를 부른 꼬마로 더 많이 알려져 있다. 이미 공연계에서는 "이자람이라는 장르"를 탄생시켰다고 평가받는 매니아층이 두터운 예술가이다. 판소리에 대한 새로운 해석을 내놓으며 국내 무대 뿐 아니라 세계 여러 무대에서도 호평을 받아 온 젊은 국악인 이자람은 2007년과 2011년 브레히트의 서사극들을 바탕으로 한 판소리 <사천가>와 <억척가>에 이어, 2014년 2월 주요섭의 단편소설을 바탕으로 한 <추물/살인>를 선보였다. 또 2014년 8월에는 마르케스(Gabriel Garcia Márquez)의 단편소설을 바탕으로 한 <이방인의 노래>를 통해 관객들에게 많은 사랑을 받았다.

이자람 판소리의 특징은 "어렵고, 길고, 보기 힘든 장르"라는 고정관념에서 벗어나 현대인들이 이해할 수 있는 서사가 담겨 있는 "흥미롭고, 극적이며, 감정적인 퍼포먼스"를 만들어낸다는 데 있다. 전통 판소리의 연희 형태인 '소리꾼과 고수'의 무대를 유지하면서도 타악기와 베이스, 건반으로 분화된 여러 명의 고수를 통해 현대적 선율을 더하고 국악에 익숙하지 않은 관객들을 아우르는 이자람의 판소리는 무엇보다 그녀가 관객들에게 풀어내거나 전달하려고 선택한 '이야기'에 그 특이점이 있다. 그녀는 소리꾼 한 명이 다양한 인물들을 넘나들며 자유자재로 이야기를 풀어내는 판소리의 향연 속에 다양한 문화권의 이야기 즉, 문학에 관한 문제의식과 생각을 담아내고 동시대를 살아가는 관객들과 소통한다.

이자람이 '신창극시리즈'를 위해 새롭게 선택한 이야기는 놀랍게도 어린이들에게 매우 친숙한 동화 <빨간 망토(Le Petit Chaperon rouge)>였다. <빨간 망토>는 1697년 프랑스의 작가 샤를 페로가 민간에 전승되던 이야기들을 묶어 편찬한 《도덕적 교훈이 담겨있는 옛날이야기》에 실린 11편의 동화 중의 하나이다. 페로의 <빨간 망토>는 어머니의 심부름으로 아픈 할머니에게 음식을 전하러 가던 '소녀'가 숲 속에서 '늑대'를 만나 아무런 경계심 없이 자신의 행선지를 밝히게 되고, 그로 인해 할머니 뿐 아니라 소녀 자신도 희생된다는 비극적 결말로 끝이 난다. 1812년 독일의 그림 형제(Brothers Grimm)는 《어린이와 가정의 동화집》을 통해 훨씬 순화된 버전의 <빨간 망토>를 선보였다. 이 경우 때마침 할머니 집 앞을 지나가던 사냥꾼이 두 사람을 잡아먹은 늑대를 발견하고 배를 갈라 할머니와 소녀를 구한 후 늑대의 배 안에 돌을 가득 채워 우물에 빠뜨리는 결말로 끝을 맺는다.

2013년 영국의 인류학자 제이미 테라니(Jamie Tehrani)는 동화 <빨간 망토>의 버전이 약 58개에 달하며, 그 기원은 약 2000년 전 유럽과 중동 사이의 어딘가로 보인다는 내용의 논문을 발표했다. 테라니에 따르면, 사냥꾼이 소녀를 구하는 버전도 있지만, 소녀가 자신 스스로를 구하기도 하며, 소녀가 소년으로 대체되거나, 늑대가 호랑이 혹은 표범으로 바뀌기도 한다. 하지만 모든 이야기가 공통적으로 담고 있는 메시지는 하나이다. 숲에서 경계를 게을리할 경우 위험에 놓이게 된다는 것이다. 사실상 페로의 <빨간 망토>는 아이들을 겨냥한 동화가 아니었다. 사교문화가 발달했던 17세기의 프랑스 소녀들에게 거짓으로 위장하고 말로 속이는 남성들의 유혹을 경계하라는 메시지를 담고 있는 교훈적인 이야기였다. 집을 떠나는 소녀는 늑대와 같은 남자들에게 속아 이용당할 위험을 안고 있었다. 또, 소녀가 입고 있는 붉은 망토는 여성의 처녀성 혹은 월경 주기를 상징했다. 페로 이전의 이야기에는 심지어 늑대가 할머니의 살로 스테이크를 만들고, 이를 뽑아 쌀이라 속이며, 피를 와인이라면서 마시게 하는 끔찍한 식인주의가 등장한다. 게다가 소녀로 하여금 옷을 벗어 난로에 넣고 태워버리게 한 후 침대에 동침하는 성폭력 범죄까지 등장한다.

이자람은 《뉴시스》와의 인터뷰에서 창극 <소녀가>의 원전이 프랑스의 동화작가 장 자크 프디다(Jean-Jacques Fdida)의 그림책 『빨간 망토 혹은 양철캔을 쓴 소녀』라고 밝혔다. 2010년에 출간된 프디다의 그림책은 '샤를 페로 이전의 이야기들'이라는 부제를 달고 있다. 이자람은 프디다의 그림책에서 "소녀가 자신의 호기심을 막는 사회적 금기를 깨고 더 넓은 세상으로 나아갈 뿐 아니라 위기의 상황에서 기지를 발휘해 스스로 빠져나오는 이야기가 인상적이었다"고 지적하는데, 이역시 페로 이전의 이야기에 바탕을 두고 있다.

늑대가 할머니로 가장했음을 눈치 챈 소녀는 화장실에 가야 할 필요성을 주장하며 침대 밖으로 빠져나간다. 늑대는 소녀의 발목에 줄을 묶어 소녀가 도망치지 못하도록 한다. 그러나 영리한 소녀는 그 줄을 나무에 묶어 놓고 실오라기 하나 걸치지 않은 몸으로 재빨리 숲을 달려 자신의 집으로 도망쳐 버린다. 이자람의 창극 <소녀가>는 기본적으로 프디다의 이야기를 다루면서도 곳곳에 자신만의 메시지를 삽입하고 변형하는 창의력을 발휘한다.

소녀는 미지의 세계를 탐험하고픈 호기심으로 가득한 발칙하고 천방지축인 말괄량이로 등장한다. 유년기에서 성년기로 넘어가는 과도기에 있는 소녀는 기존의 사회가 여성에게 강요하는 사회적 규범을 상징하는 '철로 만든 드레스'와 '철로 만든 신발'을 신고 있다. 집 앞에 펼쳐진 미지의 숲을 빨리 지나가고픈 소녀는 청소를 하는 엄마에게 끊임없이 숲에 대한 질문을 던진다. 그러나 엄마는 어른이 되면 누구나 지나가게 되는 곳이며, 지나가는 사람에게 각기 다른 것을 보여주기에 다른 경험으로 기억된다는 의미심장한 말을 남길 뿐이다. 소녀는 철로 만든 드레스가 벗겨지는 날 숲으로 갈 수 있다는 엄마의 말에 부지런히 몸을 움직여 연결된 나사와 고리들을 느슨하게 만든다. 그리고 결국에는 엄마가 선물해 준 '빨간 망토'를 입고 할머니께 드릴 케이크를 손에 든 채 집을 나선다. 모두들 명확하게 설명해 주지 않는 '숲'을 향해 "나는 다 알고 있었다"를 반복해 외치는 소녀는 늑대가 유도하는 길이 무엇인지, 자신을 통해 얻으려는 것이 무엇인지 이미 알고 있다. 소녀는 발칙하게도 할머니와 할아버지들이 기존의 관습 속에 보호라는 미명으로 세워 놓은 가치들로 가득한 '나무의 길'이 아닌, 이모들이 물장난을 하고 꽃을 따며 모험을 즐겼던 '물의 길'을 주체적으로 선택한다.

소녀는 자신의 호기심을 충족시켜 줄 '모험'을 위해 기꺼이 '위험'을 감수한다. 소녀는 용감하고 자유롭다. 소녀는 기존 사회가 전통이란 이름으로 고수해 온 여성의 덕목들, 조신함과 수줍음, 수동적 태도와 같은 과거의 것들에 과감히 반기를 든다. 소녀는 낯선 것을 두려워하며 피하는 대신, 적극적으로 알고 자신이 원하는 것을 추구하기로 선택한다. 관객들에게 소녀는 발칙하고 민망하며 때로는 불편하다. 우리는 소녀와 달리 이미 사회적으로 학습된 가치와 코드 속에 갇혀 있기 때문이다. 소녀를 비롯해 할머니, 늑대, 엄마, 그리고 할머니가 키우던 고양이와 까마귀까지 여러 등장인물들을 한꺼번에 연기해야 하는 소리꾼 이소연은 《매일경제》와의 인터뷰에서 "여자가 아닌 자신의 순수한 욕망과 마주한 성장하는 아이를 그리고 싶었음에도 자신도 모르게 이미 사회적 코드를 통해 학습해 온 '소녀'의 이미지를 그리게 된다는 데 어려움이 있었다"고 말했다. 프로그램북을 통해 이자람은 말한다. "언제부터인가 나는 내게 쌓인 학습이 누구의 시선인지, 나는 무엇에 길들여졌으며 어떠한 눈으로 세상을 보고 있는지에 대한 질문을 던지기 시작했다. (…) 그리고 스스로에게 건강하고 깨끗한 시선을 훈련해준다면 주어진 남은 생은 세상을 더 기쁘고 맛있게, 나 스스로를 더 사랑하며 살아갈 수 있을 것 같다고 생각했다."

이야기는 진화한다. 새로운 시대를 거치며 더 많은 사람들과 소통하고 숨 쉬는 가운데 다른 생각과 다른 사고가 더해진 이야기는 때로는 진부하게, 때로는 참신하게 여겨지며 수용되거나 변화한다. 2000년에 이르는 세월을 거쳐 세계 각지의 사람들의 입을 통해 여러 버전으로 전달되어 온 〈빨간 망토〉의 핵심은 험난한 세상에서 약자가 강자의 꼬임이나 술수, 위력에 무너지지 않고 자신을 지켜 나갈 수 있는 방법이 스스로를 영민하게 단련하거나 다른 사람의 도움을 받는 것 뿐임을 시사한다. 동화의 기원이 되는 잔혹하고 야만적인 전설들은 어쩌면 환상이 아닌 현실의 단면일지도 모른다. 사람들의 입을 통해 전해진 이야기는 기괴함이나 폭력에 대한 관심이 아닌, 현실에 대한 '지식'을 전달하기 위한 하나의 방편이자 경고였는지도 모른다.

시대의 가치와 생각, 흐름을 담은 이야기가 '유기체'처럼 살아 움직이는 것이라면, 21세기를 살아가는 우리에게 동화는 기존의 환상을 답습하는 것이 아니라 '새로운 교훈과 시대에 맞는 사고'를 펼쳐나갈 수 있는 '기회'를 열어주어야 하는 것 아닐까?

* 본 글은 2018.02.28-2018.03.04까지 공연된 '국립창극단'의 신(新)창극시리즈1 <소녀가>를 관람한 후 작성된 칼럼입니다.

'거인'의 그림자, 그리고 삶의 고독함

한 작품을 완성하기 위해 20년이란 세월을 고군분투하는 사람의 마음은 어떤 것일까? 완벽에 대한 갈망, 완벽의 추구를 향한 광기일까? 아니면 아무리 노력해도 닿을 수 없다고 생각되는 지점을 넘어서기 위한 힘겨운 투쟁일까? 그것도 아니라면, 그저 완성할 수 없어서 버려두었던 한 때의 영감이 시간의 흐름 속에 숙성된 작가에 의해 덧칠 된 후에야 세상의 빛을 볼 수 있었던 행운일까?

가을과 브람스(Johannes Brahms)는 잘 어울린다. 브람스 음악의 묵직한 중저음이 진한 커피 향처럼 쓸쓸한 가을날 듣는 이의 마음에 깊이 스며들기 때문이기도 하고, 그 유명한 클라라를 향한 브람스의 안타까운 사랑 이야기가 주는 로맨틱함 때문이기도 하다. 그러나 무엇보다 브람스의 음악은 무언가를 갈망하지만 닿을 수 없음으로 인해 느끼게 되는 쓸쓸함과 그럼에도 열정을 다하는 격렬함과 장대함을 선사한다는 점에서 '가을의 고독함'과 닮아있다. 브람스의 음악은 알 수 없는 삶의 비밀을 깨닫기라도 한 듯, 고통에서 막 벗어난 사람의 깊은 깨달음을 담은 우수에 찬 눈빛과 마주한 느낌을 선사한다.

브람스는 자신의 '교향곡 제1번(Symphony No. 1 in C Minor, Op. 68)'을

세상에 선보이기 위해 20년이라는 세월을 보냈다. 그가 '교향곡 제1번'을 구상한 때는 그의 나이 22세, 그러나 완성된 교향곡이 초연된 때는 43세였다. 1879년 브람스의 '교향곡 제1번'이 초연되었을 때, 지휘자 한스 폰 뷜로(Hans Guido Freiherr von Bülow)는 "드디어 제10번 교향곡이 탄생했다"고 외쳤다고 한다. 위대한 음악가 베토벤이 남긴 9개의 교향곡의 뒤를 이을 만한 대작이 탄생했다는 의미의 선언이었던 것이다. 이 때문에 브람스는 바흐, 베토벤과 함께 '독일 음악의 3대 거장'으로 일컬어진다.

당시 유럽은 거장 베토벤이 휩쓸고 지나간 광풍에 필적할 만한 교향곡의 탄생을 고대하고 있었고, 많은 음악가들이 베토벤을 뛰어넘기 위해 노력했지만 새로움을 더하지 못하고 있었다. 베토벤을 향해 남다른 존경과 경외를 품고 있던 브람스에게 그는 엄청난 부담이자 넘어야 할 산으로 인식되었고, 소심하고 신중한 성격은 브람스를 완벽주의에 대한 집착으로 몰고 갔다. 모든 작곡에 있어 베토벤을 의식했던 브람스는 처음 구상한 교향곡의 '제1악장'을 완성하는데 7년이라는 시간을 보냈고, 또 다시 12년의 세월이 흐르고 나서야 비로소 본격적인 작곡에 착수해 1896년 최종본을 얻을 수 있었다. 브람스는 자신의 친구 레비(Hermann Levi)에게 "거인이 내 뒤를 뚜벅뚜벅 쫓아오는 소리를 항상 들어야 한다고 생각해 보게. 그 기분을 자네는 전혀 상상할 수 없을 거야"라는 말을 남겼다고 하는데, 이는 그의 부담감이 어느 정도였는지 충분히 가늠케 한다.

누구의 삶에나 '거인'이 존재한다. 누군가에게는 부모의 기대가, 다른 누군가에게는 성공을 향한 갈망이, 또 다른 누군가에게는 종교적 성취가, 사랑의 완성 혹은 자신이 믿는 가치의 실현이 엄청난 '거인'이 되어 우리의 삶을 괴롭힌다. 누군가를 실망시키고 싶지 않은 마음이, 스스로에게 실망하고 싶지 않은 마음이 우리로 하여금 조금 더 노력하라고, 조금 더 힘을 내라고 채찍질한다. 삶 속에서 때로는 절망하고 포기하고 싶은 마음이 간절함에도 벗어날 수 없는 굴레라고 느끼며 앞으로 내딛는 한 걸음의 무게를 우리는 모두 알고 있다. 비록 그것이 지나치게 피로한 하루의 일과를 마치고 나음날 아침 무거운 눈꺼풀을 치켜떠야만 하는 되풀이되는 일상일지라도, 생계를 위해 자기 자신을 깊숙한 곳에 밀어 넣고 가족이나 사랑하는 이를 위해 희생하는 오늘과 같은 평범한 수준에 머무른다 할지라도 말이다.

  자신의 뒤를 쫓는 '거인'의 그림자에 잠식당하지 않고 앞서 나가기 위한 브람스의 노력은 '1악장'의 장대한 도입부와 격렬함, '2악장'의 쓸쓸함, '3악장'의 분위기 전환, 그리고 '4악장'의 극복과 새로운 도약을 느끼게 하는 당당함의 선율로 이어지며 그 메시지를 전달한다. 삶의 무게와 부담감을 이겨내기 위한 한 인간의 20여 년에 걸친 고뇌와 노력이 어떠한 과정을 거쳐 결실을 맺게 되었는지를 말이다. '거인'의 존재가 드리우는 부담감과 긴장감, 이를 이겨내기 위한 열정적인 노력, 좌절한 마음이 느끼게 되는 쓸쓸함, 그리고 새로운 깨달음으로 품게 되는 희망…. 극적으로 전개되는 노력을 통해 마침내 '거인'을 극복하고 당당하게 자신만의 교향곡을 완성해낸 한 인간이 그 안에 존재한다.

  브람스의 음악이 많은 사람들에게 고독함의 여운을 남기는 것은 그의 음악이 모든 인간의 삶 속에 내재한 외로운 투쟁과 노력, 그 쓸쓸함의 감수성을 자극하기 때문이 아닐까? 되풀이되는 일상 속에 자신이 지쳐 있다는 사실조차 인식하지 못하고 살아가는 현대인에게 브람스가 여전히 인기 있는 이유는 아마도 그 때문일 것이다. 저마다 '거인'이라는 부담의 무게를 짊어진 채 오늘을 살아가고 있는 많은 사람들이 공통으로 느끼는 고독함과 외로움, 쓸쓸함…. 그럼에도 앞으로 나아가야만 하는 우리에게 그의 음악은 위로가 되고, 공감이 되며, 따스함이 된다. 일상에 지친 어느 쓸쓸한 저녁 문득 삶이 무겁게 느껴진다면, 브람스의 '교향곡 제1번'을 들으며 잠시 고독함을 달래보는 건 어떨까?

* 본 글은 2017년 10월 6일 <앨리스 박사의 공연으로 보는 세상풍경>의 첫 번째 칼럼으로 게재된 글입니다.

참 고 서 적

#1. 사랑에 대해 말하다

롤랑 바르트, 『사랑의 단상』, 김희영 역, 문학과지성사, 1991.

뤼디거 자프란스키, 『지루하고도 유쾌한 시간의 철학 』, 김희상 역, 은행나무, 2016.

마누엘 푸익, 『거미 여인의 키스』, 송병선 역, 민음사, 2000.

무라카미 하루키, 『상실의 시대』, 유유정 역, 문학사상사, 2010.

미셸 푸코, 『감시와 처벌』, 오생근 역, 나남. 2016.

생텍쥐페리, 『야간 비행,남방 우편기』, 허희정 역, 펭귄클래식코리아, 2008.

생텍쥐페리, 『우리가 사랑해야 하는 이유』, 송예연 역, 생각속의집, 2015.

알랭 바디우, 『사랑 예찬』, 조재룡 역, 2010.

에리히 프롬, 『사랑의 기술』, 황문수 역, 문예출판, 2000.

이용숙, 「바그너, 트리스탄과 이졸데」, 『클래식 명곡 명연주』, 네이버 캐스트, 2010.

장석주, 『사랑에 대하여』, 책읽는수요일, 2017.

주창윤, 『사랑이란 무엇인가』, 마음의 숲, 2015.

크리스티아네 취른트, 『책: 사람이 읽어야 할 모든 것』, 조우호 역, 들녘, 2003.

Antoine de Saint-Exupéry, *Flight To Arras*, Trans. Pilote de guerre, Hartcourt Brace & Company, 1942. Kindle.

#2. 정의에 대해 말하다

김소월, 『김소월 시집』, 범우사, 1986.

마이클 샌델, 『정의란 무엇인가』, 김명철 역, 와이즈베리, 2014.

윌러드 헌팅턴 라이트, 『니체는 이렇게 말했다』, 정명진 역, 부글북스, 2018.

석영중, 「도스토옙스키 <죄와 벌>」, 열린연단:문화의 안과 밖 고전 43강, 2015. https://openlectures.naver.com/contents?contentsId=79163&rid=2892&lectureType=classic

이대석, 『셰익스피어 극의 이해 : 사극과 로마극』, 한양대학교 출판부, 2002.

토머스 홉스, 『리바이어던』, 신재일 역, 서해문집, 2007.

표도르 도스토옙스키, 『카라마조프 가의 형제들』, 이길주 편역, 아름다운날, 2009.

프리드리히 니체, 『차라투스트라는 이렇게 말했다』, 홍성광 역, 펭귄클래식코리아, 2009.

Daniel Cole, *Ragdoll: A Novel, HarperCollins*, 2017. Kindle.

Edward Bond, "*Riot War Justice and History*", Comment, Edward Bond Dramatist, 2012. Web.

Edward Bond, *The Hidden Plot: Notes on Theatre and the State*, Methuen, 2000.

Thomas Hobbes, *Leviathan*, Pacific Publishing Studio, 2011. Kindle.

#3. 감정에 대해 말하다

루키우스 안나이우스 세네카, 『화에 대하여』, 김경숙 역, 사이, 2013.

박지향, 『슬픈 아일랜드』, 새물결, 2002.

아리스토텔레스, 『니코마코스 윤리학』, 천병희 역, 숲, 2013.

일자 샌드, 『서툰 감정』, 김유미 역, 다산지식하우스, 2017.

프로스페르 메리메, 『카르멘』, 송진석 역, 펭귄클래식코리아, 2012.

한나 아렌트, 『폭력의 세기』, 김정한 역, 1999.

Ann Carroll, *The Children of Lir*, Poolbeg Press, 2016. Kindle.

Arlie Russell Hochschild, *The Managed Heart: Commercialization of Human Feeling*, University of California Press, 2003. Kindle.

Edward Bond, *The Hidden Plot: Notes on Theatre and the State*, Methuen, 2000.

Hannah Arendt, *On Violence First Edition*, Harcourt Publishing Company, 1970. Kindle.

Henry Bergson, *Laughter: An Essay of the Meaning of The Comic*, Trans. Cloudesley Brereton & Fred Rothwel, Martino Fine Books, 2014. Kindle.

Pina Bausch, *Dance Theatre*, Trans. Stephen Morris, Norbert Servos, 2008.

Sergei Bertensson & Jay Leyda, *Sergei Rachmaninoff: A Lifetime in Music*, Indiana University Press, 2002.

Sigmund Freud, *The Basic Writings of Sigmund Freud*, Trans. A. A. Brill, Modern Library, 1995. Kindle.

#4. 환상에 대해 말하다

올리비아 랭, 『작가와 술』, 정미나 역, 현암사. 2017.

유선동, 『도둑맞은 책 1-3권』, 학산문화사, 2016.

파리 리뷰, 『작가란 무엇인가 1』, 김지아, 권승혁 역, 다른, 2014.

#5. 공감에 대해 말하다

루트비히 비트겐슈타인, 『비트겐슈타인의 말』, 시라토리 하루히코 편역, 박재현 역, 인벤션, 2015.

몽테뉴, 『수상록』, 손석린 역, 범우사, 2015.

빅토르 위고, 『웃는 남자』, 백연주 역, 더클래식, 2018.

앨빈 토플러, 『전쟁 반전쟁』, 김원호 역, 청림출판, 2011.

J. 스티븐 랭, 『바이블 키워드』, 남경태 역, 들녘, 2007.

Burton D. Fisher, *Verdi's Rigoletto Opera Study Guide and Libretto*, Opera Classic Library, 2017.

Cengage Learning Gale, *A Study Guide for Euripides's "The Trojan Women"*, Gale Study Guides, 2010.

Edward Bond, "*The Third Crisis: The State of Future Drama*", The Bochum Talk, 2012. Web.

Frank Laurence Lucas, *Euripides and his Influence*, Literary Licensing LLC, 2012.

George Yule, *The Study of Language: Fifth Edition*, Cambridge University Press, 2014.

John Donne, *No Man Is an Island*, Souvenir Press Ltd, 1988. Kindle.

#6. 가족에 대해 말하다

그림 형제, 『그림 동화집 1,2』, 홍성광 역, 펭귄클래식코리아, 2011.

르네 지라르, 『폭력과 성스러움』, 박무호 역, 민음사, 2000.

유발 하라리, 『사피엔스』, 조현욱 역, 김영사, 2015.

장 폴 사르트르, 『존재와 무1,2』, 정소성 역, 동서문화사, 2016.

René Girard, *Violence and the Sacred*, Trans. Patrick Gregory, Bloomsbury Publishing, 2013. Kindle.

Yuval Noah Harari, *Sapiens: A Brief History of Humankind 1st edition*, Harper, 2015. Kindle.

#7. 상상력에 대해 말하다

구스타프 마이링크, 『골렘』, 김재혁 역, 책세상, 2003.

미셸 로르블랑셰, 『예술의 기원』, 김성희 역, 알마, 2014.

Albert Einstein, "*Albert Einstein Quotes*", BrainyMedia Inc, 2018. Web.

Aleksander Dundjerovic, "*The Multiple Crossings to The Far Side of the Moon: transformative mise-en-scène*", Contemporary Theatre Reveiw 13(2), 2003.

Edward Hallett Carr, *What is History?*, Penguin, 1987, PDF.

Ex Machina, *The Far Side of the Moon Programme*, 2000. Web.

#8. 존재에 대해 말하다

로버트 트리버스, 『우리는 왜 자신을 속이도록 진화했을까?』, 이한음 역, 살림출판사, 2013.

밀란 쿤데라, 『웃음과 망각의 책』, 백선희 역, 민음사, 2011.

오다시마 유시, 『셰익스피어 인간학』, 장보은 역, 말글빛냄, 2011.

텐도 아라타, 『애도하는 사람』, 권남희 역, 문학동네, 2010.

Jamie Tehrani, "*The Phylogeny of Little Red Riding Hood*", PLoS ONE 8(11), 2013. Web.

Keir Elam, "*Introduction*", Twelfth Night Third Series, Arden Shakespeare, 2008.

Peter Brook, *The Empty Space: A Book About the Theatre: Deadly, Holy, Rough, Immediate*, Scribner, 1995. Kindle.

Valerie Ogden, *BlueBeard*, History Publishing Co LLC, 2014. Kindle.

에필로그

Jan Swafford, *Johannes Brahms: A Biography*, Vintage Books, 1997. Kindle.

Don Anderson, "*Program Notes*", Arkansas Symphony Orchestra, 2017. https://www.arkansassymphony.org/brahms-johannes-symphony-no-1-in-c-minor-op-68#close